YILI WEILI

Caizheng
Guanxi
yu
Difang
Zhengfu
Xingwei

以利为利

财政关系与
地方政府行为

周飞舟 著

上海三联书店

目 录

第一章 绪论：政府行为与中央—地方关系

　　本书讨论的主题是中国当代的政府行为特征及其运作的规律。在我们国家，政府对于我们理解经济和社会发展的重要性是毋庸置疑的。改革开放虽然被理解为政府放权、市场成长和发展的过程，但是我们如果对经济和社会不平等的增长进行深层次的讨论，就会发现政府的力量仍然是无所不在、至关重要的。

　　改革开放的过程是一个宏观的经济和社会转型的过程。在这个过程中，政府逐步放权让利，私有产权从无到有，市场经济逐渐成为配置、调节资源的主要手段，这是我们理解中国经济持续、高速增长的关键。但是，政府放权和市场成长是两个紧密相连的过程。中国改革的"渐进"特色，在于市场经济的发展始终是政府放权的结果，市场对于经济资源的配置和调节，始终是以政府放权为前提条件。离开对政府行为的深入理解，我们便很难理解中国经济发展中的一些重要特征，这些特征包括私有产权和民营经济的发展在很大程度上受到国家政策的影响，投资始终是 GDP 增长的主要动力，国内消费需求始终没有成为 GDP 增长的主要构成要素，国家的金融和货币政策始终是经济增长和结构调整的主导力量等等。

　　政治经济学式的解释构成了我们理解中国经济增长道路的主流。其中，中央—地方关系和地方政府行为的变化尤为重要。20 世纪 80 年代，乡镇企业的兴起和繁荣是中国经济增长的主要动力。对于这个经济现象，从产权角度入手展开的解释虽然是学界研究的主流①，但是中央—地方财政关系的变化也是一个重要的解释因素。美国政治学家戴慕珍（Jean Oi）最早指出，中央与地方政府间在 80 年代中期广泛推行的"财政包干制"是地方政府热衷兴办乡

---

　　① 具体参见海闻主编（1997）《中国乡镇企业研究》，中华工商联出版社。

镇企业的主要动力①。在包干制下，地方政府逐渐成为了追求地方经济和财政收入增长的利益主体。无论是我们从公共财政学派的视角还是从公共选择学派的视角观察，全力追求地方经济增量的增长带来的财政收入的增长既"长远"地符合地方社会的利益，也符合地方政府自身的利益②。戴慕珍运用了"地方国家公司主义"（Local – State corporatism）的概念来描述地方政府以经济利益最大化为指向的行为特征。这种特征突出地表现在地方政府的"公司化"和"谋利性"方面。在财政包干制下，地方政府普遍形成了明确的利益主体意识，一方面在"放水养鱼"的目标下大力招商引资，扩大税源，另一方面积极与上级政府就财政分配的体制进行讨价还价③，中央和地方基本走出了改革开放前高度集权的局面，形成了财政分权的初步格局。

财政分权对于中国经济增长的影响是巨大的。经济学家们以数据为依据指出了包干制形成的分权格局对经济增长和公共服务的正面刺激作用④。这种作用机制也是很明显的：地方政府利用市场转型中的各种"双轨"制度，能够用政策和行政力量有效地推动经济增长，并展开了地方区域间的竞争⑤，这种竞争在推动经济的同时，也使得地方政府进一步"公司化"。

需要指出的是，这种财政分权下的地方竞争格局有着鲜明的中国特色，非常不同于如美国财政联邦制（Fiscal Federalism）下的政府行为。在中国，地方政府的权限是很有限的，主要是拥有财政收入的部分分配权和财政支出的安排权。中央政府可以通过改变财权分配体制的办法来改变中央—地方间的财政分配格局，因为地方政府缺少决定税种、税基和税率的权限，所以地方政府的收入在很大程度上取决于财政分配体制。在财政支出方面，地方政府负担了大部分地方支出，中国的分权格局主要表现在财政支出即"事权"的分权上面。由于中央政府掌握着对收入即"财权"的控制权，所以这种分权在本质上是"事权"的下放和"财权"的部分下放。与其叫作分权，不如叫作"放权"更为合适。在90年代分税制改革之后，这种"收入集权、支出分权"的特征就更加明显。同时，作为中央—地方关系间另外一个重要因素

---

① 这个观点较早见于 Oi 在 1992 发表的文章，"Fiscal Reform and the Economic Foundation of Local State Corporatism"，*World Politics*，45（1）（October），后来在其专著中 *Rural China Takes off*（1999），University of Chicago Press 充分发展了这一论点。

② 关于这种学派分歧最简明的阐述，可见布坎南等（2000）《公共财政与公共选择：两种截然对立的国家观》一书，中国财政经济出版社出版。

③ 参见张闫龙（2006）细致的案例研究："财政分权与省以下政府关系的演变"，《社会学研究》第3期。

④ 陈硕（2010），"分税制改革、地方财政自主权与公共品供给"，《经济学（季刊）》第9卷第4期。

⑤ 关于这个观点的文章非常多，以 Qian 与 Weingast 在 1997 年的文章 "Federalism as a Commitment to Preserving Market Incentives" 为代表，刊于 *Journal of Economic Perspectives*，11（4）（Fall）。

的人事权则一直是高度集中的。人事权的高度集中与财政支出权限的权力下放构成了有些学者指出的"晋升锦标赛"的基本背景①。在这种锦标赛体制下，地方政府会想方设法来达到中央政府设定的目标。事实上，在改革开放的三十年里，中央和地方都以经济的高速增长为首要的目标。在中央政府看来，经济发展是社会稳定的前提，而在地方政府看来，经济增长既符合中央政府的设定目标，更符合自身的主体利益，所以，只要中央采取积极的甚至激进的经济政策，全国各地就会随即出现投资规模扩大、经济飞速增长的现象，这大大超出了"晋升锦标赛"所讨论的范围，是一种宏观的政治体制现象，可以称其为"锦标赛体制"②。

这种颇具中国特色的体制最为引人瞩目的特点就是其极高的效率。以对人事权和财权的控制为前提，中央下达的任务能够通过层层分解、层层量化的方式快速到达基层政府，同时各层的上级政府又通过目标责任考核的方式对下级政府进行监督、考核和评估③，成为各级政府工作的重中之重。这个体制能够运行无碍，需要两个前提条件。其一就是中央在人事和财政方面的集权，这正是我刚刚论述的重点；其二则是需要基层政府对地方的经济、社会资源拥有强大的控制和动员能力，拥有高效率地完成上级目标的能力。

这种控制和动员能力是改革前计划经济体制的产物，和改革后市场经济的发展存在着明显的矛盾。市场转型要求政府放权，但是政府要保持其强大的推动经济增长、调节社会分配以及其他方面的能力，则必然要求拥有全面的主导和控制能力。这种内在矛盾为我们理解中国经济和社会的变化提供了一个观察的角度。进入新世纪以来，随着改革所积累的社会矛盾日益突出，社会不平等程度加剧，这种矛盾便显得十分醒目。到底是以市场化改革促发展，还是以政府调节实现社会平等和经济增长，在意识形态方面就表现为所谓"右派"和"左派"的激烈争论。从最近几年的发展态势来看，政府主导已经成为推动中国经济和社会变化的最为重要的力量，在2008年国际金融危机爆发之后这种趋势尤为明显。无论是所谓的"国进民退"的结构变化，还是激进经济刺激政策带来的大规模投资热潮，一直到全国各地大兴土木的经

---

① 这是近年来政治学研究中的重要成就之一，主要参见包括周黎安（2004），"晋升博弈中政府官员的激励与合作——兼论我国地方保护主义和重复建设问题长期存在的原因"，《经济研究》第6期；Bo，Z，Y（2002），*Chinese provincial leaders：economic performance and political mobility since 1949*，Armonk，NY：M. E. Sharpe；Li，H. and L Zhou，（2005），"Political Turnover and Economic Performance：the Incentvive Role of Personnel Control in China"，*Journal of public economics* 89.

② 关于这种体制的历史和现实特征的详细论述和分析，参见我在2009年的论文"锦标赛体制"，刊于《社会学研究》第3期。

③ 关于这种体制在基层政府运行的基本形式——目标责任制，可以参见王汉生和王一鸽（2009）的论文"目标管理责任制：农村基层政权的实践逻辑"，《社会学研究》第2期。

济现象，都一方面说明了这种"锦标赛体制"应对国际国内形势变化的极高
效率，另一方面也说明了，在经历了90年代快速的市场化改革之后，以地方
政府为主导、以扩大投资规模为主要手段的经济增长模式又重新成为经济发
展的主要路径。

社会学对于地方政府行为的研究

在社会学研究的视野中，中国社会转型的过程是国家和社会关系发生剧
烈变化的过程。改革前，国家垄断了所有社会资源的分配，摧毁了几乎所有
非国家的政治和社会组织，建立了一种"夷平化"的总体性社会。从这个起
点出发，转型不但是一个国家和政府逐步放权让利，由市场来配置资源的过
程，而且也是一个社会力量生长、发展和逐渐活跃的过程。社会学家将后者
笼统地称为"体制外"力量和体制外资源，这是相对于政府力量和政府控制
的"体制内"资源而言的[1]。政府和社会、体制内和体制外似乎构成了一个
"理想类型"的两极，转型便被理解为从一极向另外一极的转化。但是，三十
年来中国社会转型的实践却没有这么理想。虽然市场的作用不断扩大，"体制
外"的力量不断成长，但是国家和政府的控制并没有明显的弱化，许多重要
的市场要素如资本、土地乃至劳动力的配置权力仍然掌握在政府手中[2]。与改
革前不同的只是其控制的手段和方式出现了明显的变化。在经济上，政府对
企业由管理控制、利润控制转向税收和土地调控，政府和政府官员仍然与地
方企业保持着千丝万缕的联系，同时对政治和社会组织以及社会事务方面的
控制仍然强大。这使得体制外力量虽然有所发展，但是却呈现出"碎片化"
的态势[3]。这些力量不但没有发展成为政府之外的制衡力量，而且由于其非组
织化、非政治化的特点，反而呈现出和政府力量逐渐融合和同化的趋势，那
些不能融合的力量则被"抛出"主流社会之外而成为弱势群体，例如农民、
农民工和从企业改制、转型中产生的下岗工人。用一些社会学家的话来说，
转型中的中国社会表现出"断裂"的特征，这也是随着经济的快速增长，财
富和社会不平等也在同步增长的重要原因。

社会学的经验研究也得出同样的结论。20世纪80年代末兴起的"市场过
渡"（Market Transition）研究是海外中国研究学界最主要的研究流派。这些

---

[1] 孙立平、王汉生、王思斌、林彬、杨善华（1994），"改革以来中国社会结构的变迁"，《中国社会科学》第2期。

[2] 孙立平（2005），"社会转型：发展社会学的新议题"，《社会学研究》第1期。

[3] 孙立平（2004），《转型与断裂》，北京：清华大学出版社。

学者发展出了一系列可验证的经验假设，来讨论在社会主义国家转型过程中新社会精英的构成和形成过程。这个主题的研究由两种对立的假设构成，即"精英替代理论"和"精英再生产理论"。精英替代理论假设在过去的计划经济体制中掌握资源分配权力的政治精英将逐渐被市场转型过程中兴起的经济精英和社会精英所替代，或者说社会的精英集团将呈现出分化的趋势，没有一种精英团体会像过去一样全面垄断社会资源的分配权。精英再生产理论则认为旧有的政治精英会在转型过程中利用其已经掌握的权力去维持在经济和社会中的地位，成长为新的经济精英和社会精英。在经历了十多年的研究和争论之后，学者们对中国精英的认识已经逐步达成了共识，从实践过程来看，中国社会呈现出的是精英再生产而非精英替代的特征①。精英研究的结论在很大程度上反映了中国社会转型的特点，即国家和政府权力在社会转型中保持着主导性地位。如果缺乏对政府力量的关注和分析，就很难理解中国目前社会力量薄弱、社会不平等加剧的诸多背离理想的社会转型的特征。

从中国社会学学科成长的过程来看，对政府的关注也是一个必然的趋势。近半个世纪以来，以美国为代表的主流社会学逐步走向以定量化的经验研究为主的方向，随着研究方法的科学化和精细化，其多数研究内容亦逐步走向微观领域，对大规模的社会结构变动的涉及越来越少。主流社会学取得重大发展的领域，如人口研究、女性及少数群体研究、种族研究等等，与大规模社会转型虽然有联系，但显然不是其面对的中心问题。在这种局面下，社会学要去讨论国家和政府问题，不但超出了传统社会学主流的研究范围，而且在研究方法上也面对很大的挑战。从过去几年国内社会学这个方面的研究来看，关于政府行为的研究尚处于起步和探索阶段。

政府行为的问题是社会学从对乡镇企业和"三农"问题的经验研究中提出来的。这是社会学的实证研究涉足较多的两个经验领域。经济学比较关心乡镇企业独特的产权结构对其运作效率以及利润分配方面的影响，而社会学则更关注乡镇企业和地方政府的关系。由于乡镇政府可以将大部分的企业所得变成乡镇的财政收入，并且县级政府亦能从中得到增值税等大项税收，所以地方政府倾向于采取"养鸡下蛋"或"放水养鱼"的策略来推动乡镇企业的建立和发展。同时，乡镇企业在吸收农村剩余劳动力和促使农民增收方面

---

① 这方面的研究很多，参见 Nee, Victor (1996), "The Emergence of a Market Society: Changing Mechanisms of Stratification in China", *American Journal of Sociology* 101; Nee, Victor, and Cao Yang (1999), "Path Dependent Societal Transformation: Stratification in Hybrid Mixed Economics", *Theory and Society* 28; Zhou, Xueguang (2000), "Economic Transformation and Income Inequality in Urban China: Evidence from Panel Data", *American Journal of Sociology* 105; Walder, Andrew (2003), "Politics and Property in Transitional Economics: A Theory of Elite Opportunity", Asia/Pacific Research Center, Stanford University。

作用巨大。其中的研究重点是政府和乡镇企业之间的互动机制研究。这些研究一方面指出了乡镇政府在与企业互动中一系列变通做法，另一方面也展示出乡镇政府的谋利性本质①。

相对于乡镇企业的研究，在三农问题中，政府和农民的关系则显得有所不同。在三农问题中，社会学从政府和农民关系入手的研究主要在农民负担和村委会选举等方面。关于农民负担，出现了一系列有关村干部收取税费的研究。这些研究通过细致分析收取税费的过程，指出国家和农民关系在实践中独特的表现形态。尽管税费负担是国家汲取资源的主要形式，而且农村税负过重是一个既成事实，但是政府在和农民的互动中仍然表现出复杂的、运用非正式手段实现正式的政策目标的特点②。

总结以上的研究，我们可以看出社会学在分析政府和社会关系时的特点。这主要表现在两个方面。第一，政府在与非政府力量互动时，自觉不自觉地采取了某些权力技术或变通策略。第二，政府在很大程度上是以一种与社会相对立的姿态出现的，无论政府对乡镇企业的"扶持之手"，还是对农民的"掠夺之手"，政府的动机似乎是"外生"的。在讨论企业或农民时，社会学比较顺利地进入了企业或者农民"内部"，通过分析企业的运作、农民的阶级、阶层或关系结构，比较成功地解释了企业或农民的行动动机和行动方式。而对于作为互动另一方的政府，我们却大多是依靠事前假设来进行解释的。我们如何知道政府行为的动机和利益呢？政府在什么情况下倾向于"扶持"，在什么情况下倾向于"掠夺"呢？政府的行为是理性的还是非理性的？政府行为的高度策略性和变通性的根源何在？至此为止，政府在社会学眼中的形象要么是僵硬的，要么是非常实用性的。说其僵硬是因为我们并不知道"扶持之手"或"掠夺之手"背后的决定力量来自何方，从而也不能判断今天的扶持会不会变成明天的掠夺；说其实用，是因为政府在实践中表现出的策略性和变通性似乎只是因为"管用"，我们对其背后的制约力量以及制度性因素则知之甚少。

要回答上述问题，就要求我们的分析能够像进入企业和农民"内部"那样进入到政府"内部"，对政府的行为模式和行为动机进行经验性的、制度化的理解和解释。实际上，经济学和政治学也同社会学一样面对这个问题，并

---

① 刘世定（1999），"嵌入性关系合同"，《社会学研究》第 4 期；杨善华和苏红（2002），"从'代理型政权经营者'到'谋利型政权经营者'：向市场经济转型背景下的乡镇政权"，《社会学研究》第 1 期；周雪光（2005），"'逆向软预算约束'：一个政府行为的组织分析"，《中国社会科学》第 2 期。

② 孙立平和郭于华（2000），"'软硬兼施'：正式权力非正式运作的过程分析"，《清华社会学评论》特辑；罗刚和王汉生（2001），"上交款：从义务转变为利益表达工具——以陕西南部某村为案例"，见王汉生和杨善华主编《农村基层政权运行与村民自治》，中国社会科学出版社。

作出了相应的努力。下面我们简要回顾一下这两个学科近年来在经验研究方面的进展。

近半个世纪以来，西方现代政治经济学发展出了两个研究政府行为的基本范式，即公共财政学派和公共选择学派。公共财政学派将政府定义为公共物品和公共服务的提供者，其提供公共服务的效率是辖区居民对政府认同和评价的基础，这也构成了制约政府行为最重要的力量。居民可以通过"用脚投票"的方式来和政府行为进行互动，而政府在此基础上努力为辖区提供高水平的公共服务。公共选择学派则认为政府官员也有自己的利益，没有理由认为政府会将辖区居民的利益最大化而忽视自身的利益。

具体到经验研究领域，分析的第一步是将政府"分开"，分成中央政府和地方政府，这构成了理解政府行为的基本框架。在政治学中，王绍光做了一系列的探索，来讨论中央政府和地方政府的不同利益结构以及由此而形成的制度架构。他的主要研究集中在分税制对中央—地方关系影响的问题上。他认为，经过了十年的以分权让利为主导的改革之后，到 1990 年代初期，地方政府已经成为独立的利益主体，并且对中央政府的控制构成了挑战。用他的话来说，中国的"国家能力"严重减弱，照此趋势发展下去将会面对"诸侯割据"的危险[①]。这是 80 年代的一系列分权化改革造成的，而 1994 年实行的分税制就是针对这个趋势进行的财政集权式的改革。王的研究是站在中央政府的角度上进行的。与其形成对比的是经济学家对中央—地方关系的研究，他们大多则是站在地方政府的角度上展开分析的。以钱颖一为代表的一些经济学家更加关注地方政府为增加本地区财政收入展开的地区间的发展竞争模式，认为这为中国经济增长提供了强劲的动力[②]。而黄佩华则认为正是分税制这种集权改革给地方政府造成了巨大的财政压力。在财政压力之下，地方政府不一定通过地区间的良性竞争去解决问题，而是倾向于采取预算外手段获得中央政府无法控制的"小金库"收入，这不但给建立规范的政府预算体系带来了破坏，而且也造成了农民负担、企业负担等社会问题[③]。

一般而言，政治学和经济学对中央—地方关系和政府行为的研究存在过于宏观、缺少机制分析的问题。中央和地方各自在制度框架内行动，其行动模式是现行制度和政策的产物。对于两个重要的问题，即现行制度和政策是

---

① 王绍光（1997），《分权的底限》，中国计划出版社。

② 代表性的作品见 Qian, Yingyi and Barry Weingast (1997), "Federalism as a Commitment to Preserving Market Incentives", *Journal of Economic Perspectives*, 11 (4) (Fall)。

③ 黄佩华（2001），"费改税：中国预算外资金和政府间财政关系的改革"，见伯德等编《社会主义国家的分权化》，中央编译出版社；黄佩华等（2003），《中国：国家发展与地方财政》，中信出版社。

如何在中央和地方的互动中形成的，以及政府会不会按照现行制度和政策行动即制度的意外后果问题，则涉及较少。不去回答这两个问题，我们仍然难以具体分析政府行为和政府动机。社会学的研究可以对这两个问题给予较好的补充回答。

在社会学研究中，中央政府和地方政府被假设为两个有着不同利益的行动主体，地方政府的行为是在这种互动中而不是制度和政策中进行解释。这方面的研究以张闫龙和李芝兰、吴理财的研究为代表。张闫龙的研究主要分析中央—地方以及地方政府之间财政体制的形成过程，李与吴的研究则主要在讨论税费改革制度的意外后果。李与吴的文章以自上而下实施的税费改革为背景来揭示中央和地方基层政府（主要是县乡两级）的博弈过程。文章指出，中央政府力图通过硬化基层的预算约束来"倒逼"基层政府规范行政过程，精简机构和人员，这是一种典型的博弈式做法。但基层政府的反应并不是按照中央政府的预期作出的，而是通过一系列手段（变通政策、诉苦以及消极提供公共服务等等）使得中央政府的倒逼意图失败了，而这些手段造成的农村紧张状况反过来给中央政府带来了进一步的压力，形成了基层对中央的"反倒逼"。其结果造成了中央政府增加转移支付、主动负担农村公共服务开支的戏剧性结果。这个分析的意义在于，税费改革带来的中央和地方政府的一系列互动表面上看来都是针对农民负担和农村公共服务的，但实质上却是在"谁来承担改革成本"这个问题的暗自较量。换句话说，国家和农民关系变化的真正解释是其背后的中央和地方关系①。

张闫龙的研究站在五级政府（中央、省、市、县、乡镇）的中间一级——市级政府的角度来分析中央—地方各级政府间的互动和博弈关系，主要分析的是省与市、市与县的关系。通过对1980年代中期财政包干制以来市级财政文献的档案研究，张闫龙得出了以下几点具有重要意义的发现。首先，省、市、县各级政府不但是各自独立的利益主体，而且有着极为明确的主体意识。在对于财政包干制度上下级的争论中，市级政府显然是一个有自我利益的、理性的行动者。其次，上下级的包干体制正是在这种不断的讨价还价中形成的，而不是纯粹的从上到下的政策产物。第三，虽然市在对省的互动中表现出极强的利己性，但是却在与下属县级政府的互动中表现出利他色彩②。这种对比展示出比李和吴的文章所讨论的中央—地方关系更为复杂的政府间关系。这不是简单的双方博弈，也不是更复杂一些的三方博弈，而是在财政制度框架内的以市为中心的上下级互动。市对县的利他性财政政策正、

---

① 李芝兰和吴理财（2005），"'倒逼'还是'反倒逼'：农村税费改革前后中央与地方的互动"，《社会学研究》第4期。

② 张闫龙（2006），"财政分权与省以下政府关系的演变"，《社会学研究》第3期。

是以市级政府能够与省级政府讨价还价的局面为前提的。也就是说，如果省与市的讨价还价变成纯粹的上对下的命令式或者压力性体制，则市对县利他性政策的空间也不会存在了。我们在此能够看到，要解释"扶持之手"还是"掠夺之手"的问题，关键并不在于这只手的"主人"，而在于"主人"背后的一系列影响力量。要解释市级政府的行为模式和动机，只有把它放到一系列互动的"关系"中才能够得到理解。从分析方法上讲，这就是社会学强调的"关系"对行动的解释能力。对一个普通的行动主体来说如此，对复杂的行动主体如政府来说也是如此。

要从以博弈论为主要方法的分析走向以"关系"为主的分析，我们就应该对目前政府间关系的特点有着进一步的认识。在社会学中，与政府有关的主要研究领域包括政府与农民的关系、政府与企业的关系等等，而政府间关系构成了我们理解这些关系中政府行为的基本框架。

正如我们以上所看到的，目前社会学涉足的政府间关系仍然以财政关系为主。就财政的中央—地方关系而言，改革开放以来经历了两个大的阶段，以 1994 年的分税制为分界点。分税制以前，政府间普遍采用的是财政包干制，上下级政府间每年或者每几年都要就包干的形式、基数、超收分成比例进行讨价还价。这为各级政府对上"利己"、对下"利他"的"放水养鱼"行为提供了一个基本的制度背景，也是典型的财政分权效应。而 1994 年的分税制将中央与地方的税收分配比例固定化了，一劳永逸地消除了上下级讨价还价的局面，而且通过这种比例将大部分财政收入集中到中央，所以我们说分税制既是一种制度化、规范化的改革，又是一种集权化的改革。改革以前，中央和地方财政收入是三七开的比例，而改革后则变成了倒三七开，由于中央和地方财政支出的比例并没有改变，所以大部分地方支出要依靠中央政府的转移支付。所以说，改革前后中央—地方关系发生了实质性的变化，即从改革前讨价还价的关系变成了改革后地方主要依靠中央拨付转移支付补助的关系。地方对中央的财政依赖大大加强了。

在地方各级政府之间，分税制的效应层层传递，造成了下级财政对上级财政的制度性依赖。在这种局面下，基层政府的财力大小主要看上级拨付的转移支付量的大小，所以造成了中部地区的县乡困难、东部地区和西部地区的县乡财政相对宽裕的局面[1]。这种局面构成了我们理解政府和企业、政府和农民关系的基础。

由于制造业企业上缴的主要税收是增值税，而分税制规定增值税 75% 归中央，25% 归地方，所以在分税制以后，地方政府能够从企业上收取的地方

---

[1]　周飞舟（2006），"分税制十年：制度及其影响"，《中国社会科学》第 6 期。

税收大幅度下降。在这种局面下，我们在 1990 年代中期看到了地方乡镇企业大规模倒闭、转制的高潮。以前"养鸡下蛋"的"鸡"下的蛋大部分变成了中央政府的收入，所以地方政府失去了经营乡镇企业的热情。事实上，我们普遍可以看到，分税制以后增值税已经完全不构成地方财政收入的主体税收。地方的主体税收迅速转变为被 100% 划为地方税种的营业税。营业税主要来自于建筑业和第三产业，这有助于我们理解 90 年代后期以至到今天仍然过热的地方基础建设投资热潮以及各种以"大兴土木"为主的政绩工程。地方政府的这种反应是预期之中的结果，预料之外的结果则是东部地区的地方政府开始开辟税收之外的财政收入来源，即"圈地"和"以地生财"。由于政府垄断了土地的一级市场，所以可以低成本地从农民手中获得土地，以高价格在土地二级市场卖出去，从中获得了巨额的土地转让收入。据目前的研究，东部地区许多县市政府的土地收入相当甚至高于其地方财政收入规模。由此可以看出，地方政府剥夺农民土地、吸引企业和地产商占地的行为只有通过由分税制以来形成的政府间关系才可以得到较深层次的解释[①]。

　　相对于东部地区而言，中西部地区的主要矛盾是政府和农民的关系。分税制改革集中了地方政府的大部分工业税收，使得中西部地区的县乡基层政府主要依靠农业税收和"三提五统"等农民负担来维持其财政开支。这是我们看到在 1990 年代中期以后农民负担问题日趋严重的深层次原因。农民负担问题的实质是政府间财政关系造成的。2002 年以来的税费改革表面上是减轻农民负担的改革，其实质是对中央—地方财政关系的改革。要做到农民负担减轻之后不出现反弹，不陷入"黄宗羲定律"的怪圈，关键是要让基层政府的财政开支有相对稳定的来源。所以税费改革的主要内容是中央政府向县乡两级拨付了数额巨大的"税费改革转移支付"，由中央财政来支付改革的成本。在这种努力之下，国家和农民的关系发生了根本性的变化，农民有史以来第一次不用交农民负担乃至"皇粮国税"。但是，改革的意外后果仍然发生在政府间的财政关系上。由于改革以后乡镇政府几乎所有的财政收入都是上级的转移支付，这造成了两个后果。第一是这种转移支付的预算约束非常僵硬，乡镇政府基本失去了安排预算支出的权力，在大部分中西部地区，乡镇财政的开支就等同于人头开支，只有"吃饭"支出，没有"办事"支出。第二，农村的公共服务缺少人力和财力的支持，大部分用于公共服务的转移支付资金停留在县城一级而无法"下乡"，使得乡镇基层政府基本上脱离了和农民的联系，过去是"收钱收税"，现在则是不收钱、不办事。国家和农民的关

---

① 周飞舟（2007），"生财有道：土地开发和转让中的政府和农民"，《社会学研究》第 1 期。

系开始由过去的"汲取型"向"悬浮型"转变①。

总结以上的研究，我们可以得出两点简要的结论。第一，要深入到"政府"内部，解释政府行为的深层原因，并不是要去全力描述政府与农民的博弈，或者政府上下级之间的博弈关系，而应该将其放在中央—地方关系或政府间关系的大框架中去加以理解。政府不但是利益的主体，而且也是各种政府间关系的节点，政府的行为受到各种关系制约，这是社会学相对于政治学和经济学比较独特的视角和分析方法；第二，要对政府的行为做出机制分析。所谓机制分析，是要找出行动主体在实践中的行动路径，以及这些路径的形成机制。与"显性"的政策与制度相比，机制是"隐性"的，是环境、利益和动机的综合表现，这也正是社会学的分析方法可以施展的地方。

中央—地方关系和政府行为

中央政府和地方政府

在讨论中央—地方关系之前，我们首先要对政府的财政做一个简单讨论。即从财政的角度看，政府应该做些什么？政府和市场的关系如何？

按照一般教科书的定义，政府的财政职能主要有四个：资源配置、收入分配、稳定经济及发展经济。在这四个方面的职能中，配置资源和维持收入的公平分配相对又更加重要一些，通过政府来分配资源以实现经济增长和收入的公平分配是不同于通过市场来达到同一目的的必要方式。这两种方式是很不相同又互为补充的，而哪些资源应该通过市场配置，哪些应该通过政府配置，在理论上则主要取决于这些资源本身的性质。

政府的财政之所以被叫作"公共财政"，是因为政府配置、提供的资源、物品和服务具有公共性质，我们一般将这些物品和服务称为公共品和公共服务，这无疑是相对于"私人物品和服务"而言的。如果我们将政府层级考虑在内，那么哪些公共服务应该由中央政府等高端政府来提供、哪些应该由基层地方政府来提供，就更是一个难以达成共识的问题。纯粹从理论出发，我们可以概括出以下两个简单的判断，见表1－1：

---

① 周飞舟（2006），"从汲取行政权到'悬浮型'政权：税费改革对国家与农民关系之影响"，《社会学研究》第3期。

表 1 - 1　中央和地方政府的公共服务

	公共性强	公共性弱
跨地区	中央政府	私人
地区内	地方政府	私人

在财政领域，我们将政府提供公共品的职责范围称为政府的事权，而将政府的财政收入叫作政府的财权。就政府和社会的关系而言，我们笼统地讨论政府的事权和财权，就政府内部的政府间关系而言，我们则要讨论事权和财权在各级政府之间的分配情况。

我们一般将安排政府间财权和事权的制度称为财政体制。广义而言，财政体制包括政府的预算收入（以税收为主）、预算支出以及预算外收支等三个大的方面的制度构架；狭义的财政体制则是指预算管理体制，即一般只包括预算内收入和支出在政府间的安排和分配。由于中国是多级政府，所以这个构架还规定了不同级别的政府之间的财政关系。

就中央政府而言，财政体制规定了中央政府的税收和非税收入的范围、规模以及支出方式，而且还规定了中央和地方政府之间如何就财政收入和支出进行分配和分工，也就是说，规定了财政方面中央—地方关系的基本框架。就地方政府而言，除了本级的收入和支出，还规定了与下一级政府的财政关系。中国有五级政府，在财政关系上，每一级政府采取的是"下管一级"的制度，也就是说每级政府只负责制定它与其下一级政府的财政体制。因此，中央—地方政府间以及各级地方政府之间并没有一种统一的财政体制存在，而是随着政府级别的不同，财政体制也不同。中国有 32 个省级单位，333 个地区、市级单位，2862 个县级单位，37334 个乡镇单位，因为政府级别、单位众多，所以财政体制也纷繁复杂。虽然财政体制多种多样，但是地方政府之间的财政体制大多受到中央和省级之间的财政体制的指导和影响，因此有一定的规律可循。另外，还存在一些评价和衡量各种财政体制的一般原则。

首先，我们评价和衡量政府间财政体制的一个重要标准就是要看一级政府的财权和事权是否相称或者对称。很明显，如果某级政府的事权远远超出其财权，则这级政府的财政就会出现赤字，并且没有能力为公共品和公共服务提供所需的资金；反过来，如果财权远远超出其事权，则政府提供公共品和公共服务的效率就会出现问题，因为财政收入基本上来源于税收，财权超出事权说明这个地区的居民上缴了过多的税收却没有充分享受到这些税收所能提供的公共服务。如果我们考虑多级政府的情况，事情就会稍微复杂一些。当某些地方政府的事权大于财权时，上级政府会采用财政补助或者转移支付的形式来补充地方政府的收入，使其维持事权和财权的平衡；同样，当某些地方政府的财权大于事权时，上级政府则会要求这级地方政府上缴一部分财政收入，也就是说这级地方政府的支出中会有一部分"上解"，这部分财政收入会在更高级别的政府中完成支出。从理论上讲，这种"补助"和"上解"的财政纵向资金流动是以事权在各级政府中的分配为依据的。例如修一条跨县域的公路，由省级政府来协调、统筹公路的修建是一个成本最小的选择，但是修路的资金则各县都会负担一部分。再例如，某县要修建一所学校，建设经费除了本县财政负担一部分之外，中央、省、市可能都有一部分专门的补助来支持学校的修建。所以说，事权分配导致的财权再分配是政府财政体制中的主要的内容。

除了按照事权来调整财权，上级政府还可能根据各地人均财政支出水平的差异来平衡各地的财政状况，以维持各地不同政府财政支出的均等化。因为就一些基本的公共品和公共服务而言，例如教育、卫生等，各地居民都应该享受到相似水平的或者最低水平的服务，而相对贫穷的地方政府则无力满足，所以上级政府会采用补助或者转移支付的形式来提高这些地方政府的财政支出能力。这种纵向的财权再分配也是财政体制的一个重要内容。

除了上述两个原则之外，上级政府与下级政府制定财政体制的时候，还会考虑监督和激励的问题。所谓监督，就是通过体制来规范下级政府的收入和支出行为，以力图使得下级政府不会将财政资金低效率地支出。上级政府对下级政府的监督，除了会使用审计、检查等手段之外，在财政体制上则会通过"补助"或"转移支付"来影响下级政府的行为。一般而言，财政补助分为两种，一种被称为"一般性补助"（General Purpose），没有指定补助的用途；另一种被称为"专项补助"（Earmarked or Specific Purpose），是指资金都附带有明确的用途，下级政府不得将资金挪作他用。在补助的两种形式中，一般性补助没有监督作用，但是专项补助对下级政府的影响比较大。因为规定了具体的支出用途，所以上级政府不但有理由对这部分资金的使用进行监督，而且专项资金的种类、数量和拨付方式都会直接制约下级政府的行为。所谓激励，则是上级政府力图通过财政体制鼓励地方政府尽量多地增加财政收入，实现财政收入的连续、快速增长。例如上级政府可以采取包干制的办法，将超过包干的收入部分全部留在下级政府以实现对财政增收的激励。

集权和分权

集权和分权是描述中央和地方关系的中心概念。一般而言，集权和分权概念涵盖了中央和地方关系中行政、财政、人事、军事等诸多方面的内容，对一个特定时期的特定政权而言，虽然这些方面集权和分权的情况可能不一致，但是总的来说各方面是互相关联的。行政高度集权的国家在财政、人事和军事方面一般也倾向于集权，行政分权的国家在其他各个方面一般也倾向于分权。同一个政权在不同的历史时期，其集权和分权的程度也会因为政权内部政治、经济和社会变化的情况而不断变化。在这些变化中，财政的集权和分权表现相对比较明显和易于观察，因为本书集中讨论的是财政，所以亦将集权和分权的研究范围限制在财政领域之内。

用制约中央和地方关系的一般原则来衡量，集权和分权的程度就比较明显地体现在财政体制即财权与事权在中央和地方的分配上面。财政分权的极端例子在古代是春秋战国时代的分封制；在当代，美国的"财政联邦主义"（Fiscal Federalism）是比较典型的代表。在美国的财政联邦制下，各州政府享有比较独立的财政自主性。州政府有比较独立的权限来决定征收的税种、税率，对州内的公共支出有权进行安排和调整。中央—地方以及州际的转移支付比较多样化且比较规范和固定，中央政府通常有自己独立的税种和税收来源，不会过多干预地方政府的收入和支出。对于财政集权而言，极端的例子就是新中国成立后 1949 年到 1952 年实行的严格财政"统收统支"体制。在统收统支的制度下，地方政府不但没有独立的财权，其财政收入完全归中央政府进行安排，而且其事权即支出权也由中央政府严格控制。

一个国家的财政体制倾向于集权还是分权，并没有决定性的一般规律可循。从经济效率的角度来考察，分权更加有利于形成地方政府间的竞争并且有利于提高公共支出的效率。但从公平性考虑，过度分权则容易带来地区间经济增长的不平衡，进而导致地区间公共支出水平的失衡。在分权的情况下，经济增长较快的地区，地方政府的财政收入也增长较快，从而导致该地区的公共支出水平也较高。经济增长较慢的地区公共支出的水平则会比较低。这种失衡应该由中央政府提供的纵向转移支付或者地区间横向的转移支付来进行弥补。但是，在过度分权的情况下，中央政府的调节能力相对比较弱，缺乏调动地方政府财政资源的能力。

与西方国家相比，中国自秦代以后一直到现在，在大部分时间里，实行的都是中央集权的政治体制。由于缺乏对于中央绝对权力的制约制度，过度的集权和分权都容易带来政治上的不稳定。地方权力过大，容易造成中央的政令不通，在极端的情况下造成"诸侯政治"甚至地方割据和国家分裂；而中央实行过度的集权又容易使得整个政治和经济体制陷于僵化，难以对地方出现的问题进行灵活和适当的反应和处理，地方的小问题往往容易蔓延和发展成为全国性的大问题，从而也威胁到政权和国家的稳定。所谓"一放就乱、一收就死"就是指的这种状况。

关于财政集权和分权的讨论是近十年来政治经济学领域的热点。世界上大部分国家，无论其财政体制是联邦制的还是单一制的，都在致力于财政分权的改革，可以说分权是一个世界性的大趋势。一般认为，分权会给予地方政府更多的自主性，从而提高整个经济和政治体系的运作效率，同时分权引发的竞争机制也有可能使得资源分配更加平均[①]。但与此同时，也有学者发现了不同（或相反）的证据。例如 Davoodi 和 Zou 认为分权和经济增长间没有显著关系，而 De Mello 则发现分权会导致地区间的财力分配更加不平衡[②]。有些学者指出，分权也是有条件和有代价的。在不具备一些必要前提条件的情况下，财政分权不但不能提高效率，而且会带来一些意外后果。这些前提条件都与政府行为模式有关，所以，最重要的并不在于分权还是集权，而在于政府行为。政府行为对于分权和集权来说，与其说是内生的，不如说是外生的，它是我们理解分权框架的前提而不是结果。

在这些前提条件中，最重要的是官员行为问责制（Accountability）的不完备性以及由此带来的软预算约束问题（Soft Budget Problem）。软预算约束是一个被普遍使用的概念[③]，在财政领域，软预算约束主要指下级政府的支出超过预算，而自己并不为其缺口负责，通常由上级政府的事后追加补助（Bailout）或者借债来填补。对于借债而言，下级政府相信自己没有或只有部分偿还责任，包袱最终还是由上级政府来背。软预算约束的存在，会鼓励下级政府超额支出或者支出预算不合理从而缺乏效率[④]。过度集权导致的低效率当然与软预算约束有关（参见科尔奈的经典分析），不但如此，只要软预算约束问题严重，分权的后果也不是效率而是腐败现象的增长[⑤]，而且也达不到有

---

① 关于分权和集权的优缺点，可以参看王绍光《分权的底限》（1997，中国计划出版社）第三章 "分权与集权的利弊"。此书之后，分权和集权讨论又有发展，观点与王不尽相同，可以参看 Yingyi Qian, and Barry R. Weingast (1997), "Federalism As a Commitment to Preserving Market Incentives", *Journal of Economic Perspectives*, 11 (4), pp. 83 – 92; J. Litvack, J. Ahmad, and R. Bird (1998), *Rethinking Decentralization*. Washington: World Bank。

② Hamid Davoodi, and Heng – fu Zou (1998), "Fiscal Decentralization and Economic Growth: A Cross – Country Study", *Journal of Urban Economics*, (43), pp. 244 – 423; L. R. De Mello (2000), "Fiscal Decentralization and Intergovernmental Fiscal Relations: A Cross – Country Analysis", *World Development*, 28 (2), pp. 365 – 380.

③ 此概念由科尔奈提出，用于解释国有企业与政府的关系，见科尔奈（1986）《短缺经济学》，经济科学出版社。

④ Jonathan Rodden, Gunnar S. Eskeland, and Jennie Litvack (eds.) (2003), *Fiscal Decentralization and the Challenge of Hard Budget Constraints*. Cambridge: The MIT Press.

⑤ Pranab Bardhan (2000), "Irrigation and Cooperation: An Empirical Analysis of 48 Irrigation Communities in South India", *Economic Development and Cultural Change*, 48 (4), pp. 847 – 865; Mary Kay Gugerty, and Edward Migual (2000), *Community Participation and Social Sanctions in Kenyan Schools*. Mimeo, Harvard University.

些分权研究者发现的资源均等化分配目标，反而会加剧不平等①。也就是说，政治领域并不像经济领域那样，靠私有化、分权化可以比较有效地遏制软预算约束。分权虽然会促进地方政府间的竞争，但是这些竞争并不一定会消除软预算约束。这些竞争可以表现为招商引资，也可以表现为大搞"形象工程"，因为效率从来都不是衡量地方政府表现的首要指标。由此可见，笼统地讨论分权和集权的利弊对于我们理解中央和地方关系、东部和中西部关系以及政府和企业关系是远远不够的，真正的分析应该进入到政府行为层面。这正是本书要展开讨论的主题。

---

① Galasso, Emanuela and Martin Ravallion (2001), *Decentralization Targeting of an Anti – Poverty Program.* Mimeo. Development Research Group, World Bank.

第二章　改革前的中央地方关系

在西方民主宪政政体中，中央—地方关系在大多数情况下只在"政府内部运作"的意义上是重要的，这是由于政府管辖和影响的领域较小所致。经济、社会、文化等领域中的事务相对于政府而言有着很强的独立性。所以说，中央—地方关系的变化的意义相对有限。具体而言，在制度安排上，中央主要协调的是与地方政府的关系，其他事务则是在不同程度上的分权框架内展开的。

而在计划体制中，由于主要的社会和经济资源都归政府来规划、调配和使用，中央—地方关系的意义也变得更加重要。在实行计划体制的大国，多级政府的存在使得中央政府需要通过地方政府推行政令和实现经济社会发展规划。这实际上对中央—地方关系提出了更高的要求，即要求中央政府的高度集权。所以在各种计划体制中，集权是一个普遍的现象。在计划体制的政府预算中，最重要的部分不是公共服务，而是经济发展和基本建设投资。在以前苏联为代表的计划体制中，国民经济和社会发展是以"五年计划"为中心的整体规划安排，这要求地方政府成为中央计划的忠实执行者，不能允许地方政府在执行计划上有太大的自由处置权限，否则计划的执行就会出现混乱。

上述模式也是理解中国在改革开放前三十年间中央—地方关系的基本框架。在这个框架下，经济和社会发展表现为两种模式的周期性循环，即中央高度集权的"集中模式"和中央放权的"地方竞赛模式"。在集中模式中，中央政府收紧了地方政府的大部分经济计划和管理权限；而在地方竞争模式中，则将一些计划和许多经济管理权限放权给地方。地方政府的竞赛行为往往导致地方重复建设和经济过热，这最终使得中央政府收紧权限，回到集中模式。中央对于通过"收放"手段来控制地方和调整经济发展速度形成了一些固定的做法，这些做法一直延续到了改革开放时期。这种集权和放权的不断循环状况，也可以用"一放就乱、一收就死"来概括。本章将对中国中央—地方关系的上述特征进行详细考察。

从财政方面看，一般认为，从1949年到改革开放以前，中国实行的是"统收统支"的财政体制，即地方政府的全部财政收入上缴中央，而中央全面安排地方政府的支出，也就是说中央—地方关系在财政上是高度集权的。但这种看法过于简单笼统，中央—地方关系在改革开放前的三十年时间里实际上经历了一个复杂的变化过程。按照上述的"收—放"的视角看，这个变化过程可以大致概括为"三收两放"，两次放权的时期分别是在"大跃进"时期和"文化大革命"前期。我们只有通过探索这种变化背后的原因和实际的结果，才能对新时期的中央—地方关系有一个更加深入的理解。

中央—地方间基本经济和财政关系框架的建立（1949 – 1957）

1949年以后，新中国开始着手建立全新的社会主义经济和政治体制，在此基础上形成了全新的中央—地方关系框架。这个框架虽然仍然延续了传统中国五级政府的行政关系，但是随着社会主义计划经济体制的建立和发展，迅速形成了中央高度集权的局面。

新中国成立初期，为了平抑物价、解决财政困难和支持抗美援朝，中央政府实行的是高度集权的财政"统收统支"制度，规定财政收入中除公粮5%～15%的地方附加以外，所有公粮的征收、支出、调度，全部统于中央。税收方面，除了批准征收的少量地方税外，所有关税、盐税、货物税、工商税，也都由中央政府调度使用。财政支出主要用于军队、行政和投资，也都由中央政府统一全国的编制和供给标准。

这种高度集权的体制在1953—1957年的第一个"五年计划"时期得到了进一步的加强。从1953年开始，新中国开始了对农业、手工业和资本主义工商业的社会主义改造，原定于十几年的改造计划在五年时间里就迅速完成。1956年农村中参加合作社的农户比重已经达到了96.3%，已经加入合作化的手工业就业人员占全部手工业者的91.7%。对资本主义工业也进行了社会主义改造，情况见下表：

表 2 - 1　新中国成立初期工业分布情况

年份	1949	1952	1956
社会主义工业	34.7%	56.0%	67.5%
国家资本主义工业	9.5%	26.9%	32.5%
其中：公私合营	2.0%	5.0%	32.5%
加工定货	7.5%	21.9%	－
资本主义工业（自产自销部分）	55.8%	17.1%	－

数据来源：《当代中国的经济体制改革》，中国社会科学出版社 1984 年，28 页。

可以看出，到 1956 年，全部工业中三分之二为社会主义性质的国营和集体工业，三分之一为公私合营的国家资本主义工业。在公私合营的企业，"私方"只有拿定息的权利，没有企业的经营权，这种企业实际上也是全民所有制的国有企业了。在商业领域，1956 年的私营商业只占商业企业商品批发额度的 0.1%，商业也全部完成了社会主义改造。

社会主义改造基本完成之后，国家的财政收入结构发生了重要的变化。参看下表：

表 2 - 2　新中国成立初期国家财政收入结构情况

年份	企业收入		各项税收		其中：工商税收	
	数量（亿元）	比重（%）	数量（亿元）	比重（%）	数量（亿元）	比重（%）
1950	8.69	13.4	48.98	75.1	23.63	36.2
1951	30.54	22.9	81.13	60.9	47.45	35.6
1952	57.27	31.2	97.69	53.2	61.48	33.4
1953	76.69	34.4	119.67	53.7	82.50	37.0
1954	99.61	38.0	132.18	50.4	89.72	34.2
1955	111.94	41.1	127.45	46.9	87.26	32.1
1956	134.26	46.7	140.88	49.0	100.98	35.1
1957	144.18	46.5	154.89	49.9	113.12	36.5

数据来源：《中国财政统计（1950 - 1991）》，科学出版社 1992 年版。

可以看出，企业收入由 1950 年占财政收入的 13.4%，到"一五"时期的最后一年，这个比重上升到了 46.5%，和各项税收在财政收入中平分秋色。此后一直到 1979 年，这两个比重基本没有发生大的变化，基本各占财政收入的50%左右。

各项税收主要包括工商税收、盐税、关税和农牧业税。从表2-2可以看出，工商企业缴纳的工商税收是税收的主体，但是工商税收在财政总收入中的份额并没有发生变化，始终占总收入的35%左右。也就是说，新中国成立初期和"一五"时期国家工业化的迅速发展对财政收入的贡献并没有体现在税收上，而是体现在企业收入上。工商企业的迅速发展带来的是企业收入的迅速增长，这与社会主义改造和国家管理企业的方式有关系。

企业收入主要是指工商企业上缴的利润和部分折旧基金。社会主义改造完成之后，全国的工业企业产生的利税总额中，全民所有制企业（国有企业）占85%，集体所有制企业占12%，其他企业占3%①。对于全民所有制企业，国家运用行政手段，直接向企业下达指令性指标②来进行管理。企业的用人用工由国家委派和统一分配，企业的生产资料由国家计划供给，由商业、物资部门收购或调拨其产品，由财政部门统一负责企业资金的收入和支出，企业的利润和折旧基金全部上缴国家，纳入国家预算。企业所需基本建设投资、固定资产更新和技术改造的费用，由国家财政拨款解决。企业的流动资金也由财政部门按定额拨付，一些季节性、临时性的超定额部分则由银行贷款解决。在这种管理模式之下，企业财务虽然进行独立核算，但只限于自计盈亏，并不自负盈亏，所以基本上属于政府财政部门的分支和出纳。企业税金上缴财政国库，企业利润则上缴政府主管部门的财政。以1957年为例，全民所有制独立核算工业企业的税金是36.6亿元，利润总额是78.8亿元③，也就是说，企业的贡献是三分之一以税收的形式上缴国家财政，三分之二则以企业收入的形式上缴主管的政府部门。

我们可以将企业的主管部门按照中央—地方关系分成两类，一类是中央政府以及国务院的各个部委，另一类则是地方政府主管部门。新中国成立初期，国家财政分为中央级、大行政区级和省（市）级三级财政，1953年取消了大区一级财政，设立了县级财政，这样，地方的财政仍然是两级，即省（市）级财政和县级财政。全国的企业也按照其隶属关系分为中央直（部）属企业和地方企业（省、县）两类。中央企业的企业收入直接归中央财政管理，地方企业的企业收入则按照其隶属关系归入省级或县级财政，也就是说，

① 这是1958年的数字，资料来自财政部综合计划司编（1992），《中国财政统计（1950—1991）》，科学出版社，第26页。

② 这些指令性指标涵盖了企业管理的各个方面，包括：总产值、主要产品产量、新种类产品试制、主要的技术经济定额、成本降低率、成本降低额、职工总数、年底职工数、工资总额、劳动生产率和利润。

③ 数字来自国务院全国工业普查领导小组办公室和国家统计局工业交通物资统计司编（1986），《中国工业经济统计资料》，中国科学出版社，第177页。

所有的企业都按照隶属关系归入了"条条"（中央直属）系统和"块块"系统。

"一五"时期是国家"重工业战略优先"的发展时期。新中国有限的人力、物力和财力大都用于发展大型的重工业，这就要求中央具有调度、配置资源的大部分权力，在这种情况下，"条条"系统的膨胀是必然的。1952年成立国家计划委员会，此外设立了重工业部等15个财经专业管理部门，占到了政务院所属各部门总数的47%。这些部委既是行业管理部门，又是直接管理企业生产的管理单位。1954年这类部委进一步增加，超过国务院所属部门总数的55%。在这种形势下，中央直属企业1953年为2800多个，1957年为9300多个，占企业总数的16%，占工业总产值的49%①，而且这些企业都是直接关系到国计民生的大型企业。这样，全国大部分的财力和物力都纳入了中央直接管理和调配的"条条"系统。1953年，中央统一分配的物资为227种（中央统配112种，部委管理115种），到1957年，这个数字迅速增加到532种（统配231种，部委管理301种）②，中央政府直接控制了大部分的关系到国计民生的重要物资。

在财政方面，自1953年开始，财政体制由中央统收统支变为中央和地方财政划分收入。中央、省（市）和县（市）三级开始划分各自的财政收支范围。1954年开始实行由中央统一领导、中央与地方财政中央和地方"分类分成"的办法，将财政收入划分为固定收入、固定比例分成收入、中央调剂收入三大类。地方预算每年由中央核定，如果其固定收入超出了地方正常支出，其剩余部分不再全部上解中央，而是按照剩余部分在地方固定收入中的比重与中央进行分成。分成比例一年一定。如果地方的预算支出，首先用地方固定收入和固定比例分成抵补，不足部分由中央调剂收入弥补。

这种财政体制划分表面上看起来给了地方财政独立的地位，但是由于（1）地方固定收入实际上占总财政收入的比重不大；（2）分成比例每年一变，每年都按照上一年收入和支出的差额进行重新计算。也就是说，如果一个省某年收入增长过快，其下一年上解中央的比例就会快速增长。所以这种体制只是初步划分了中央和地方财政的范围，并没有改变中央财政高度集权的状况。如果从中央和地方负责征收收入的范围来看，"一五"期间中央和地方财政收入分别占全国财政收入的45%和55%，但是如果按照财政体制划分后的收入来看，中央和地方财政收入的比重就分别占80%和20%，支出分别占总财政支出的75%和25%。所以说，全国虽然有一半左右的企业属于地方

---

① 朱镕基主编（1985），《当代中国的经济管理》，中国社会科学出版社，第43－44页。

② 赵德馨主编（1988），《中华人民共和国经济史（1949－1966）》，河南人民出版社，第388页。

主管部门管理，但是企业上缴的收入和利润大部分都被中央财政直接支配。企业能够自己分配的奖励基金和超计划利润分成只占企业收入的 3.75%。[①]随着"一五"计划和社会主义改造的完成，我国中央—地方间的基本经济和财政关系的构架已经建立起来。根据上面的分析，这种框架的基本特点是：中央控制了全国大部分的人力、财力和物力的管理和分配，这种控制是通过计划指标管理的形式，并通过建立在各个工业经济部门的"条条"系统来进行直接的、自上而下的控制实现的。具体而言，重要的企业几乎全部纳入"条条"系统直接管理，其他企业则通过"块块"系统间接管理，但是其税收和利润大部分归中央财政进行分配。

"大跃进"及其后果：第一次放权实践（1958—1962）

"一五"期间的管理体制由于将绝大部分权力集中在中央，不利于调动地方的积极性。早在 1956 年，中央政府就意识到了高度集权带来的问题。毛泽东在《论十大关系》的报告中提出"要扩大一点地方的权力，给地方更多的独立性，让地方办更多的事情。"1956 年到 1957 年间，中央政府出台了一系列文件[②]，开始逐步有计划地下放企业、商业和财政管理权限给地方。这些政策是和加快经济发展的思路以及 1957 年的"反右"运动相呼应的。自 1957年下半年开始，毛泽东在多次会议上开始批评 1956 年的"反冒进"思想，1958 年 3 月又提出了社会主义建设总路线的基本思路。

社会主义建设总路线在 1958 年 2 月底中共八大二次会议上通过，表述为"鼓足干劲、力争上游、多快好省地建设社会主义"。其实质就是力争经济建设的高速度，在计划经济的管理中体现为"赶英超美"的赶超战略。毛泽东的思想和地位一般是解释 1958 年"大跃进"运动的主要因素，大跃进的发动似乎主要是一个自上而下的动员过程。但是我们如果仔细考察 1957 年的政治经济形势，就会发现另外一个重要的因素，即高度集权的政治经济体制为了推动经济高速发展，实际上会内生出大规模放权和开展地区间竞争的要求。这种要求只是以自上而下的放权过程体现出来的。

自 1958 年初开始，中央政府开始全面下放权限，这是新中国历史上的第

---

① 当代中国丛书编辑部（1984），《当代中国的经济体制改革》，中国社会科学出版社，第 446页、502 页。

② 这些文件包括 1956 年 5 月的《关于改进国家行政体制的决议（草案）》，1957 年的《关于改进工业管理体制的规定（草案）》、《关于改进财政体制和划分中央和地方对财政管理权限的规定《草案》》、《关于改进商业管理体制的规定（草案）》。

一次大规模放权的变革。在行政管理方面，将原已虚化的大行政区重新加强，成立了东北、华北、华东、华南、华中、西北、西南 7 个大协作区，要求其分别建立大型的骨干企业和经济中心，形成具有完整工业体系的经济区域。此后不久又要求其下属各省也力图建立独立的工业体系。在企业管理方面，开始大规模下放中央直属企业，与 1957 年的 9300 多个中央直属企业相比，1958 年中央直属企业只剩下 1200 多个，下放了 88%，其工业产值占工业总产值的比重也下降到 13.8%[1]。同时，各企业的企业自主性和管理权也迅速增加。国家对企业管理的指令性指标由原来的 12 个减少为 4 个，企业的财权和人事权也迅速扩大。在财政体制方面也进行了巨大的变动，地方的财政收入从"以支定收、一年一变"的体制变为"一定五年不变"的体制，同时地方的收入基数和支出权限也迅速增加。与这些方面的权力下放相配合，中央政府又在计划指标管理方面作出了彻底的变动。

1958 年 2 月，在中共中央转发毛泽东的《工作方法六十条（草案）》中，提出了"生产计划两本账"的要求，与这种制度相配套，建立起了"块块为主、条块结合"的计划体制，规定各省市自治区可以对本地区的工农业生产指标进行调整，可以安排本地区的建设投资和人力、财力、物力以及公共事业项目。在这种形势下，"二五"时期国家的工业生产计划中只剩下产品产量指标，"一五"计划中的其他五种指标[2]都被取消了。基建计划中也只管当年的投资和主要建设内容。工业产品中，国家计委统一管理的产品种类也大幅减少。中央直接征收的财政收入比重 1959 年下降到只占财政总收入的 20%。在生产的其他方面，如基建审批权、物资分配权和招工计划权也都全面下放。地方基本可以自主基建投资，中央统配和部管物资从 1957 年 532 种减为 1958 年 429 种，到 1959 年更减少为 285 种[3]。职工人数和城镇居民数量大幅度增加。

这种全面放权一方面迅速刺激了经济增长，另一方面却带来了严重的问题。问题主要表现为严重的"浮夸风"以及经济结构的严重失调，其根源却是伴随着全面放权出现的地方政府指标竞赛行为。1958—1960 年，各种钢铁和粮食的"卫星"满天飞，浮夸风吹遍了各级大大小小的地方政府，指标竞赛竟然导致了主要的产品产量指标完全失真。各地区纷纷追求建立独立的经济体系，各种工业项目遍地开花，每年上马的大中型项目都超过"一五"时

---

①　数据详见当代中国丛书编辑部（1984），《当代中国的经济体制改革》，中国社会科学出版社。

②　其他五种指标是总产值、商品产值、主要产品产量、主要经济技术指标、新产品试制和生产大修。

③　中国物资经济学会编（1983），《中国社会主义物资管理体制史略》，物资出版社，第 91 - 92 页。

期的项目总和。经济结构严重畸形，在此期间，重工业增长了 2.33 倍，轻工业增长了 47%，农业下降了 22.7%。最后的结果导致了国民收入和财政收入的大幅度下降，在农业上更造成了巨大的灾难。

伴随着"以钢为纲"开始的"大跃进"运动，实际上是一场地方政府在主要的钢铁、粮食和其他重要产品的指标上展开的一场空前激烈和规模巨大的"锦标赛"。这场锦标赛有这样几个鲜明的特点。

1 "公司化"。地方政府变成了追求指标和效率的巨大公司或厂商，动员其所有能够控制的人力、物力和财力来实现高指标。一般说来，政府与公司最大的区别在于政府不是单一地以取得最大经济收益为其行动目标，而是涵盖了地方经济和社会生活的众多方面（当然各方面的优先顺序会因为地方具体情况的不同而不同）。而锦标赛体制实际上统一改变了政府行为各方面的优先顺序，其他一切都要为"锦标"让路和为"锦标"服务。在大跃进期间，这个锦标就是钢铁和粮食产量。

2 "层层加码"。追求"锦标"引发的地方政府间的竞争造成了"层层加码"的动员和管理制度。上级政府为了完成指标或者追求更高的指标，其基本策略就是动员下级政府展开"锦标赛"，并设置一个比自身目标更高的指标。这在中央的"两本账"策略中体现得最为明显：每个级别都有"两本账"，第二本账的指标高出第一本账，上级的第二本账作为下级的第一本账。在从上到下制定计划时按照第一本账，但是在执行和对下级政府进行考核和评价时用第二本账作为标准①。在各级政府的这种策略下，"层层加码"成为必然。"两本账"策略带来的另外一个严重后果是从中央到地方的各级政府行为的信息流通不畅，甚至造成混乱。由于中央最多只能了解和掌握各级地方政府的"第一本账"，所以根本无法对基层政府的行为作出评价。同样的道理，每一级政府只能掌握其直属下级的情况。这为"大跃进"及后来的饥荒中的虚夸和瞒报现象提供了制度基础。

3 "软约束"。虽然地方政府的行为变得"公司化"，但是这种行为并不像市场中的公司那样存在预算约束，即使有约束的话，也是"软预算约束"。这个术语是匈牙利经济学家科尔奈用来描述社会主义国家中国有企业的行为特点，指国有企业的领导人往往倾向于盲目扩大投入，不顾及企业的投入产出效率②。与国有企业相比，地方政府的预算约束更加"软化"，锦标赛一经发动，往往为了追求高指标而不计成本。从"大跃进"的实践中可以看出，锦标赛体制本身并不会内生出地方政府狂热追求高指标的约束力量，而是相

---

① 关于这个制度的来源和影响，详见薄一波（2008），《若干重大决策与事件的回顾》，中共党史出版社。

② 科尔奈（1986），《短缺经济学》，经济科学出版社。

反，竞赛在压力之下愈演愈烈。只有造成了严重的经济和社会后果之后，中央政府才开始力图终止竞赛。

在中国高度的中央集权的官僚制度的历史上，这是一个新的现象。这场看似高度分权的锦标赛实际上是在高度集权和国家对社会资源全面控制的基础上展开的。这种控制表现政治控制、媒体控制和资源控制三个方面。

首先是通过党和国家政治体系实现的政治控制。通过党的体系，中央实现了对地方官员人事晋升的高度集权。各级地方政府的领导权实际上牢牢掌握在党委第一书记手中，省长、市长只是执行党的决策的行政长官，所以中央对地方的控制可以通过非科层化的方式展开。中共中央有权力随时撤换、调动各级政府的真正领导，而撤换、调动的重要依据就是对党的忠诚和是否走"革命"路线，而是否忠诚和走"革命"路线则是以在政策和实践上响应、执行的党的号召为重要依据的，这叫作"表现"。所以在"锦标赛"发动的过程中，经济上的放权和政治上的集权也就是对地方官员的动员、"过关"、考察和调动是同时进行的。这种集权的一个特点是其高度的非科层化和非程序化。某个官员响应迟缓、执行不力，会因为"政治路线"的问题而被撤换而不是出于行政上的理由。这在1959年的"庐山会议"之后的全国开展的反右倾运动过程中表现得最为明显。高度的政治集权表现在对落实中央计划、完成高指标上，中央除了要求负责干部逐级参加地方会议，还要逐级检查。对于没有完成的，要给予处分①。在《工作方法六十条（草案）》中，更是明确了即锦标赛的基本形式："省和省比，市和市比，县和县比，社和社比，厂和厂比，矿和矿比，工地和工地比。可以订评比公约，也可以不定。农业比较易于评比，工业可以根据可比的条件评比，按产业系统评比。"另一个特点是这种控制逻辑不仅限于中央和省，而是层层扩展，一直深入到被高度组织化的普通工人和农民当中。"忠诚—表现"成为考察官员乃至普通人"政治正确"的基本逻辑，这对全民投入大跃进运动起到了重要的作用。有学者通过研究发现，省内的"入党积极分子"在人口中的比重与本省在大跃进之后的非正常死亡率之间存在着密切的联系，可以从一个侧面反映这种逻辑对推动"锦标赛"的巨大作用②。

其次是通过以媒体为中心实现的对信息系统和社会氛围的控制。对媒体的控制是发动全面锦标赛的重要条件。这种控制的一个重要功能是压制、封

---

① "省委要在县、区、乡、社的计划中选取一些最好的和少数最坏的送给中央审查。省和专区的计划都要按期交中央，一个也不能少。"（《毛泽东文集》第七卷，1999：347）

② Yang, D. L. (1996), *Calamity and Reform in China*: *State, Rural Society, and Institutional Change Since the Great Leap Famine*. Stanford University Press.

杀与"锦标赛"目标不协调的声音和言论①，另一个功能则是宣传甚至夸大参赛者的成绩来推动锦标赛在全社会的全面展开，并制造比赛的强烈氛围②。

再次是资源控制。政府对社会经济资源的全面控制是锦标赛发动的另一个重要基础。如果我们按照资源配置的手段将社会经济资源分为"体制内资源"（政府计划控制）和"体制外资源"（市场控制），那么，通过对主要农产品的统购统销和三大社会主义改造，市场基本不再是配置社会经济资源的手段，几乎全部资源都通过政府控制的计划经济体制来进行配置和再分配。在这种形势下的分权只能是政府内部中央向地方政府的分权而非向市场和社会的分权。由于资源的再分配取决于中央政府的指标和计划体系，所以地方政府无法成为独立的利益主体和行动者，只能是在中央政府的指挥棒下进行比赛的参赛者。在这种竞赛中，竞赛的胜利者得到的奖励是完成或超额完成指标任务后的荣誉，并不能通过比赛得到不受比赛的发起者控制的额外利益。

高度政治控制和资源控制基础上的经济分权起到了立竿见影的效果，导致了"公司化"、"软预算"和"层层加码"的地方政府行为，在很短时间内引发了快速的经济建设高潮。但是，恰恰也是这些控制手段导致了这场"锦标赛"的失败。在高度的政治控制之下，地方政府竞相通过制定高指标、全面动员社会经济资源来实现高指标来表现政治上的忠诚，"公司化"和"层层加码"就是实现这些指标的必然手段，而且为中央政府所允许和鼓励。中央对资源的高度控制使得地方政府并不关心投资和建设的长期经济效益，而只是以扩大投资规模为目标；同时，由于在锦标赛期间地区间形成了激烈的竞争关系，地方政府努力建立辖区内完整的工业体系，重复建设和地区保护主义盛行并成为"锦标赛"期间的一个主要表现③，这两个方面都导致地方政府行为的"软预算约束"现象。高度的媒体控制则同时导致浮夸、隐瞒的信息混乱，使得中央政府在全面严密的控制之下部分失去了真实的地方信息来源。有研究表明，在三年自然灾害期间，灾害严重的省份甚至还通过向周围省份调出粮食的"支援"举动隐瞒省内的灾情④。具有讽刺意义的是，中央的控制越严密，反而越难以知晓地方的实际情况，最后只能以全面收回权力来控制局面，锦标赛就此结束。

---

① 唐秀平（2006），"大跃进中新闻报道失实论"，《淮阴师范学院学报（哲学与社会科学版）》第6期。

② 郑凯歌（2008），"浮夸风的博弈分析：从信息角度对大饥荒的解释"，北京大学硕士研究生学位论文。

③ 详见胡书东（2001）的相关论述：《经济发展中的中央与地方关系——中国财政制度变迁研究》，上海人民出版社。

④ 周飞舟（2003），"'三年自然灾害'时期我国省级政府对灾荒的反应和救助研究"，《社会学研究》第2期。

　　中央政府之所以能够迅速收回权力，与其对资源的全面控制有关。以行政的手段集中经济权力是中国政府调整宏观经济的有效手段，当然是以对社会经济资源的全面掌控为前提的。在重新集权之后，计划经济就又回到放权前的局面，经济增速减慢、企业活力下降，"一放就乱、一乱就收、一收就死"指的就是这种由"集权—放权"逻辑导致的经济波动和周期。

第二轮的"收放"实践（1962—1978）

第一阶段中央收权阶段（1961年—1966年）

　　饥荒之后的时期是国民经济的紧缩和调整时期。调整的主要标志是中央重新收回"大跃进"时期下放给地方的国民经济计划和管理的各种权利。所以说，从1961年到1966年，是中央在行政和经济管理上重新集权的时期。

　　1961年1月20日，中共中央发布了《关于调整管理体制的若干暂行规定》，将物资、财政、货币、劳动计划等权力收归中央，提出了"全国一盘棋、上下一本账"的基本方针。在此之后，又陆续发布了一系列的规定、指示、要求，全面集中和上收权力。在计划决策方面，中央直接管理的计划指标，"一般应占到各项经济活动总额的大部分"。[①] 具体而言，中央管理的比重应占农业总产值的70%左右，占工业总产值的60%左右，占社会商品零售总额的70%左右，占进出口贸易额达85%～90%左右。在基建、物资方面，上收了基建审批权，规定只有小型项目由省、市、自治区批准，后来又进一步规定小型项目也要报国家计委备案，任何部门、任何地区都不许在计划外安排项目[②]。物资分配则采用"条条为主、条块结合"的原则，专设国家物资管理总局（后为物资管理部），实现人、财、物的"三垂直"管理。国家统一分配和部管物资由1959年的285种增加到1964年的592种。在劳动管理方面，对于劳动计划、工资权限、招工指标也都由中央统一管理，只要没有国家安排，原有的职工工资实际上被冻结起来。另外，物价管理权、商品的购销权也都收归中央。

　　在财政方面，上收了地方财权和财力，中央与地方实行的是"总额分成"的财政体制。这种体制的特点是不再划分中央固定收入和地方固定收入，而

---

　　①　1963年中共中央批转《计划工作条例（草案）》。
　　②　见1962年中共中央《关于编制和审批基本建设设计任务书的规定》、《关于加强基本建设计划管理的几项规定》、《关于基本建设时间文件编制和审批办法的几项规定》等。

是"一揽子"计算中央和地方的所有预算收入,各省份将自己所有的预算收入减掉预算支出之后,按照这个余额占预算收入的比重与中央进行总额分成。与"分类分成"体制不同,这个"总额分成"的比例不是固定不变的,而是每年一变,每年都按照上一年收入和支出的差额进行重新计算。也就是说,如果一个省某年收入增长过快,其下一年上解中央的比例就会快速增长。用下面一个简单的表格来表示:

表 2 – 3　虚拟的某省收入增长和总额分成比例（亿元）

	地方预算收入	地方预算支出	地方留用比例	上解中央比例
第一年	10	8	80%	20%
第二年	15	8	53%	47%
第三年	20	8	40%	60%

从这个表格可以看出,如果此省的支出规模保持不变,在其收入快速增长的同时,地方留用的比例呈快速的下降趋势,而上解比例则快速上升。在此前的"分类分成"体制之下,由于分成比例确定不变,所以地方增长的收入大部分不会与中央分享。可见,与"分类分成"体制相比,总额分成体制更加有利于中央而不利于地方。

经济管理权限的集中有利于结束在"大跃进"期间造成的国民经济的混乱局面,对于国民经济的恢复作用是明显的。

第二阶段　中央"放权"阶段（1966 年—1978 年）

自 60 年代中期开始,随着"文化大革命"的准备和发动,中央和地方关系又一次出现了大的变动,这个变动首先表现在中央在行政和经济管理方面对地方的分权,不过这次分权与"大跃进"期间的分权相比,有一些明显的独特之处。

1966 年 3 月,毛泽东主席在写给刘少奇的一封信中说:"一切统于中央,卡得死死的,不是好办法。"随后在杭州召开的中共中央政治局扩大会议上,毛泽东主席又提出,"中央还是'虚君共和'好,中央只管虚,只管政策方针,不管实。中央部门收上来的厂多了,凡是收的都叫他们出中央,到地方去,连人带马都出去。"

"文化大革命"开始后,中央提出以"块块"为主的管理国民经济的基本思路,精简、合并中央机构,在 1970 年将国务院直属的部委机关由 90 个精简合并为 27 个，编制只有原来的 18%。（"在文化大革命"的背景下，这种做法的最初目的是力图夺回中央各部门中"走资本主义当权派"的权力，但实际上导致了中央控制力的下降）同时，将中央各部委直属企业大量下放到地方，从 1965 年到 1970 年，中央部属工业企业由 10533 个减少到 1600 多个，占工业总产值的比重由 42.2% 下降到只占 6%。在基建方面，也扩大地方投资的管理权，按照国家规定的建设任务，由地方负责包干建设。到 1974 年，按 4：3：3 的比例分配投资，即在国家投资总额中，40% 由中央掌握，30% 由地方掌握，30% 由中央和地方共同掌握。在物资管理方面，中央统配和部管物资由 1966 年的 579 种减为 1972 年的 217 种，同时下放企业的物资分配和供应权限给地方。

60 年代后期开始的放权运动迅速扩大了固定资产投资规模，又一次刺激了地方追求指标和发展速度的热情。从中央到地方，"层层加码"的现象又开始出现。中央对于钢铁、铁、煤炭、电力等重要的物资和能源又提出了不切实际的高指标[1]。地方政府则展开了大办地方小工业的竞赛。1970 年财政部决定在 5 年内中央财政安排 80 亿元专项资金，由地方政府统一掌握，兴办"五小"企业，二三年内所得利润 60% 留给县财政。在这种政策下，1970 年全国地（市）、县两级财政预算外资金用于兴办各类工业的投资为 100 万元，1972 年增加到 1.48 亿元，1975 年增加到 2.79 亿元[2]。1970 年到 1976 年间，工业企业数目每年约增加 1.64 万个，这包括了地方小工业和以机关、大企业附属形式创办的"机关工厂"和"家属工厂"。全国小型工业，1970 年为 19.11 万个，到 1976 年则增加到 28.76 万个。1975 年，地方小工业产值占全部工业产值的比重达到了 49%。

高指标和地方竞赛，又导致了国民经济比例失调等一系列问题。投资规模的迅速扩大，导致原料、设备和动力的供应跟不上，不但指标最后不能完成，还导致了工业产品质量下降、设备损坏严重、劳动生产率下降等问题。地方小企业的大量发展很不经济，投资效益偏低，企业建起来之后，却经常缺乏原料和资源供应。例如在没有铁矿石和煤炭的地点大建小钢铁厂。地方重复建设非常严重，例如为了达到所谓"一个省一个大化肥厂，一个地区一个硝铵厂，一个县一个小化肥厂"的目标，许多地区要依靠从远方购买煤炭

---

[1] 1970 年冶金部提出 1975 年钢产量达到 4000 万吨的指标；全国煤炭工业会议提出力争煤炭产量到 1975 年翻一番，超过美国和苏联的目标；全国电力工业增长节约会议要求到 1972 年发电能力翻一番，实现全国县县都有点，1975 年发电能力超过英国和联邦德国；全国水泥工业抓革命促生产座谈会提出 1975 年水泥生产能力要超过 7500 万吨，是 1970 年的三倍（见赵德馨主编（1988），《中华人民共和国经济史（1949 - 1966）》，河南人民出版社，第 85 - 86 页）。

[2] 汪海波等（1986），《新中国工业经济史》，经济管理出版社，第 357 页。

来建化肥厂。这也导致了企业经济效益的低下。例如到 1976 年，全国 1500 个小化肥厂中有 1066 个亏损，亏损总额达到 5.9 亿元①。

这一轮放权发生于"文化大革命"期间，中央与地方的关系比"大跃进"的放权时期要复杂。大规模的经济放权是自 1969、1970 年党的九大之后开始，而在此之前的几年（1966～1968）则是党的历史上罕见的混乱时期，也是毛泽东主席通过发动"文化大革命"，有意识地制造全国的"天下大乱"、"全面内战"的时期。地方派别林立，行政官僚系统被打倒或者是"靠边站"，红卫兵"夺权"、武斗成风。自 1968 年下半年起，刘少奇及其在地方的势力被彻底打倒和清洗，地方的政治秩序通过"军管"的方式被恢复，九大召开之后，政治上基本恢复了思想和意识形态高度统一的局面。所以我们看到，经济上中央对地方的放权仍是以政治上的高度集权为条件的。

在财政体制方面，这段时期的中央和地方财政关系复杂多变，但是总体上与经济管理权限的"收—放"逻辑相一致。1971 年到 1973 年，在中央大规模下放经济管理权期间，中央政府与地方政府实行了一段短时间的财政收支包干体制，其内容是"定收定支、收支包干、保证上缴（或差额补贴）"。所谓"定收定支"，是明确划分了中央和地方的收支范围，即财权和事权，"收支包干"则是指收入大于支出的省份包干上缴中央；收入小于支出的省份由中央按差额数进行补助。"包干数"一旦确定则保持不变，地方收入超收或者支出结余，全部留归地方支配使用，而发生短收的中央也不再补助。

与前面的两类体制相比，这种体制是一种比较彻底的"定额包干"体制，非常有利于调动地方政府财政增收的积极性却不利于中央集中收入。在 1971 年实行了一年之后，1972 年中央即对这种体制做出了调整，规定各省超收部分在 1 亿元之内的全部留在地方，而超过 1 亿元的部分，一半上解中央，并且规定省对省以下的市县不实行预算收支包干体制。

1974 年和 1975 年，财政体制改为"固定分成、超收另定分成比例"。中央和地方在基数以内的分成比例固定，超收部分的分成比例则不固定。这是综合了原来的分类分成体制与总额分成体制的"混合型"分成办法。在此之后，由于放权并没有达到经济和财政收入快速增长的目的，全国的财政状况都面对很大的困难，中央与各省又恢复了 1959 年～1970 年集权时期的"总额分成"体制。

改革开放前三十年财政体制的"收放"模式及其特征：

我们用下面的表格对新中国成立后到改革开放之前中央与省的财政体制

---

① 赵德馨主编（1988），《中华人民共和国经济史（1949 – 1966）》，河南人民出版社，第 74 页。

作一个总结：

表 2 - 4 财政体制的变迁（1949 - 1979）

	财政体制	对地方收入的激励
1949 - 1952	统收统支	无
1953 - 1958	分类分成	中
1959 - 1970	总额分成	弱
1971 - 1973	收支包干	强
1974 - 1975	固定分成	中
1976 - 1979	总额分成	弱

从表 2 - 4 可以看出，在改革开放前的 30 年间，中央与省的财政体制共做了五次调整，分成六种不同的体制。根据前面的分析，我将六种体制对地方政府组织财政收入的激励程度分成了无、弱、中、强四类，列在此表的第三栏中。从第三栏可看出，中央对地方的激励呈现出明显的波浪型变化的趋势：1953～1958 和 1971～1975 这两个阶段财政体制更倾向于激励地方政府增加收入，其他几个阶段则相对更加集权一些，即地方政府超收的收入大部分会被中央政府拿走。

改革前三十年中央对地方的"收放"实践不只表现在财政体制的变化上，更主要的是表现在中央与地方在经济计划和管理的权限上。从本章的描述和分析可以看出，经济管理权种类繁多而复杂，但是这些权限在"条条"系统和"块块"系统之间的转移趋势是相对比较清晰的。一般而言，权力一旦转移到"块块"系统，地方政府就会有意识地就中央设定的经济发展目标展开竞赛，其表现可以比较鲜明地从固定资产投资规模的迅速扩大上反映出来。我们看下图。

图 2 - 1 清晰地表现出改革前三十年间的两次放权运动和期间的集权时期。1958～1960 年是第一轮，1970 年到 1973 年则是第二轮。从这种反复的"收放"实践中，我们可以总结出以下几点重要的发现，这对于我们理解改革开放后的三十年极为重要。

第一，无论是收权还是放权，都有一个绝对的前提，就是国家经济资源的全面控制。在社会主义计划体制之下，市场和商品经济不存在，几乎所有的社会经济资源都归政府来管理和进行配置，因此"收放"实践可以被理解为国家通过行政手段来刺激、调整经济结构和经济发展速度的尝试。这种尝试的基本模式就是经济停滞时放权，过热和混乱时则集权。

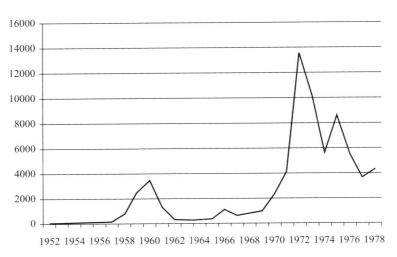

图 2-1 固定资产投资规模变化情况（单位：亿元）

第二，放权的核心手段是下放地方的投资权和企业的管理权。当然，鉴于计划经济的特点，伴随着投资权和企业管理权的下放，农业、商业乃至财权和事权也一般都出现下放的趋势。在放权过程中，关系国计民生的主要产品的产量成为推动、衡量地方竞赛的主要指标，而投资权的下放则是地方能够实现展开竞赛、追求目标的基本条件。

第三，无论是集权和放权都是在中央其他方面的高度集权下展开的，越是放权，则越要求在其他方面集权。放权和集权又是在小心翼翼的控制下进行的，这种控制全面表现在人事上，或是在意识形态、政治和军事上。地方政府也形成独立的利益主体意识，但是并不能理解成为类似于西方分权体系下的独立利益主体，充其量只能叫作中央对地方的放权。地方政府展开的竞赛表面上是围绕经济，实质上也是在高度集权下展开的政治竞赛，地方经济并不能从竞赛中得益。

第三章　财政包干的效应和后果

　　中国改革开放以后三十年的发展，可以以 90 年代中期为界，分为前十五年和后十五年两个阶段。而 90 年代中期的分税制改革可以作为这两个阶段的分界点。

　　前十五年，随着农村改革的成功和乡镇企业的繁荣，中国兴起了改革开放后第一轮工业化的浪潮。从图 3－1 中可以看出，工业产值占 GDP 的比重以及工业对 GDP 等拉动作用在 1994 年双双达到了高峰，分别从 1981 的 14.7% 和 0.8 上升到 1994 年的 62.5% 和 8.2，此后的十五年则稳定在 50% 和 5 左右的水平。在这两个阶段中，分别出现了两次低谷，则分别与 1989 年的"六四"事件和 1998 年的亚洲经济危机有关。

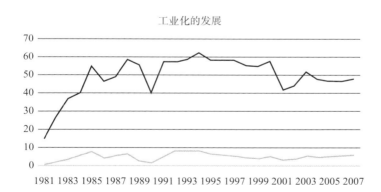

图 3－1　改革后三十年工业化的发展

数据来源：中国经济景气月报杂志社编：《数字中国三十年》，2008 年。

前十五年的工业化浪潮是以承包制为核心的制度变迁作为其基本推动力的。改革从农村实行"联产承包责任制"开始，是对农村基层生产经营制度的重大变革。农村改革并没有直接触动中央—地方关系，但是农村改革的成功得益于一个"包"字，则是全国上下的共识。承包制是在不改变所有权性质的情况下，将使用权和收益权让渡给经营者个人的一种所有权与使用权分离的产权结构。这种结构既维持了产权的公有或集体所有的性质，又能够有效地调动生产经营者的积极性，是一种典型的渐进式的改革策略。从80年代初到90年代中期，中国改革的主要手段就是承包制。承包制从农村开始，逐步扩展到企业以至于政府间的中央—地方关系。

财政包干制（1980—1993 年）

我国自1980年就开始试行财政承包制，经过几次尝试，到1988年在全国推行开来。财政承包，其基本思路是中央对各省级财政单位的财政收入和支出进行包干，地方增收的部分可以按一定比例留下自用，对收入下降导致的收不抵支则减少或者不予补助。这与包产到户与企业承包制的方法基本是一致的。

由上一章的分析我们知道，改革前中央对地方放权的方法是逐项下放国民经济重要物资的配置权限以及对企业的管理权限，中央可以通过对这些复杂、细致的权限的下放和上收来控制、调整全国的经济运行。除了在大规模放权的"锦标赛"时期，物资配置权和企业管理权一般是在"条条"和"块块"之间调整，需要收权时将权限集中于"条条"系统，需要放权时则将权限分散到"块块"系统。在这种体制下，以地方政府为主的"块块"系统在多数情况下处于被中央直属的"条条"系统分割的状态，既没有完整的经济管理权力，也没有形成其独立于中央的利益，这比较鲜明地表现在中央—地方的财政体制上。虽然在放权期间，财政体制也出现了相应的调整，但无论"分类分成"体制还是"固定分成"体制，虽然中央在制定体制的时候考虑了对地方的激励作用，但是在计划经济的调控系统之下，物资配置权和企业管理权在"条条块块"系统之间会经常发生调整，财政体制也经常相应地随之变动，中央经常不会遵循制定政策时对地方的"承诺"，地方也很难和中央进行讨价还价，所以财政体制对地方政府增收的激励非常有限。在这个意义上，中央对地方的权力下放只能称之为"放权"而不能叫作"分权"。

财政包干制则更加接近于真正意义上的中央对地方的"分权"。包干制总的精神就是"包"，"包"的前提就是将中央—地方各自的收支权限划分清楚，中央"包"给地方的是收支总数，而不对地方的增收、减支的权利多加干预。这种"一揽子"包干实际上赋予了地方政府相对稳定的配置物资、管理企业的权限，地方政府开始逐步变成有明确的利益和主体意识的单位，而不再是被"条条"系统不断分割的、相对零散的"块块"。

包干制要真正实行，其前提条件就是国家依靠"条条块块"系统来调控经济运行的管理模式必须转变。因此，虽然财政包干制自80年代初就是中央—地方关系变化的明确方向，但是由于整个国民经济的管理体制并没有发生根本改变，"条条块块"的管理方式依旧起作用，所以财政包干制的实行经历了一个曲折的、不断完善和稳定的过程。在1980年到1984年期间，中央不断调整、改变财政体制，例如1980年文件中的"原则上五年不变"的"划分收支、分级包干"的承诺实际上在1981年即因中央收入的减少而被抛弃，许多省又变成了"总额分成、比例包干"的办法。我们下面对财政包干制的变化过程做一个简要的介绍。按照包干的不同形式，我们可以将自1980年到1993年的14年分成三个不同的阶段。

1、从1980年到1984年，这是包干制的试行阶段。实际上，早在1977年开始，中央就以江苏省为试点，与该省实行了"固定比例分成"的体制。所谓"固定比例分成"，就是根据1976年该省财政决算总支出在总收入中的比例，确定收入上缴的比例（1977年为58%，留用比例为42%），一定四年不变，四年中按照这个比例与中央分成。这实际上是一种固定了的总额分成体制，江苏省在四年中财政收入每增加一元钱，中央拿走0.58元，江苏省留用0.42元。留用的部分由江苏省自由安排。从理论上看，只要这个比例固定下来，江苏省随着财政收入的增长，留用的绝对数是可以获得增长的。但是，由于江苏省的支出责任中包含了一些中央支出项目，为了减轻该省的负担，中央将一部分支出责任收归中央，也相应降低了江苏省的留用比例。实际上，自1978年起，上缴和留用的比例分别改为61%和39%。

自1980年起，中央对15个下属省级单位实行了"划分收支、分级包干"的财政体制。与此前实行的"总额分成体制"相比，这种体制由总额分成变成了"固定比例分成"，这实际上类似于1953到1958年间实行的"分类分成"体制，其关键在于中央明确划分了与省级单位的财政收入和支出的范围，由各省分别确定一个包干基数，在包干基数的基础上确定上缴和留用的比例。这些比例原则上一定五年不变。但是自1981年起，因为中央的财政收入下降，就开始着手改变这种"分级包干"的办法。到1982年6月底，在上述15个省份中，有10个①又回到了"总额分成"的办法；到1983年，15个省份

———————————————

① 这10个省是：陕西、浙江、河北、湖北、四川、湖南、甘肃、辽宁、山东、河南。

就全部恢复了"总额分成"的办法,分级包干的尝试可以说是名存实亡。唯一留下的改变是广东和福建两省实行的"大包干"财政体制。所谓"大包干",其关键在于由比例上解和比例补助变为定额上解和定额补助,其中广东实行的是定额上解,收小于支的福建实行的是定额补助。定额上解和定额补助的含义就是超基数部分100%归地方所有,中央不再分享超收部分。广东、福建实行的定额包干体制一直没有改变,可以算作中央推行定额包干的试点省份。

2、从1985年到1987年,是包干制的过渡阶段。中央和地方实行的包干体制可以概括为"划分税种,核定收支,分级包干"。在此期间,全国17个省级单位仍然与中央实行总额分成的体制,但是与此前一年一变的总额分成体制相比发生了一个重要的变化,就是分成比例固定下来并且一定五年不变[①]。一定五年不变,实际上为地方财政增收提供了动力。黑龙江与广东一样,实行定额上解的"大包干"办法,超收部分上解额度是0.65亿元。另外,吉林、江西、陕西、甘肃、湖北、四川也开始与福建一样,实行定额补助的办法。这样,定额包干的省份由第一阶段的2个增加到7个。其他少数民族和边疆省份则实行民族地区预算管理体制,实际上也是定额补助体制。

3、从1988年到1993年,这是包干制的全面推行阶段,也是比较彻底的所谓"分灶吃饭"的财政体制阶段。在这个阶段,包干形式多种多样,全国39个省级单位(省、自治区、直辖市和计划单列市)共实行了六种不同的包干形式。

(1)收入递增包干。这种包干形式的关键在于确定两个比例,一个是收入的环比递增率,另一个是收入的留成和上解比例。如果一个省的收入增长超过了递增率,那么超过的部分全部留给地方,在递增率之内的部分则按照留成和上解比例与中央分配。以北京市为例来解释一下。北京市的递增率和留成比例分别为4%和50%,也就是说,北京市的收入增长率如果超过4%,那么上年收入的104%就按照50%的比例与中央进行分配。我们如果假设1987年的收入为100亿元,而1988年为110亿元,则超过了递增率所期望的收入6亿元,因为按照递增率,北京市1988年的收入基数为104亿元。超过的6亿元全部归北京市,而104亿元的基数则按照50%的比例由北京市和中央进行分成。这样中央分走52亿元,北京市留用的收入就是6亿元加上52亿元,为58亿元。在收入递增包干的省份中,递增率和留成比例分别为:北京

---

① 分成比例为:北京48.17%,天津37.5%,河北69%,山西97.5%,辽宁52.66%,沈阳36.9%,大连34.14%,哈尔滨38.12%,上海23.64%,江苏39%,浙江55%,安徽80.1%,山东59%,河南81%,武汉20%,湖南88%,重庆37.5%。其中的市级城市被划为计划单列市,在财政上由中央单独核算。

4%和50%，河北4.5%和70%，辽宁3.5%和58.25%，沈阳4%和30.29%，哈尔滨5%和45%，江苏5%和41%，浙江6.5%和61.47%，宁波5.3%和27.93%，河南5%和80%，重庆4%和33.5%。

（2）总额分成。这和以前的总额分成办法基本相同，有三个地区实行这种办法：天津46.5%，山西87.55%，安徽77.5%。

（3）总额分成加增长分成。这种办法是收入基数部分用总额分成，增长部分则除总额分成外，再加上增长分成比例。有三个地区实行这种办法，两个比例分别是：大连37.74%和27.76%，青岛16%和34%，武汉17%和25%。

（4）上解额递增包干。这是一种不考虑其他因素，只是要求地方每年递增上解额的办法。只有两个地区实行这种办法，广东省上解额为14.13亿元，递增包干比例为9%；湖南省上解额为8亿元，递增包干比例为7%。

（5）定额上解。如果收大于支，以固定而不是递增的数额上解。这样的地区也有三个：上海每年定额上解105亿元，山东3亿元，黑龙江2.9亿元。

（6）定额补助。如果支大于收，则以固定而不是递减的数额进行补助。实行这个办法都地区有16个。

我们现在来总结一下财政包干制的实行和逐步推广过程。虽然财政包干制的体制显得非常复杂，但是基本上可以概括为这样的四类：

（1）总额分成，但是分成比例每年都变化；

（2）固定比例分成，这种分成比例一定几年不变；

（3）比例上解或者比例补助。在包干的基础上，超收或补助的部分按一定比例上解或者补助，这个比例可能是固定的，也可能按一定的比例递增；

（4）定额上解或定额补助。这是俗称所谓的"大包干"的办法，只要地方政府的收入超出了定额，就可以全部留归己用。

表3-1 财政包干制的变化过程（省级单位个数）

	1980—1984①	1985—1987	1988—1992
（1）总额分成	（15）		3
（2）固定比例分成	15*	17	3
（3）比例上解或补助			12
（4）定额上解或补助	4	9	11
民族地区体制	8	8	8

* 这15个省在1983年到1984年间实行的是总额分成。

---

① 江苏省作为试验省份，自1977年起实行的是"固定比例包干"制度，到1981年和15省一样实行"划分收支、分级包干"的体制，这个省没有包括在此栏中。

　　从表中可以清晰地看出,财政包干制经历了一个复杂的变化过程。包干形式从（1）到（4）,是一个从总额分成到大包干的不同形式,对地方的增收激励越来越强。广东最早实行定额上解的"大包干",其经济发展速度在全国也最快,变成了省级财政最充裕的省份,这对其他省份有明显的示范作用。包干制将地方的经济发展速度与地方政府的财政收入挂钩,使得地方政府为了增加财政收入,就要提高地方经济发展速度。随着实行大包干的省份越来越多,地方政府之间也就经济发展展开了区域间的竞争。值得注意的是,这种竞争已经不同于改革前"锦标赛"大规模放权时期的竞争:在"锦标赛"体制下,地方政府间的竞争更具政治目的;而在包干制下,由于地方政府的收入直接与经济发展相联系,这种竞争除了政治目的之外,也具备了实际的经济利益。这就是财政分权导致的地方政府"放水养鱼"的竞争模式。

财政分权与地方经济发展

　　许多学者注意到了中央—地方的财政关系对地方政府行为和中国经济增长的影响,也进行了大量的实证研究。在这个方面,财政分权（Fiscal Decentralization）的理论是研究的一个基本起点。这个理论认为,在地方资源和生产要素可以自由流动和居民可以"用脚投票"的前提下,中央对地方的财政分权可以引发地方政府间展开良性的区域竞争,从而有效推动经济增长[①]。研究中国经济的学者发现,80年代中期以来的财政包干制实际上就是中央对地方的分权体制,这种体制对中国地方的经济增长有明显的推动作用,其基本的作用机制就是基于财政分权的区域竞争[②]。林毅夫和刘志强利用这个阶段的省级数据直接验证了财政包干制与地方经济增长之间的显著性联系[③],其他一些学者的研究,虽然所用的分权测量指标不尽相同,但是也都得出了类似的结论[④]。

　　这些数量分析直接建立了财政分权和地方经济增长的联系,但是相对缺

---

　　① 详见: Oates, W. (1972), *Fiscal Federalism*, New York: Harcourt, Brace and Jovanovic; Tiebout, C. (1956), "A Pure Theory of Local Government Expenditure", *Journal of Political Economy*, 64, pp. 416 – 424。

　　② Qian Y. Y. and Weingast B. R. (1996), "China's Transition to Markets: Market – Preserving Federalism, Chinese Style", *Journal of Policy Reform*, 1 (2), pp. 149 – 185.

　　③ 林毅夫、刘志强 (2000), "中国的财政分权与经济增长", CCER 讨论文 NO. C2000008。

　　④ 详见: Zhang, T., and H. Zou (1998), "Fiscal Decentralization, Public Spending, and Economic Growth in China", *Jouranl of Public Economics*, 67; 张晏、龚六堂 (2006), "分税制改革、财政分权与中国经济增长", 《经济学 (季刊)》第 5 卷第 1 期。

乏机制分析。这种联系的背后隐藏机制在于，财政分权给予了地方政府开展区域竞争、推动经济增长的激励，在这种激励作用下，地方政府的确有效地促进了本地区的经济增长。这种机制的关键有二：财政分权如何刺激地方政府和地方政府如何刺激经济增长。对于第一个机制，本章上一节提供了一个粗略的分析，这个机制通过制度分析就基本可以证明。但是对于第二个机制，则需要进行更深入的研究：地方政府通过何种途径促进经济增长？影响经济增长的方式有许多种，上述实证研究只告诉我们财政分权能够促进经济增长，并没有告诉我们财政分权体制下的地方政府是通过何种方式实现经济增长的，而这个问题对于我们理解两者的关系至关重要。

有些学者对这个问题的回答是工业化，尤其是这个阶段中乡镇企业的兴起和繁荣。对于乡镇企业何以成功，学界的解释可以算得上是众说纷纭。乡镇企业是最具中国特色的企业形式，主要有两个特点：一个是这些企业不是坐落于有规模经济效益的城市，而是散布在农村地区，其劳动力以家有土地的农民为主；另一个特点是其产权是乡镇或者村集体所有，是一种"共有"性质的产权结构。这种独特的企业在80年代兴盛一时，成为中国经济增长的核心推动力量。关于乡镇企业，主流的解释是从产权入手进行分析，许多学者指出了乡镇企业产权的一些特点。他们认为，这种非私有的企业产权结构或者本身具有一些优点[1]，或者恰好适合当时的政治经济环境[2]。还有一些学者并不认为乡镇企业成功的秘密在于其颇为独特的产权结构，而在于当时的产业结构状况。Naughton认为，当时的国有企业仍然以重工业产品为主，轻工业产品长期处于供给短缺的状态。在这种局面下，以生产轻工产品为主的乡镇企业几乎没有竞争对手[3]。

如我在第一章中提到的，以戴慕珍（Jean Oi）为代表的一些学者更加侧重关注地方政府在地方工业化中的积极作用，用"地方国家公司主义"的概念来解释乡镇企业和一些地方工业的兴起。戴慕珍认为，在80年代中期确立的财政包干体制下，地方政府一方面可以获得超包干基数的财政收入，另一方面还可以通过乡镇企业的上缴利润的形式获得预算外收入，所以有极大的动力去兴办乡镇企业[4]。

[1] Weitzman, M. L. and C. Xu (1994), "Chinese Township – Village Enterprises as Vaguely Defined Cooperatives," *Journal of Comparative Economics*, 18, pp. 121 – 145.

[2] 详见：Byrd, W. A. & Lin, Q. (eds.) (1990), *China's Rural Industry: Structure, Development and Reform.* New York: Oxford University Press。

[3] Naughton, Barry (1994), "Chinese Institutional Innovation and Privatization from Below", *American Economic Review*, Vol. 84, No. 2, pp. 266 – 270.

[4] Oi, Jean C. (1992), "Fiscal Reform and the Economic Foundations of Local State Corporatism in China", *World Politics*, 45, pp. 99 – 126.

以利为利:

财政关系与地方政府行为

要搞清楚增加财政收入的动力之所以能够演变成大办企业的动力,其中的关键之一在于税收体制。自 1983 年实行"利改税"改革以来,财政收入的主要组成部分就变成了税收,这变成了预算内财政收入的主要部分,也是包干基数承包的主要部分。基数并不对各税种的比例进行规定,所以采用的是一定几年不变、"一揽子"的总量包干。超出基数越多,地方留成就越多,有些是 100% 留在地方。所以要完成基数和超额完成基数,关键在于税收的增长速度。

税收体制沿用的是新中国成立以来传统的税收划分办法,主要税收来源就是企业。企业所得税按照企业的隶属关系划分,流转税(以产品税及后来的增值税为主)按照属地征收的原则划分。其中流转税是主要税类,是所得税的两到四倍。这样,工商税收与地方政府的财政收入紧紧地结合在一起。只要多办、大办"自己的企业"甚至自己属地内的企业,经济总量和财政收入就能双双迅速增长。

在诸种工商税收中,规模最大的是产品税。产品税自 1984 年起设立①,征税范围包括几乎全部工业产品,其计税依据就是产品的销售收入额。国家根据不同产品在生产、销售链条上的位置调节相应的税率,以实现企业间的税负公平。产品税按销售收入征收,并不考虑企业的成本、盈利情况。增值税由产品税演化而来。从 1986 年起,国家决定把原征收产品税的部分工业产品陆续改征增值税。截至 1991 年 4 月,在产品税的原 260 个工业品税目中,已有 174 个税目划入增值税范围,只保留卷烟、酒等 86 个税目继续征收产品税。增值税的计税公式是:

一般纳税人的应纳税额 = 当期销项税额 - 当期进项税额

由于增值税的税率是全国统一的(17%),所以上述公式中的应纳税额实际上就是销售收入和进厂原料成本的差价乘以 17% 税率的结果,即对于增值的部分而非产品销售收入的征税。

产品税和增值税作为流转税有这样的特点,即不论企业是否有盈利,只要开工生产,有销售收入,就要进行征收。增值税的税基中包含了除原料之外的生产管理成本。对于企业而言,即使不赚钱,出厂价也会高于入厂价,因为出厂价中包含了工人的工资、生产设备折旧等成本。另外,企业规模越大,即产品流转(Turnover)规模越大,增值税越多,产品税更是如此。

产品税和增值税都属于流转税类,不但是流转税类中的主体税种,也是所有税收的主要部分。在 80 年代,产品税和增值税一直占我国总税收收入的

---

① 国务院 1984 年 9 月 18 日发布《中华人民共和国产品税条例(草案)》,同年 9 月 28 日财政部颁发《中华人民共和国产品税条例(草案)实施细则》,这两个法规从 1984 年 10 月 1 日起试行。

三分之一以上。相比之下，以企业净利润为税基征收的企业所得税到 1991 年只占税收总额的 19%。与国有企业不同，对于乡镇企业的所得税，国家在 1994 年之前有一系列的减免政策，而且乡镇企业的税前利润可以进入多项分配①，其中有各种避税、漏税行为。所以对于地方政府增加财政收入而言，产品税、增值税更加重要，不仅量大而且易于征收，只要掌握销售发票即可。

乡镇企业的税后利润有相当大的比例作为"企业上缴利润"交给乡镇政府或者是村集体，是这些部门预算外的收入。对于基层的县、乡、村三级组织来说，县政府得到的是乡镇企业的税收，村集体得到的是村办企业上缴利润，而乡镇政府既可以与县级政府分享预算内的税收，又可以得到预算外的企业上缴利润。所以在县、乡、村三级组织中，县政府最为关注企业规模，在现实中的表现是，县政府最容易帮乡镇企业搞到贷款，而相对不太关注乡镇企业盈利与否。

税收体制与财政包干体制结合在一起，为地方政府推动基层的工业化提供了巨大的激励。在 80 年代的税收体制下，增加财政收入最为直接和有效的手段就是创办地方企业，而企业上缴的产品税和增值税就是财政收入增长的主干力量。自 1985 年到 1991 年，全国的税收总额年均增速 7.7%，产品税和增值税的增长速度年均 8%，而全国企业所得税的年均增速只有 1.8%。前两个税种与企业的规模相关，而后一税种与企业的盈利相关。由此可见，地方工业尤其是乡镇企业的迅速发展是国家财政收入增长的一个重要动力，但是这种增长却与企业的效益关联其小。

80 年代后期开始，除了乡镇企业蓬勃发展的珠三角、长三角之外，山东、河北、辽宁以及中部一些省份也开始大办乡镇企业，有些地区提出的口号是"村村冒烟、户户上班"。这些地区的乡镇企业大多由地方政府利用银行、信用社、农村合作基金会融资兴办②，无论企业效益如何，都能够立竿见影地给地方政府带来 GDP 和财政收入的迅速增长。

包干制与国有企业改革

改革开放第一阶段工业化的另一个主要力量是国有企业。国有企业的发展与财政包干制的关系学术界相对讨论较少，本节就着重来探索这两者之间

---

① 有八项之多，包括了税前还贷等规定，具体见胡有陆、胡有琪（1994），"也谈乡镇企业的税前利润分配"，《中国乡镇企业会计》，第 6 期。

② 这个时期兴办乡镇企业积累了大量的银行贷款，在乡镇企业转制和倒闭之后大多变成了政府负担的呆账坏账。这在本书后面的章节中还有详细论述。

的内在关联。

与乡镇企业蓬勃发展的态势不同，国有企业改革走的是一条典型的"渐进式"和"摸着石头过河"的道路，经历了复杂的制度变迁的过程，先后实行过"企业基金制"、"利润留成制"、"利改税"、"承包制"、"股份制"等等。总的来说，是从企业的利润分配改革扩展到经营体制的改革，再扩展到产权制度改革。产权制度的改革发生在改革开放的第二阶段，而利润分配、经营体制的改革大部分按先后顺序发生在第一阶段。

值得注意的是，第一阶段国有企业的改革与改革开放前国家通过下放或收紧企业的管理权限的做法有着很大的区别。在这个阶段，改革注重的是增强企业活力和转变企业的经营机制，而非简单地下放企业的隶属和管理权。要做到这一点，在市场经济尚未建立的情况下，主要推行的是两套体系的改革，一套是改革企业内部的分配关系，另一套则是改革税制。

改革前，正如上一章所分析的，企业主要是通过上缴利润而非税收的形式增加国家的财政收入。实际上，在纯粹的计划经济体制下，行业、企业间的利润率有很大的差别，这些差别是由国家制定的固定资产、生产原料和产品价格决定的，所以很难通过税收的形式来汲取企业的利润。在改革前，税收越来越不重要，在"文化大革命"期间甚至被认为不是社会主义的财政手段。自1972年底开始，国家将大部分税种进行合并，对国有企业只征收工商税，全社会的税目由108个减为44个[①]。在企业中，税收在国家财政收入中的比重1972年只占41.4%，是历史上的最低点。

在经过了全国多个地区的试点之后，1983年起中央在全国对国有企业推行"利改税"改革，分两步走，就是所谓的"两步利改税"，在1985年得到进一步完善。利改税的基本思路就是将国有企业向国家和上级主管部门上缴利润的形式改为上缴国有企业所得税和收入调节税的形式。大中型国有企业一律实行55%的所得税税率，对于企业间利润率的差异，再征收调节税进行调节。征税后的利润全部为企业留利，不再上缴主管部门。

"利改税"实行以后，财政收入中"企业收入"部分迅速减少，由1980年的占财政收入40%迅速下降到1986年的1.9%，税收的比重则由1980年的52.7%上升到1986年的92.5%，

1987年开始，中央进一步推出企业承包制改革。1987年初全国人大五次会议的《政府工作报告》指出要实行多种形式的承包经营责任制，到1987年底，全国大中型企业已经有80%推行了企业承包制[②]。

---

① 参见1972年财政部《中华人民共和国工商税条例（草案）》以及《关于工商税试点的报告》。
② 详见《国有企业利润分配制度新探》相关章节：韩英杰、夏清成主编1995，《国有企业利润分配制度新探》，中国经济出版社。

企业承包制的主要内容是"包死基数、确保上交、超收多留、欠收自补"，其基本精神与农村中的联产承包责任制、中央和地方的财政包干制相一致。但是由于企业的国有性质以及组织化的生产形式，同时由于市场经济并没有真正建立起来，影响企业经营和利润的行政和国家定价的因素还很强，所以国有企业的承包制在实践过程中并非像农村联产承包责任制那样一帆风顺，而是经历了诸多曲折，其效果也难以简单地一概而论。

承包制在增强企业活力和企业的独立经营方面起了毋庸置疑的作用，但是企业的经济效益是否因承包制的实行而得到大幅度的提高则尚存疑问。如图 3－2 所示，在实行承包制之后，实际上工业企业的利润率迅速下降了。尽管造成企业利润率下降的因素有很多，但是从这个图我们确实看不出承包制对于企业效益的正面影响。

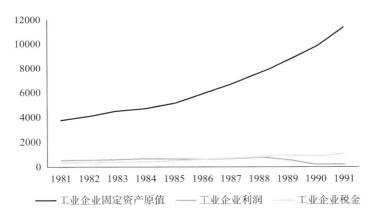

图 3－2　承包制对企业利润的影响（单位：亿元）

表 3－2　承包制对企业利润率的影响（亿元）

年份	工业企业固定资产原值	工业企业利润	工业企业税金
1981	3748.5	521.2	328.4
1982	4074.9	519.3	351
1983	4465.7	571.3	367.6
1984	4690.6	614.6	410.9
1985	5182.2	622	561.1
1986	5871.7	571.5	617.3
1987	6627.7	608.9	674.6
1988	7579.9	702.1	814.7

年份	工业企业固定资产原值	工业企业利润	工业企业税金
1989	8609.7	573.1	970.5
1990	9788.4	252.9	947.3
1991	11377.3	235.6	1075.4

数据来源：财政部综合计划司编，《中国财政统计》，科学出版社，1992年。

从图 3－2 中可以看出，造成企业利润率迅速下降的一个直接原因是企业固定资产规模的迅速增加和企业生产成本的提高。自 1984 年到 1991 年，工业企业固定资产总值出现了迅速的增长，年均增长率达到 20%。而企业的利润却下降到几乎只有原来的三分之一。值得注意的是，企业上缴的税金在这段时间内也出现了明显的增长，年均增长率为 23%。

企业上缴税金的增长与"利改税"有关，但是更重要的原因是整个税制在 80 年代中期有较大的变动。企业的"利改税"，即将上缴利润改为国有企业所得税和收入调节税的政策虽然对税收增长有着明显的影响，但是由于工业企业利润率的下降，这种以利润为税基的税收并没有明显的增长。见表 3－3。

表 3－3　企业税收构成（所得税类和流转税类）（1985—1991）（亿元）

年份	企业所得税	调节税	小计	产品税	增值税	营业税	小计
1985	513.8	82.04	595.84	594.6	147.7	211.07	953.37
1986	523.67	71.73	595.4	546.59	232.19	261.07	1039.85
1987	505.25	57.95	563.2	533.26	254.2	302	817.46
1988	514.54	56.39	570.93	480.93	384.37	397.92	1263.22
1989	519.21	64.38	583.59	530.28	430.83	487.3	1448.41
1990	543.1	61.02	604.12	580.93	400	515.75	1496.68
1991	－	－	－	629.41	406.36	564	1599.77

数据来源：财政部综合计划司编，《中国财政统计》，科学出版社，1992年，第44页。

表中显示，所得税在 1985 年到 1990 年间几乎没有增长，这说明在上表中企业税金的增长并不是所得税增长拉动的。如果看流转税类，则可以看出增长非常明显，平均年增长率 11.3%，企业税金的增长有相当大的因素是来自流转税类增长的作用。

从上面的分析可以看出，企业固定资产规模的扩大与流转税的增长是同步的，而与所得税增长没有关系，和企业利润呈现出相反的关系。流转税大多以企业的产值或者增加值为税基，与企业规模有直接的关系。在"一揽子包干"的财政包干制下，主管部门或者地方政府要实现财政收入和 GDP 的增长，企业增收的作用并不明显，而企业规模的扩大才是其主要途径。

由此，我们看到了财政包干制下地方政府与国有企业的关系与其与乡镇企业发展的关系基本是类似的：企业规模的扩大是地方政府的主要关注点，而企业的效益则对于地方 GDP 和财政收入增长来说作用相对次要一些。而国有企业承包制的运行也促进了这种格局的形成，这主要与承包制的两个关键的制度设计有关。

一个设计叫作"含税承包"。承包制在 1987 年推广，一直到 1993 年实行的都是所谓的"含税承包"，即承包基数包括了企业应该上缴的企业所得税和收入调节税。如果利润超过了承包基数，则实际上是以低于基数内 55% 的所得税率缴纳所得税[1]，如果所缴纳的所得税和调节税超过了承包基数，则国家会将多出的税金返还给企业。这样一来，只要企业超额完成了承包基数，实际上就可以少交企业所得税和收入调节税。而且超额越多，就相当于减税越多。"含税承包"在实践中实际变成了"减税承包"。由于所得税和调节税归地方政府，所以地方政府要增加财政收入，根本不能依靠所得税。

另一个设计叫作"税前还贷"，即企业可以在计算所得税前将所需还贷的部分扣除。这种设计在实践中有两个效应。一个效应与"含税承包"相似，即实际缴纳的所得税减少了，而且新增贷款部分越大，所得税减少的幅度就越大。另一个效应是客观上鼓励企业扩大贷款规模，因为新增贷款投资所产生的新增利润实际上无须缴纳所得税。对于地方政府而言，由于新增贷款投资可以直接带来以企业产值为税基计算的产品税、增值税和营业税等流转税，所以地方政府也对帮助企业获得新增贷款极有热情。这在实践中造成了企业规模在新增贷款下迅速扩大。全国的地方企业在 1986 年到 1990 年的五年时间里，银行贷款从 2693.09 亿元迅速增加到 6683.77 亿元，年均增长率达到 37%[2]。

企业银行贷款、固定资产总值的迅速增长一方面在一定程度上造成了企业利润率的迅速下降，另一方面也带来了企业上缴税金的迅速增长，这是财政包干制与企业承包制综合作用的结果。在企业承包制的作用下，企业留利比重迅速增加，上缴的所得税和调节税却没有增长；在财政包干制的作用下，

① 若企业完成利润超过预期利润 5%，则对超额部分征收 36.3% 或 1/3，如果超额部分在 5% 以上，则对超额部分征收不到 30% 的所得税，详见：平新乔（1993），"对中国企业所得税改革与企业承包制的若干思考"，《经济研究》第 3 期
② 数据来源：财政部综合计划司编（1992），《中国财政统计》，科学出版社。

地方政府和企业双双推动企业规模不断扩大。这也对中央和地方关系造成了重要的影响。

财政包干制下的中央—地方关系

财政包干制是和乡镇企业的兴起以及国有企业的改革紧密结合在一起的。从上面的分析可以看出，地方政府在财政包干制的激励下，逐步与地方企业结合为紧密的利益共同体。与改革前的局面相比，发生了这样几个显著的变化。

首先，以前"条块分割"或者以"条条"为主的管理体制逐步变成了以"块块"为主的管理体制。这种变化并非像"大跃进"和"文革"期间，通过中央政府直接向地方下放企业和重要物资的管理权实现，而是通过和地方政府以讨价还价的方式建立财政承包关系实现的。由于各地区的经济基础和情况有很大的差别，所以我们看到了各种不同的承包基数和超收留成办法。地方与中央、地方各级政府之间几乎每年都会就此与中央政府进行讨价还价。各方的利益边界在讨价还价中逐渐明确，有研究发现，下级政府在谈判中的筹码就是地方的经济发展，形成了"放水养鱼"的财政包干与地方经济发展的基本逻辑，地方政府的利益主体意识逐渐明确起来①。

其次，在中央—地方—企业三者的关系中，中央政府逐步放弃了通过直属部门对企业的直接管理，变成了地方政府和企业的委托人。税制改革与企业承包制的实施，使得地方政府也变成了企业的委托人，不再直接干预企业的生产、经营和销售，在一定程度上做到了"政企分开"。但是，在财政包干制的增收压力下，地方政府和地方企业在利益上紧密联系在一起，形成了一定程度上的利益共同体。虽然没有直接干预企业，但是地方政府主动帮助企业获得银行贷款，企业的固定资产规模、生产规模得以迅速扩大，由规模扩大而带来的流转税收的增加成为地方政府完成财政包干任务的主要依靠。对于企业而言，规模的扩大实际上使自己成为地方政府财政的王牌，成为地方政府"自己的企业"，即使亏损，地方政府也要设法保全。同时，企业承包制也给企业增大留利比例、甚至减少缴纳所得税提供了制度方面的保障。

再次，虽然中央地方关系发生了很大变化，地方政府刺激经济的方式也由直接干预变成了"放水养鱼"，但是仍然与市场经济中的经济增长有很大的差别。所谓的"放水养鱼"，是指地方政府通过各种途径向企业"注"水，以行政或者半行政手段动员地方资源来扩大企业生产规模，而不是建立真正

---

① 张闫龙（2006），"财政分权与省以下政府间关系的演变"，《社会学研究》第5期。

的市场机制，使企业真正增强在市场竞争中的活力。实际上，在计划和市场的价格"双轨制"环境下，企业更易通过"寻租"来扩大规模，地方政府则更易通过"设租"来增加收入，虽然在这种局面下地方 GDP 和财政收入都能够达到快速增长，地方政府和企业的行为却是与建立市场经济的路径背道而驰的。在这种发展模式下，地方政府虽然退出了企业的经营管理，实际上却是更深地介入了企业的利益链条，与企业的命运紧密相连。对于国有企业而言，企业的贷款、流动资金和利润仍然基本掌握在地方政府手中，形成了"银行放款、企业用款、财政还款"的局面，而乡镇企业与地方政府的关系则更为密切，基本相当于地方政府自己开办的公司。

上述变化是由中央对地方的放权导致的，反过来又对中央—地方关系产生了重要的影响。地方政府和企业的密切关系形成了地方政府的独立利益，加强了对新增加的经济资源的控制能力，这直接导致中央政府的再分配能力的下降与中央—地方关系的紧张状态。

根据学界的研究，在财政包干制期间出现了所谓的"两个比重"的迅速下降，即财政收入占 GDP 的比重与中央财政收入占总财政收入比重的下降。下面我们对这两个比重作一些细致的考察。

财政收入占 GDP 的比重，所指的是国家从经济增长中以税收和收费的方式集中的收入，这反映了国家通过财政方式进行再分配的能力的大小。一般而言，税收是预算内财政收入的主要组成部分，而收费则是预算外财政的主要组成部分。我们将财政预算收入占 GDP 比重与财政总收入（预算收入 + 预算外收入）占 GDP 比重分别算出，见图 3 – 3。

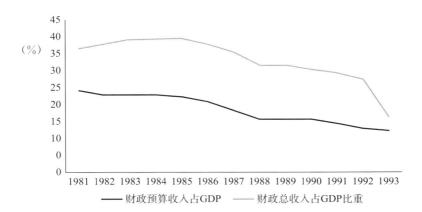

**图 3 – 3　财政预算收入占 GDP 比重与财政总收入（预算收入 +
预算外收入）占 GDP 比重（1981—1993）**

数据来源：《数字中国三十年——改革开放 30 年统计资料汇编》，中国经济景气月报杂志社编辑出版；财政部预算司编，《全国地方财政统计资料 1999》，中国财政经济出版社。

　　图中两条曲线的变化幅度基本一致。财政预算收入占 GDP 的比重由 1981 年的 24% 下降到 1993 年的 12.3%，而财政总收入占 GDP 的比重由 1981 年的 36% 下降到 1992 年的 27.2%，1993 年由于预算外收入出现了急剧下降，所以这个比重变成了 16.4%。

　　我们再来看第二个比重，即中央财政收入在总财政收入中的比重。为了更好地理解这个比重的变化与财政包干制的关系，我们将中央财政的收入和支出在总收入和总支出的比重都列出来，同时将考察的时段扩展到改革以前。结果见图 3 - 4。

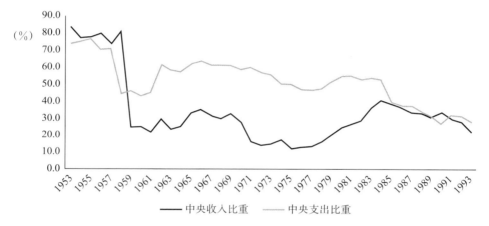

图 3 - 4　中央财政收入和支出在总收入和支出中的比重（1953—1993）
数据来源：楼继伟主编，《新中国 50 年财政统计》，经济科学出版社，2000 年。

　　从图 3 - 4 可以看出，中央财政收入的比重在 1984 年以后明显下降，由 40.5% 下降到 1993 年的 22%。但是从长时段来看，这个时期中央财政收入的比重显然不是最低的，总体上高于自 1959 年到 1980 年 20 年间的数字。如果我们只依靠中央财政收入的比重来理解中央政府的再分配能力的话，那么改革以后的再分配能力虽然有所下降，但是显然高于改革开放前的 20 年。这显然与我们的经验是不相符的。除了收入比重，我们还要观察中央财政支出在总支出中的比重。

　　在改革以前，中央政府的财政收入比重虽然很低，但是支出比重很高，这两个比重之间有着巨大的差额。这说明大量的地方政府组织的财政收入上解到中央来由中央政府负责支出。自 80 年代中期以后，这种局面出现了极大的转变，中央政府的收入和支出基本维持平衡，而不必需要大量集中地方政府的收入来维持高支出水平。从另一方面讲，地方政府的收入再不需要大量上解中央，而是留在本地支出。简而言之，财政包干制将中央—地方关系由以前的"集中地方财力由中央支出"的局面改变到"就地收入、就地支出"的局面，由以前的收入支出不平衡改变到中央和地方各自维持收支均衡的局面。

在这种"就地收入、就地支出"的局面下，中央收入和支出的比重呈现下降的趋势，而地方的收入和支出比重在逐渐上升。这主要是因为在财政包干制下，全国财政增量的部分大多留在了地方。根据 1984 年到 1993 年间的数据，我们可以计算出下面的关系：

$$中央财政收入 = 509（亿元）+ 0.12 × 财政总收入$$

也就是说，全国财政收入每增加 1 元钱，中央财政收入增加 0.12 元，地方财政收入增加 0.88 元。如果按这种趋势发展下去，中央财政收入的比重会持续下降，而在包干制的协议下，中央财政也无法集中地方的收入，所以支出比重也不会增加。这构成了中央试图结束财政包干制、推出分税制改革的基本背景。

第四章　分税制改革及其影响

　　中央政府于 1994 开始推行的分税制改革可以看作是对财政包干制的全面否定。分税制作为一次全新的财政改革，既体现了中央在财政领域内对中央与地方、政府与企业关系的重新调整的努力，又是对从根本上改变政府干预经济的方式、建立全面的社会主义市场经济的尝试。从这个意义上看，分税制不但是我们理解中国经济从计划向市场过渡的关键，也是我们理解政府行为的关键。改革进展到今天，政府和市场的力量双双增长，权力和金钱的结合也日益紧密，这都与分税制改革有关。所以，理解今天中国治理问题的起点不只是三十年前的十一届三中全会，更重要的是十五年前的分税制改革。

分税制改革的背景

　　目前学术界一般从中央—地方关系的角度来理解分税制的出台。例如王绍光先生认为，财政包干制使地方积累了大量的财力，而中央的财政收入比重过小，"诸侯经济"的态势已经初步形成，这不但降低了中央政府调控经济运行的能力，而且中央政府的权威也受到影响。在这种背景下，分税制是中央集权的必然要求[1]。

　　在实行了近十年的财政包干制之后，中央财政的确发生了很大的困难。中央无法像改革前那样有效集中地方的财政收入，中央和地方都基本维持一个"自收自支"的局面。但是由于新增的财政收入大部分来自地方财政，所以中央财政的份额必然下降得很快。当时的财政部长刘仲藜说：

---

　　[1]　王绍光（1997），《分权的底限》，中国计划出版社。

毛主席说，"手里没把米，叫鸡都不来"。当时的理论界对我讲，财政是国家行政能力、国家办事的能力。你没有财力普及义务教育、救灾等，那就是空话。因此"国家长治久安"这句话写得是有深意的。几千年以来中国有些朝代是非常之乱的，比如说南北朝、五代十国时期，没有一个中央统一的政权，大家各自为王。

当时的财政部预算司副司长、后来的财政部长项怀诚说：

丙乾同志当部长时曾经戏言，说他只剩下背心裤衩，谁再想剥夺也没有多少东西了。也有人拿我们开玩笑，说王丙乾、刘仲藜、项怀诚，头发都被人拔光了。丙乾同志当时难到什么程度？中央财政没钱了，向地方借债！借钱很难啊，要看人家的脸色。……我那时在预算司工作，听到青海省财政厅厅长表态说，中央有困难，青海愿意把多年省下来的几千万全部拿出来，真是感动得热泪盈眶。[1]

中央财政的困难促使中央下决心改变财税体制，这只是分税制改革的原因之一。分税制的出台还与当时的经济形势以及政府和企业间的关系有关。

经过 1989 年后因国际贸易封锁带来的经济低迷之后，1992 年邓小平的南巡讲话掀起了新一轮的经济建设热潮。邓的讲话旨在加快从计划经济向市场经济的过渡。在 10 月召开的党的十四大上，提出了建设"社会主义市场经济"的目标。在地方政府的主导下，投资规模迅速扩大，各地大办乡镇企业、加快实行国有企业的承包制、股份制改革。上海股票交易所的行市 1992 年上半年增加了 1200%；深圳股票交易所 1992 年 8 月出现骚乱，致使城市瘫痪两天。中国经济在短时间内就恢复了因国际贸易中断而一度减缓的经济增长速度。1989—1991 年的经济增长率分别只有 4.1%、3.8% 和 9.2%，而 1992 和 1993 年的经济增长率迅速上升到 14.2% 和 14%[2]，这不但为整个 90 年代各年之最，也是整个改革开放三十年经济增长速度最快的两年。

这个时期的经济增长虽然迅速，但是仍然延续了 80 年代以政府主导扩大地方投资规模带动的增长模式，并非促进了市场经济的建立，而是在财政包干制下进一步促进了地方政府与企业的结合。各地政府大办企业，许多地区的政府工作目标之首即是 GDP 的增长速度，以此作为对邓小平南巡讲话精神

① 这两段谈话均引自刘克崮和贾康主编（2008），《中国财税改革三十年亲历与回顾》，经济科学出版社，第 322 页。

② 数据来自中国经济景气月报杂志社编（2008），《数字中国三十年：改革开放 30 年统计资料汇编》，《中国经济景气月报增刊》。

的响应。甚至在农村地区，许多地方政府也要求做到所谓"村村冒烟、户户上班"，大办特办地方企业。全国的固定资产投资，1992年比1991年增长了44%，1993年又比1992年增长了62%，其中投资来源主要为国内贷款，两个年度国内贷款用于固定资产投资的增长率分别为68%、39%[①]，增幅之大，三十年间甚为罕见，这明显成为拉动经济增长的主要动力之一。

这种政府主导的经济增长模式在很大程度上还是计划经济时期政府管理模式的翻版。由上两章的分析我们知道，经济发展的模式只是由"条条块块"主导变为主要由地方政府的"块块"系统主导。如果说改革前是"条条块块模式"的话，财政包干制下的经济发展模式可以称为典型的"块块模式"。中央依靠加快向地方政府的放权、鼓励地方政府的竞争来推动经济增长，企业不但没有和政府分开，而是更为密切地和地方政府的利益结合在一起。与以前几个经济快速增长的时期一样，这很快就带来了地方投资过热导致的各种问题，包括重复建设、地区保护主义等等。这种地方政府主导的模式在带来经济高速增长的同时，也形成了对于真正以市场而非行政配置资源的市场经济发展的阻碍。

所以说，构成分税制基本背景的主线有两条，一条是中央与地方关系中中央财政的被动局面，另一条则是政府与企业的关系。财政包干制不但无法实现"政企分开"的目标，反而在一定程度上加剧了地方政府与企业的结合，这又反过来造成了中央财政能力的下降。这两条主线决定了分税制改革的集权性质以及对政府和企业关系的深远影响。

分税制改革的主要内容

广义的分税制改革[②]主要包括两个方面的内容，一个是税制改革，即税种的重新划分和调整，另一个是财政体制的改革，即中央和地方重新划分和调整各自的财权和事权。我们先来看税制改革。

税制改革主要有这样几个方面：

首先也是最重要的是流转税制改革：实行统一的在生产和流通环节征收增值税并实行价外计税的办法，规定了统一的增值税率（17%），这样，以前

---

① 数据来自中国经济景气月报杂志社编（2008），《数字中国三十年：改革开放30年统计资料汇编》，《中国经济景气月报增刊》。

② 一般而言，学术界通常将狭义的分税制改革称为"分税制财政体制改革"，这只局限于中央地方间财权事权的划分。但是由于财权划分实际上采用了分税种划分的办法，所以必然和税制改革结合在一起。本文因此将税制改革与财政体制改革合在一起分析。

复杂繁琐的产品税被简明的增值税所代替；在征收增值税的基础上，对少数消费品①再征收一道消费税；调整了营业税的征收范围，主要以三档不同税率对 9 个行业征收营业税②。

其次是所得税类改革。对于企业所得税，改变原来对国有企业、集体企业、私营企业的不同政策，实行统一税种、统一税率（33%）、统一计税标准、取消税前还贷的政策；统一征收个人所得税。

再次，对其他一些税种如资源税等进行了调整，并开征土地增值税。

在中央和地方的财政体制方面，进行了以下的改革：

第一，根据中央和地方支出责任的划分，按税种来划分中央和地方的收入。税种划分为中央税、地方税和共享税三大类。中央税主要包括消费税、关税、海关代征的消费税和增值税，中央企业所得税、铁道、银行总行、保险总公司等部门的主要税收（营业税、所得税、利润和城市建设维护税）、中央企业的上缴利润。地方税包括营业税、地方企业所得税和上缴利润、个人所得税以及其他各种规模较小的税种。总的原则是除增值税、资源税、证券交易税外，中央企业的税收归中央，地方企业的税收归地方③。中央和地方共享税种是增值税（中央 75%、地方 25%）、资源税（海洋石油资源税归中央、其他资源税归地方）、证券交易税（中央地方各 50%）。

第二，实行税收返还和转移支付制度。为了保证税收大省发展企业的积极性和照顾既得利益的分配格局，分税制规定了税收返还办法。税收返还以 1993 年为基数，将原属地方支柱财源的"两税"（增值税和消费税）按实施分税制后地方净上划中央的数额（即增值税 75% + 消费税 - 中央下划收入），全额返还地方，保证地方既得利益，并以此作为税收返还基数。为调动地方协助组织中央收入的积极性，按各地区当年上划中央两税（增值税和消费税）的平均增长率的 1：0.3 的系数，给予增量返还。在分税制运行两年后，中央财政又进一步推行"过渡期转移支付办法"。即中央财政从收入增量中拿出部分资金，选取对地方财政收支影响较为直接的客观性与政策性因素，并考虑各地的收入努力程度，确定转移支付补助额，重点用于解决地方财政运行中的主要矛盾与突出问题，并适度向民族地区倾斜。税收返还和转移支付制度旨在调节地区间的财力分配，一方面既要保证发达地区组织税收的积极性，另一方面则要将部分收入转移到不发达地区去，以实现财政制度的地区均等化目标。

---

① 包括烟、酒、化妆品、鞭炮焰火、贵重首饰、小汽车、摩托车、燃料油等。

② 9 个行业是交通运输、建筑、金融保险、邮电通信、文化体育、娱乐、服务业、转让无形资产和销售不动产，三档税率分别为 3%、5% 和 5%～20%。

③ 消费税则不论中央地方企业都归中央。

第三，分设中央、地方两套税务机构，实行分别征税。同时，初步开始改变过去按企业隶属关系上缴税收的办法。按分税制的设计，所有企业的主体税种（主要是增值税、消费税和企业所得税）都要纳入分税制的划分办法进行分配。在分税制改革以前，地方政府的税务财政不分家，而分税制改革将税务系统独立出来并且"垂直化"，各地的税务系统直接对上级税务部门负责。由于税务部门直接隶属于国家税务总局，所以这不但能够保证中央财政收入随着地方财政收入的增长而增长，而且能够保证财政收入在 GDP 中的比重随着地方经济的发展而不断提高。

分税制后的中央地方关系

分税制无疑是一次中央推动的财政集权改革。这次改革，一方面将原来大量的地方财政收入集中于中央，另一方面也将税收权力和安排支出责任的权力集中于中央。

首先，通过"财税分家"的改革，将征税的权力直接集中于中央。改革以前，税务是作为财政系统下的一个部门而发挥作用的，而财政部门是地方政府的"钱袋子"，是控制和管理最为严密的部门。为了地方利益，地方政府可以通过操纵税收部门而方便地"藏富于企业"。除了在企业承包制之下税前还贷之外，地方政府还大量使用减免税和税收优惠政策。这导致减免税的范围不断扩大，许多地区擅自越权减免税收。根据国家审计署对十个省市工商税收减免的调查，1990 年共减免流转税 97 亿元，占当年流转税入库数的20.7%；1991 年 19 个省级财政越权违规减免税收额占违纪金额的22.7%。除了减免税之外，地方企业偷税漏税的现象也非常严重。根据某省的调查，国营企业的偷税、漏税面达 70%，集体企业为 72%，个体经济和私营企业达 85.5%[①]。

分税制明确划分了中央税、地方税和共享税，对于中央税、共享税和一些重要的地方税种，税收立法权收归于中央，重要的税目税率的调整权、开征停征权以及减免税的审批权也被收归中央。权力集中是和"财税分家"结合在一起的。税务部门直接隶属于国家税务总局，由过去的"块块"变为现在的"条条"，税务部门的人员、工资、设备、业务都由上级税务部门管理，与地方财政"脱钩"。这种行政体制上的调整有力保证了税务部门对地方财政系统的相对独立性，保证了中央的税收政策能够在基层得到有力的贯彻和

---

① 项怀诚主编（1994），《中国财政体制改革》，中国财政经济出版社。

执行。

其次，分税制最为明显的效应还是收入向中央的集中。我们来看下图 4 - 1：

"两个比重"的变化情况

图 4 - 1　"两个比重"的变化情况

从图 4 - 1 中可以看出，对中央财政收入的比重而言，1994 年前后有天壤之别。这主要是通过两税（增值税和消费税）被划为共享税和中央税造成的。1994 年这两项税收总计 3089.7 亿元，占当年财政收入的 53.6%，其中增值税尤为重要，计 2308.3 亿元，这一个税种就几乎构成了国家税收的半壁江山。这是中央财政收入比重迅速上升的主要原因。

中央一改包干制下的包干"承诺"，将地方的财政收入集中到中央，这当然遇到了来自地方的阻力。1993 年 9 月到 11 月，时任国务院常务副总理的朱镕基带着财政部以及其他部门的领导走访了 17 个省、自治区，听取地方政府的意见，实际上是就实行分税制和地方进行讨价还价。根据当时参加人员的回忆，来自广东的阻力最大。广东的基本态度就是要求继续实行财政包干制。下面我们看看刘仲藜的回忆：

与地方谈的时候气氛很紧张，单靠财政部是不行的，得中央出面谈。在广东谈时，谢飞同志不说话，其他的同志说一条，朱总理立即给驳回去。当时有个省委常委、组织部长叫符睿（音）的就说："朱总理啊，你这样说我们就没法谈了，您是总理，我们没法说什么。"朱总理就说："没错，我就得这样，不然，你们谢飞同志是政治局委员，他一说话，那刘仲藜他们说什么啊，他们有话说吗?! 就得我来讲。"一下就给驳回去了。①

----

① 刘克崮、贾康主编（2008），《中国财税改革三十年：亲历与回顾》，经济科学出版社。

　　虽然在其他各地也遇到了程度不同的阻力，但是在中央的压力下，在几个月的时间里就得到了全国各地地方政府的认可。这一方面说明中央仍保持着对地方的绝对权威，也与中央在谈判中与地方的讨价还价和妥协的方式有关。

　　中央对地方的让步体现在分税制设计的两个方面，这都与税收返还的设计有关。对于两税（增值税和消费税）的税收返还，一个设计是以 1993 年为返还基数，另一个是自 1994 年之后，返还数以两税增量的 1∶0.3 （中央：地方）的比例增加。我们对此分别来进行分析。

　　按照分税制的制度设计，1994 年中央会将从地方集中的两税收入按照 1993 年的两税总量（返还基数）全额返还给地方。因此 1993 年的两税收入总量就成为直接影响中央和地方分配的关键。因为中央和地方就分税制展开的谈判是在 1993 年下半年进行的，这时 1993 年的税收决算数还没有出来，所以只要以 1993 年为返还基数，地方政府还可以通过努力来最终扩大 1993 年的两税总量。财政部考虑到这会促使地方以各种手段迅速增加 1993 年的税收总量，从而扩大地方的返还基数，减少中央在分税制后的净集中收入，所以建议以 1992 年的收入作为返还基数。而地方政府则强烈要求以 1993 年为基数。在中央政府的压力下，广东省并未坚持继续实行包干制，但是坚决要求以 1993 年作为返还基数，其他一些省市也有这个要求，作为支持分税制的条件。

　　这个设计符合地方政府的利益，而 1993 年的全国财政收入也的确出现了异常反应。1993 年的全国财政收入比上年增长了 24.8%，此前五年的平均增速只有 9.6%。这个迅速增加完全是由于地方财政增长所致，因为 1993 年中央财政收入比上年下降了 12 亿元，地方财政收入绝对数量则增加了 887.5 亿元，增幅达 35%[①]。

　　为了增加收入以提高税收返还的基数，各地政府用了许多手段。比如命令已减免税的企业补缴税款，把基数抬高之后再私下返还给企业。又比如，将已经倒闭了的企业或者欠税多年的企业税款通过转账或者银行借款缴税；还有寅吃卯粮、收过头税等种种办法。地方的这种反应，中央虽然已经预料到，但是没有想到如此严重。当时朱镕基盛怒之下，命令财政部派遣工作组到各地检查，"挤水分"。但是由于地方行政、财政、银行、企业串通一气，

---

　　① 这是根据国家统计局的数字，按照《中国财税改革三十年亲历与回顾》一书中的数字，则是全国地方财政收入在 1993 年增长 39.9%，绝对量增加了 900 多亿元（该书 369~370 页）。两组数字差别不大，都说明了地方政府对分税制方案的"应激"反应。

检查的效果很差①。这是中央的说法，但是当时任浙江省财政厅长的翁礼华是这样回忆的：

工作组到浙江、云南、江苏等省检查以后，结果并不理想。对浙江省检查后，不仅没有发现虚收，反而在绍兴市发现有 5 亿元税收还未收上来；对云南检查后仅发现只有 6500 万元的税收不真实；对江苏的检查结果表明，不实税收也仅为 2 亿多元。这主要是因为我国税收名义税率高，实际征收率低，再加上改革开放以来，又长期实行减税让利政策，社会上积蓄的税源比较丰富，故只要依法征税，税收增长比例高于正常年份的水平是不足为怪的。②

这虽然反映出中央和地方对这个问题的不同看法，但是可以看出财政包干制下地方政府形成的地方保护主义和将财富藏于地方的结果，同时也可以看出 1993 年作为返还基数实际上是中央为了照顾地方利益而为地方"开的口子"和做出的妥协。

分税制的另一个设计是按照两税增长率的 1:0.3 来计算中央对地方税收返还，这个设计也可以看作是中央集中收入后对地方既得利益的照顾，但是情况远比以 1993 年税收收入作为返还基数来得复杂。

按照分税制最初的设计，税收返还的计算公式是：

$$对某地区税收返还 = 上年度两税返还 \times （1 + 当年税收增量/上年度两税完成数） \times 0.3$$

其中"当年税收增量/上年度两税完成数"是两税的增长率，但是这个增长率是按照全国两税的平均增长率来计算的，即分子和分母都是全国的总数，而不是该地区的实际数额。这显然对两税增长快的发达地区不利。我们来举例说明一下。

假设 1993 年某省的两税收入为 100 亿元，这就是 1994 年的税收返还基数。1994 年倘若该省两税收入总量增加到 120 亿元，则该省的增长率是 20%。如果全国的平均增长率为 10%，则该省 1994 年的返还基数为：

$$对该省税收返还 = 100 \times （1 + 10\% \times 0.3） = 103 （亿元）（公式 1）$$

倘按照该省的两税增长率计算，则：

$$对该省税收返还 = 100 \times （1 + 20\% \times 0.3） = 106 （亿元）（公式 2）$$

---

① 刘克崮、贾康主编（2008），《中国财税改革三十年：亲历与回顾》，经济科学出版社，第 370 页。

② 翁礼华（2008），《共赢的博弈——纵观中国财税改革》，经济科学出版社，第 11 页。

可见按照不同标准计算，该省的税收返还数相差 3 亿元。按照最初的标准，发展速度较慢的省份得益。1994 年 7 月，财政部召开了 11 个省的财政局长座谈会，对这个方案进行了修改，将公式中两税增长率的计算由全国平均增长率改为各省自己的增长率。这又显示出中央对发达省份的既得利益的照顾①。

但是，令人惊讶的是，1:0.3 的设计从长远来看对地方是极为不利的。还是按照我们上面的例子计算。因为消费税 100% 归中央，我们只计算增值税。假设某省 1993 年增值税 100 亿元，按照每年增长 20% 的速度增加，那么按照公式（2），该省所得税收返还的增长率就是 6%，从总量上看，时间越长，该省所得的返还数占该省税收数的比重越小。1994 年这个比重为 88%，五年之后到 1998 年将会迅速减小到 54%，十年之后则会下降到 29%。从实际情况来看，这个比重下降得的确很快，我们来看下图：

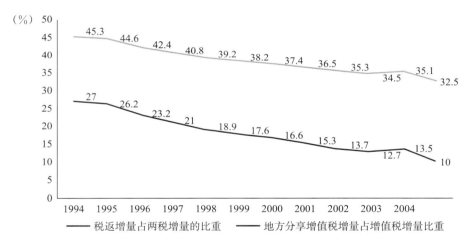

图 4 - 2　税收返还方案的长期效应

数据来源：李萍，《中国政府间财政关系图解》，中国财政经济出版社，2006 年，93 页。

从图中可以看出，税收返还的增量的比重迅速下降，地方分享增值税的比重（增量的 25% 部分 + 增量返还部分）也在迅速下降。之所以造成这种局面，主要有两个原因：一个是 1:0.3 的比例中央占了大头，另一个是随着税收总量的不断增加，1993 年的基数部分在税收返还中的部分已经越来越微不

---

① 根据翁礼华的回忆，当时黑龙江的财政厅长对此持有保留意见，"主要是因为黑龙江企业经营收入不佳，'两税'增长困难，与本省挂钩将会影响本省 1:0.3 返还"。详见《共赢的博弈——纵观中国财税改革》相关章节。

足道。假如按照 20% 的增长率计算，十年之后基数部分只在税收总量约占 16%，这是典型的地方算账"算不过"中央。

刘仲藜对此回忆说：

后来，各省财政厅长、局长都说，这个设计非常高明，财政部真是有能人。按照这个设计，如果每年增收 10%，那么基数越大，最后返还整个比例就不是 0.3 了。大概是 2~3 年会减 1 个点，增速不太快的时候，这种比例下降是缓慢的，不动声色，不易察觉。但是后来经济发展也快了，税收好了，返还整体比例下降得非常快，而且税收越多，增长越快的地方比例下降越快。这点出乎我们的意料，但是这个东西，他们提不出意见来。因为事先决定里面说好了的。所以我们老跟厅局长说，我们搞的是阳谋不是阴谋，这个方案里面都有的。但是现实是有的下降得很厉害，而且地区很不平衡。我们财政部党组一商量，这不行了，谁越收得快，下降得越快，这成鞭打快牛了。[①]

1997 年财政部对此出台的办法是中央财政每年拿出 3 个多亿补助返还下降快的地区，并补助到全国平均水平。从上述分析来看，这种设计在改革之初看上去对地方有利而得到了许多地区的支持，但是从长远看却是对中央集中收入最为有利。但是无论如何，中央政府通过推行分税制改革顺利达到了集中地方财政收入到中央的目的。

通过以上的分析，我们可以看出分税制改革极为明确的集权性质。这种集权有别于改革前"一放就乱、一收就死"的模式——通过上收企业的管理权限或者通过直接上收地方的财政收入来达到集中收入的目的——而是通过对税种收入在中央和地方间的重新划分来实现，集权的方式发生了重要的变化。另外一个重要的特点就是，分税制导致的集权从严格意义上来说并非完全的财政集权，只是"财权"或者是收入的集权，财政支出责任（事权）在中央和地方之间并未出现重大的调整。分税制前后中央和地方的财政支出比重并没有出现显著的变化，一直维持了中央支出占 30%、地方支出占 70% 左右的格局。

分税制导致的中央地方间关系的变化为我们理解中国的财政分权和经济增长的关系带来了新的困惑。一个重要的问题就是，既然财政包干制下的财政分权刺激了中国的经济增长，那么分税制后的收入集权为什么没有明显地阻碍经济增长？

---

① 刘克崮、贾康主编（2008），《中国财税改革三十年：亲历与回顾》，经济科学出版社，第 344 页。

有些学者在研究中基本忽略了分税制带来的重要变化。他们认为，分税制并没有改变中国改革开放以来的财政分权的进程，而且分税制以后财政分权的程度仍然有提高，所以财政分权与经济增长在统计上的紧密关系仍然说明了分权对于经济增长的重要作用[①]。这些研究的问题在于他们只是用财政支出责任在中央和地方间的分配来衡量财政分权的程度。

学术界对于财政分权的测量基本采用了三种方法，包括地方政府财政支出占全部财政收入的比重，地方政府财政收入占全部财政收入的比重以及地方政府部门在整个国家部门中的比重[②]。其中第一种方法我们可以叫作"支出测量法"，第二种可以叫作"收入测量法"，第三种方法与财政没有直接的关系。很显然，用前两种方法来测量分税制后的财政分权会得出完全相反的结论，"支出测量法"会发现财政分权程度一直在缓慢增加，而"收入测量法"则会发现财政分权程度在1994年之后迅速下降到了一个很低的水平。

对于分税制后的中央—地方关系，这两种测量法显然都失于片面。财政分权，在本质上描述的是地方政府相对于中央政府在财政方面独立的决策权，纯粹用收入或支出都无法全面描述地方政府的财政自主性。如果财权集中于中央政府，事权分散于地方政府，那么地方政府在行使支出责任时的独立性显然会受到中央政府的影响，因为地方政府只有依靠中央政府的财政补助或转移支付才能满足其支出要求。

事实上，分税制后中央和地方关系的最重要的变化之一就在于中央政府每年向地方政府拨付规模巨大的财政转移支付以弥补地方政府的支出缺口。转移支付显然会体现中央政府对支出责任的意志，影响地方政府的财政自主性，其中专项的转移支付尤其如此。专项转移支付是一些规定了支出用途的财政资金（Earmarked Funds），俗称"戴帽资金"。地方政府在使用这些资金时，不但要严格遵循其指定的用途，而且要接受中央政府的审计。转移支付将在下一章进行详细讨论，此处不再展开分析。我们将会看到，转移支付的拨付和使用正是中央财政集权的体现。

地方政府的行为变化

如果我们承认财政包干制是地方经济和工业化迅速发展的主要推动力，

---

① 典型的研究可参见张晏和龚六堂（2005），"分税制改革，财政分权与中国经济增长"，《经济学（季刊）》第5卷第1期，第75–108页；Zhang Tao and Heng-fu Zou (1998)，"Fiscal Decentralization, Public Spending, and Economic Growth in China"，*Journal of Public Economics*，67 pp. 221–240。

② Oates, W. E. (1985)，"Searching for Leviathan: An Empirical Analysis"，*American Economic Review* 75, pp. 748–757；

那么分税制的效应如何？分税制是保持还是削弱了地方政府工业化的激励？这与90年代中期以来的经济增长有何关系？

这需要从考察分税制下地方政府与企业的关系入手。分税制改革在将税务征收与财政分开之后，更进一步规定中央和地方政府共享所有地方企业的主体税种——增值税。也就是说，中央和地方对企业税收的划分不再考虑企业隶属关系——无论是集体、私营企业，或者是县属、市属企业，都要按照这个共享计划来分享税收。而在此之前，中央和地方是按照包干制来划分收入的，只要完成了任务，无论是什么税种，地方政府可以保留超收的大部分或者全部税收。由于中央并不分担企业经营和破产的风险，所以与过去的包干制相比，在分税制下地方政府兴办、经营企业的收益减小而风险加大了。而且，由于增值税属于流转税类，按照发票征收，无论企业实际上盈利与否，只要企业有进项和销项，就要进行征收。对于利润微薄、经营成本高的企业，这无疑是一个相当大的负担。再者，增值税由完全垂直管理、脱离于地方政府的国税系统进行征收，使得地方政府为保护地方企业而制定的各种优惠政策统统失效。在这种形势下，虽然中央出台的增值税的税收返还政策对于增值税贡献大的地区有激励作用，我们可以合理地推想地方政府对于兴办工业企业的积极性会遭受打击。

经验现实也与此推想若合符节。国有企业的股份制改革自1992年发动，到90年代中期开始普遍推开，而此时也是地方政府纷纷推行乡镇企业转制的高潮时期。到90年代末，虽然国有企业的改革并不十分成功，但乡镇企业几乎已经名存实亡，完全变成了私营企业。对于乡镇企业的转制，学术界有着丰富的研究，但是大部分研究是从产权结构、内部生产和管理、市场、产业结构以及竞争对手等方面进行解释，而相对忽略了财税体制变化的巨大影响。从上面对分税制的制度效应的分析可以看出，分税制无疑是促成乡镇企业大规模转制以及国有企业股份化的主要动力之一。

与私有化浪潮相伴随的重要现象是地方政府的财政收入增长方式发生了明显的转变，即由过去的依靠企业税收变成了依靠其他税收尤其是营业税。从分税制实行十年的情况来看，对于县乡级的财政而言，增值税收入在财政收入中的比重是呈下降的趋势的。我们将增值税、营业税和"其他收入"在税收收入中的比重变化情况做成下面的图4-3，这样可以一目了然地看出这种变化趋势。

图中的三个大类是占财政收入比重最大的三类收入。需要说明的是在统计口径上，"其他收入"在1998年有一个比较大的变化，即在此之前，"其他收入"不包括各种杂项税收（如印花税、筵席税等等），而在1998年以后则包括了各种杂项税收和纳入预算的非税收入，所以在1998年，这个类别有一

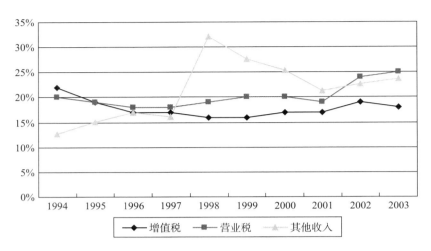

图 4 - 3   县乡财政三类收入比重变化图

个非常明显的增长。对比增值税和营业税的变化情况，我们看到这两者呈现出一种替代关系：1994 年改革之初，两者的比重差不多，增值税占 22%，营业税占 20%；到 2003 年，营业税已经上升，占地方财政收入 25% 的比重，而增值税下降到 18%①。

与增值税不同，营业税主要是对建筑业和第三产业征收的税收，其中建筑业又是营业税的第一大户。所以，地方政府将组织税收收入的主要精力放在发展建筑业上是顺理成章的事情。这种状况在 2002 年所得税分享改革以后尤其明显。此项改革使得地方政府能够从发展企业中获得的税收收入进一步减少，同时使得地方政府对营业税的倚重进一步加强。在图 4 - 3 可以看到，2002 年以来营业税的比重迅速上升。从经验现象上看，地方政府在 2002 年以后对于土地开发、基础设施投资和扩大地方建设规模的热情空前高涨，其中地方财政收入增长的动机是一个重要的动力机制。

除了预算内财政收入的结构调整带来的地方财政增长方式的转变之外，分税制改革对地方政府的预算外和非预算收入也有极大的影响。乡镇企业转制之后，地方政府失去了规模巨大的"企业上缴利润"收入，其财政支出受到巨大的压力。分税制作为一种集权化的财政改革，使得地方政府开始寻求将预算外和非预算资金作为自己财政增长的重点。预算外资金的主体是行政事业单位的收费，而非预算资金的主体是农业上的提留统筹与土地开发相关的土地出让收入。与预算内资金不同，这些预算外和非预算的资金管理高度分权化。对于预算外资金，虽然需要层层上报，但是上级政府一般不对这部

---

① 周飞舟（2006），"分税制十年：制度及其影响"《中国社会科学》第 5 期。

分资金的分配和使用多加限制。而对于非预算资金，上级政府则常常连具体的数量也不清楚。分税制改革以后，为了制止部门的乱摊派、乱收费现象，中央出台了一系列预算外资金的改革办法，其中包括收支两条线、国库统一支付制度改革等等，力图将行政事业性收费有计划、有步骤地纳入预算内进行更加规范的管理，但是对于非预算资金，却一直没有妥善的管理办法，因此非预算资金也开始成为地方政府所主要倚重的财政增长方式。

分税制和所得税分享改革对地方政府造成的压力迫使地方政府通过发展建筑业和增加预算外的收费项目以及非预算资金来寻求新的生财之道。伴随迅速发展的城市化而兴起的"经营城市"的模式正与这种需求密切相关。

在改革开放前十五年的第一阶段，以乡镇企业为主要动力的工业化并没有对城市化造成压力，企业坐落于农村和小城镇地区，劳动力以"离土不离乡、进厂不进城"的农民为主，因此这个时期的工业化速度远高于城市化的速度，也可以说是城市化滞后于工业化。1994 年是一个明显的分界点。1994年以前工业产值比重的年均增长速度是 3.7%，而城镇人口比重的年均增长速度是 0.6%；1994 年以后，这两个比重的年均增长速度分别是 - 1.1% 和 1.3%，城市化的速度明显加快。这一方面与 1994 年开始推行的城镇住房制度改革、1998 年出台的《土地管理法》有关，另一方面也与迅速发展的沿海外向型经济有关。这都促使企业、居民对城市建设用地的需求快速增长。由于大部分外向型经济位于东部沿海地区，所以在这些地区城市化发展得最为迅速，政府"经营城市"的发展模式也最为突出。要经营城市，就要大兴土木；要大兴土木，则需要大量新增的建设用地。在这个宏观背景下，土地征用和出让成为地方政府预算以及非预算收入最主要的来源。

按照《土地管理法》的规定，只有地方政府有权将农业用地征收、开发和出让，供应日益紧缺的城市建设用地，并且征收农业用地的补偿费用等成本远低于城市建设用地出让价格。地方政府低价征收农业用地，进行平整、开发后，可以招拍挂等形式在土地二级市场上出让。在东部沿海地区，地方政府通过这个过程迅速积累了规模巨大的土地出让收入。利用大规模的土地出让收入和已征收的大量城市建设用地，地方政府可以通过财政担保和土地抵押的方式取得更大规模的金融贷款来投入城市建设。这样一来，土地收入——银行贷款——城市建设——征地之间形成了一个不断滚动增长的循环过程。这个过程不但塑造了东部地区繁荣的工业化和城市景象，也为地方政府带来了滚滚财源。

这些财源除了包括通过土地征收、开发和出让过程中直接得到的土地收入之外，还包括城市建设过程中迅速增长的以建筑业、房地产业等营业税为主的预算财政收入，这些收入全部属于地方收入，无需与中央政府共享。所以说，随着城市化的迅速发展，地方政府的预算收入和非预算资金（土地收入）呈现出双双平行的增长态势。因此，新世纪激烈的城市化过程是与地方政府"经营城市"、"经营土地"的行为取向密不可分的。在此过程中，地方政府形成了推动地方经济和财政收入双双增长的新发展模式。

第五章　转移支付体系的建立

从上一章的分析可以看出，分税制实施的目的在于改变中央和地方、政府和企业的关系，使得中央财政在中央—地方关系中保持强劲的支配能力，使得国家财政收入能够随着工业化和企业繁荣而不断增长。另外，中央政府在掌握了财力之后，便有能力对各地的人均财力进行重新调整和再分配，使地区间的财力趋向于均衡，逐步缩小区域间的差异，实现人均财政支出均等化的目标。这个目标本身也可以看作是现代国家中央政府的一项至关重要的支出责任。要实现上述目标，中央政府在集中了全国的财力之后，关键的任务是建立起一套有效而公平的财政转移支付体系，这是实现上述目标的主要手段。

分税制后的转移支付体系

分税制在集中了地方的财力之后，并没有对中央和地方的支出责任做出重大调整，因此财政包干制时期的中央和地方"自收自支"的局面发生了彻底改变，地方政府出现了巨大的收支缺口，这就要靠中央对地方通过转移支付进行弥补。自上而下的规模巨大的财政转移支付，是分税制后中央和地方财政关系中一个最为重要的特点。

中央对地方的转移支付包括三大类：税收返还、专项转移支付和财力性转移支付。税收返还是分税制设计的两税（增值税和消费税）的基数和增量返还，在2002年所得税增量分享改革之后，又加上了所得税（企业所得税和个人所得税）的基数返还①；专项转移支付是中央拨付给对方的、指定了特定用途的资金，俗称"戴帽"资金；其他的一些中央对地方的转移支付统统称为财力性转移支付，是中央拨付的用于补助地方支出的资金。

自 1994 年到 2005 年，三类转移支付资金的规模如下：

表 5 - 1　三类转移支付资金规模（1994—2005）

年份	财力性转移支付		专项转移支付		税收返还（两税＋所得税）		总计
	亿元	%	亿元	%	亿元	%	亿元
1994	99	4.4	361	16.0	1799	79.6	2259
1995	133	5.6	375	15.8	1867	78.6	2375
1996	161	6.2	489	18.8	1949	75.0	2599
1997	199	7.3	518	19.0	2012	73.7	2729
1998	210	6.6	878	27.7	2083	65.7	3171
1999	364	9.3	1424	36.4	2124	54.3	3912
2000	620	14.0	1613	36.3	2207	49.7	4440
2001	1176	20.7	2200	38.7	2309	40.6	5685
2002	1623	22.1	2401	32.7	3328	45.3	7352
2003	1914	23.2	2598	31.4	3749	45.4	8261
2004	2605	25.0	3423	32.9	4380	42.1	10408
2005	3812	33.2	3529	30.7	4143	36.1	11484

　　数据来自李萍，《中国政府间财政关系图解》，中国财政经济出版社，2006 年；中国财政杂志社编，《中国财政年鉴》（2003～2006），中国财政杂志社。

上表画成图 5 - 1 更为直观一些：

可以看出，在 2000 年以前，税收返还在中央对地方的转移支付中占主要部分，占总量的一半以上，到 2005 年基本呈现出三类转移支付三分天下、各占三分之一的局面。其中专项转移支付自 1997 年之后就大量增加，而财力性转移支付要到 2000 年之后才开始迅速增长。这与中央政府调整中央—地方关系和地方政府行为的意向密切相关。我们来进行具体讨论。

---

　　① 2002 年中央推行所得税分享改革，即原来作为地方税种的企业所得税和个人所得税变为中央地方共享税，增量部分中央地方各 50%，2003 年后中央 60%、地方 40%。2001 年的所得税作为返还基数返还给地方。

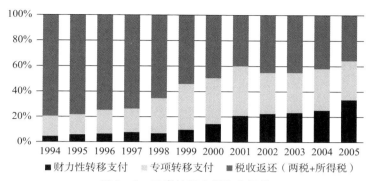

图 5 – 1　三类转移支付资金规模

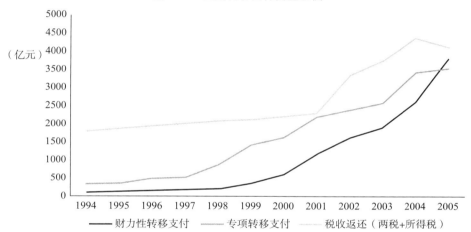

图 5 – 2　三类转移支付资金规模变化折线图

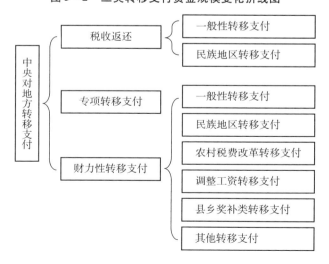

图 5 – 3　转移支付结构图解

　　税收返还在 2002 年以后包括了四种税收的基数返还，还包括了增值税的增量返还。税收返还在 2002 年后出现了迅速增长，是企业所得税和个人所得税基数返还导致的。财力性转移支付的类别众多，比较复杂。我们将三类转移支付的细分表示如图 5－3：

　　财力性转移支付的主要目标是促进地方政府提供公共服务能力的均等化，所以财政越困难的地区，得到的财力性转移支付越多。在财力性转移支付中，"一般性转移支付"尤其发挥了平衡地区间财政能力平衡的功能。自 1995 年开始，中央财政新设立了为了实现区域间财政公平的转移支付，起初命名为"过渡期转移支付"，2002 年后改为"一般性转移支付"。一般性转移绝大部分由"普通转移支付"构成，此外还加上民族因素、革命老区及边境地区的转移支付，不过所占比重不大。普通转移支付主要考虑一个地区的财政收支状况，其计算公式为：

　　（某地区标准支出 － 某地区标准收入）×该地区转移支付系数 = 该地区普通转移支付

　　标准支出和标准收入的测算根据中央政府颁布的测算指标计算，这些指标繁多而复杂，以 2005 年为例，收入测算指标有 48 项，包括税收、企业利润、工资、重要资源产量等等，支出测算指标 29 项，包括人口、气温、耕地面积、粮食产量、汽油价格、事业费、城市建成区、社会保障支出等等，指标数据的来源也非常复杂，包括国家相关部委、财政决算、《中国统计年鉴》以及民政、城市、劳动、农村等统计年鉴[①]。转移支付系数是由普通转移支付总额除以地方标准收支差额得出的，反映了中央的转移支付弥补地方收支缺口的幅度。这个系数的变化如图 5－4。

　　2002 年所得税分享改革之后，中央的财力进一步增加，用于实现均等化目标的普通转移支付力度也迅速加大。图 5－4 表明，到 2005 年，地方政府标准财政收支缺口的将近一半（47.3%）已经由中央财政用普通转移支付进行了补助。

　　一般性转移支付中的其他种类带有比较明确的目的，如民族地区转移支付和县乡奖补类转移支付用于支持特定地区的地方政府财政，调整工资转移支付则是对历次出台的增加行政事业单位人员工资政策的财政措施，总的原则是富裕地区自行负担工资增加部分，而其他地区则根据情况，由中央全额或者差额负责工资增加部分。税费改革转移支付的目的性更加明确，是根据 2002 年开始的税费改革造成的地方财政缺口，专门针对乡镇和村级财务拨付的转移支付。

---

　　① 这些指标的详细情况参加李萍（2006）主编，《中国政府间财政关系图解》，中国财政经济出版社，第 61～63 页和第 69 页。

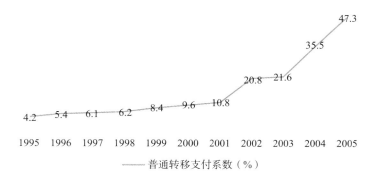

图 5 - 4　转移支付系数变化情况示意图

数据来源：李萍主编，《中国政府间财政关系图解》，中国财政经济出版社，2006 年，第 71 页

　　由此可见，除了"一般性转移支付"以外，其他的转移支付虽然也是用于补助地方政府的财力，但是都带有明确的倾向性和目的性，地方政府在使用这些财力的时候，也被要求用于中央制定的部分，实际上是一种"准专项"性质的转移支付。

　　专项转移支付是我国转移支付体系的另一主要组成部分，在总量上也远大于一般性转移支付。我将在以后的章节里专门论述。

转移支付与地方财政状况

　　分税制将收入集中于中央而引起的地方财政缺口被认为是导致基层财政困难的主要原因，也就是学界所形成一定共识的"财权层层上收、事权层层下移"的效应。分税制虽然只是对中央和省级财政的收入划分做了规定，但是由于省以下的收入划分则由省政府决定，所以分税制造成的收入上收的效应就会在各级政府间层层传递，造成所谓的财权"层层上收"的效应[①]。分税制后全国普遍流行一种这样的说法："中央财政喜气洋洋，省市财政勉勉强强、县级财政拆东墙补西墙、乡镇财政哭爹叫娘"，可以在一定程度上反映出中央和地方的状况。其背后隐含的意思是明显的，就是中央"拿走了"本来应该属于地方的财力，而使地方财政尤其是县乡财政陷入窘迫的境地。县乡财政困难也被认为是 90 年代中期以后中西部地区农民负担问题日益严重的重

---

① 　阎坤、张立承（2003），"中国县乡财政困境分析与对策研究"，《经济研究参考》90 期。

要原因①。

但是，由我们介绍的转移支付体系来看，这种说法实际上是将问题过分简化了。中央"拿走"的部分实际上并没有被中央花掉，而是以转移支付的形式返还给了地方。我们如果只从总量来进行分析的话，将地方基层财政的困难归咎于分税制改革陷入有失公平。如果这些困难真与分税制有关系的话，问题应该出在转移支付上面。

下面我们利用全国县乡级的财政数据，来分析一下分税制对县乡财力造成的实际影响。我们在分析中将会重点分析转移支付部分。

分税制形成的收入集中的效应在政府间向下传递，形成"层层上收"的局面，这在作为最基层的县乡财政上反映得最为清楚。我们下面来对比一下分税制前后县级财政的变化。

表 5 – 2　分税制前后县乡财政收入构成（亿元）②

	1993	1994
县乡中央收入合计		1072.2
县乡地方收入合计	1372.3	967.3
县乡地方支出合计	1458.7	1703.2
缺口（地方支出 – 地方收入）	86.4	735.9

分税制实施的 1994 年，中央从县乡两级集中增值税和消费税 1072.2 亿元。如果按分税制以前的体制来计算，则 1994 年县乡财政收应入为 2000 亿元左右（县乡中央收入 + 县乡地方收入），因此可以粗略认为，通过分税制，中央集中了县乡两级 50% 左右的收入。

从县乡两级的支出来看，改革前为 1459 亿元，改革后为 1703 亿元，所以地方支出的总量不但没有减少，而且还有显著的增加。对比分税制前后的县乡地方支出和收入部分，我们可以算出改革前收入对支出的缺口是 86.4 亿元，而改革后这个缺口扩大到 735.9 亿元。按照 1994 年的数据测算，这个缺口约占当年县乡财政总收入（包括地方收入和中央划走的收入）的 37% 左右。这恰恰是缺口在县乡级财政的反映。由此可以看出，分税制所划定的中

---

① 周飞舟、赵阳（2003），"剖析农村公共财政：乡镇财政的困境和成因"，《中国农村观察》第 4 期。

② 此章中各表的数据除非经过特殊说明，均来自财政部编《中国地市县财政资料》（1993 – 2003），中国财政经济出版社。

央与省之间的关系几乎被完整地传递到县乡基层财政。

这是不考虑转移支付的情况。事实上，分税制改革以来，中央对地方开始实施大量的转移支付补助以弥补地方的支出缺口。这些补助包括税收返还、专项转移支付、过渡期转移支付补助、体制补助等多种。1994 年，中央对地方的转移支付补助（对省及省以下政府）为 2386.4 亿元，到 2002 年增长到 7351.8 亿元，年均增长率 15%，2002 年的总规模超过 1994 年的三倍。那么，这些补助有没有像"收入集中"的效应一样"传递到"县乡级来弥补掉因改革造成的县乡财政收支的缺口呢？

表 5 – 3　分税制前后县乡转移支付补助、上解和净补助 （亿元）

项目	1993	1994
税收返还		580.3
专项转移支付	276.6	299.1
体制定额补助	67.3	81.7
补助合计	343.9	961.1
体制上解	− 255.4	− 246.7
专项上解	− 86.4	− 63.8
上解合计	− 341.8	− 310.5
净补助	2.1	650.6

体制定额补助相当于我们前面介绍的"财力性转移支付"，包含了一些杂项的补助，主要体现为上级财政与县级财政实施的财政体制中由上级政府按照体制补助给县级财政的转移支付资金。从上表可以看出，分税制改革前后上级财政对县乡的转移支付补助也显著增加。主要是税收返还增加了 580 亿元。改革前的净补助几乎为零，而改革的当年净补助规模达到了 650 亿元，虽然完全不能弥补改革形成的缺口（735 亿元），但是基本维持了改革前的缺口水平。由此可见，虽然分税制改革集中了县乡财力，扩大了收支缺口，但是通过转移支付几乎完全弥补了因改革带来的县乡财力减少部分，维持了与改革前相同的相对收支水平。

这是分税制开始实施时的情况。由于税收返还是按照有利于中央的比率设计的，增值税 1∶0.3 的增量返还设计方案会使税收返还的比重迅速减少。所以有理由认为随着时间的推移，中央集中的收入会越来越多，地方的收支缺口会越来越大。那么，分税制的长期效应如何？在地方产生的税收中，中央划走的部分是不是越来越大呢？

为了考察中央集中的收入和县乡地方收入的比重变化情况，我们在中央集中收入中减去了税收返还部分，而在县乡地方收入中加上了税收返还的部分，这样就得到中央集中两税的净收入，体现在图5－5中。从总的趋势来看，中央从县乡两级集中的收入是在不断扩大的。1995年这个比重略多于10%，但到2002年，中央集中的两税收入比重已经接近30%。

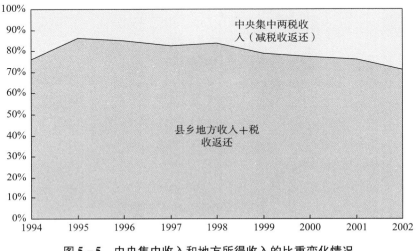

图5－5 中央集中收入和地方所得收入的比重变化情况

分税制的这种收入集中效应必然使得地方收支缺口扩大。我们前面对比了分税制前后两年的情况，下面看分税制实施后近十年的长期趋势情况。

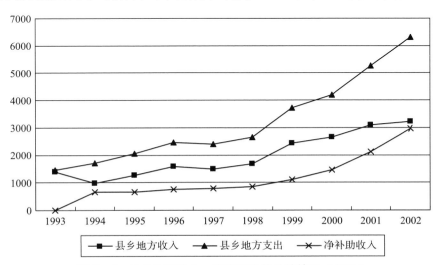

图5－6 县乡地方收入、支出和净补助的情况（亿元）

图 5-6 鲜明地显示出分税制对县乡财政的长期效应。首先，县乡地方收入和支出的缺口呈不断扩大的趋势，自 1998 年后尤其明显。1994 年的收支缺口约 700 亿，1998 年增加到 1000 亿，2002 年则迅速增加到 3000 亿左右。2002 年，县乡的地方财政收入为 3225 亿元，支出高达 6313 亿元，其缺口的规模恰好相当于其自身财政收入的规模。其次，净补助①的情况值得注意。我们看到，补助曲线几乎与支出曲线的变化相一致。这说明，迅速增长的上级补助一直在弥补县乡的财政缺口。最后，我们可以算出县乡财政的"净缺口"（经过上级补助以后的缺口）：

$$粗缺口 = 县乡地方收入 - 县乡地方支出$$

$$净缺口 = 县乡地方收入 - 县乡地方支出 + 上级净补助收入$$

表 5-4　县乡财政的缺口情况（亿元）

	1993	1994	1995	1996	1997	1998	1999	2000	2001	2002
收入	1372	967	1261	1578	1497	1677	2426	2636	3096	3225
支出	1458	1703	2042	2451	2390	2651	3734	4199	5253	6313
粗缺口	-86	-736	-781	-873	-893	-974	-1308	-1563	-2157	-3088
净补助	2	651	665	741	789	837	1098	1451	2108	2979
净缺口	-84	-85	-116	-132	-104	-137	-210	-112	-49	-109

对比表 5-4 的粗缺口和净缺口，我们就可以看到上级补助的作用。由于分税制造成的收入集中效应，县乡财政的粗缺口是不断扩大的。1994 年 736 亿，到 2002 年已经高达 3088 亿元；但加上上级净补助后的净缺口却完全没有增加，一直维持在 50 亿—150 亿元之间的水平。

以上是对分税制影响的总量分析。从分析的结果来看，虽然分税制集中县乡收入的作用非常明显，但是其所造成的不断扩大的收支缺口已经被向下的转移支付弥补。从这个角度上来说，分税制本身不应该为县乡财政的困难状况负责。但这只是总量分析，如果转移支付的分配在地区间没有实现均等化，则亦会造成某些地区县乡财政的困难。下面我们就来分析转移支付对平衡地区间财力差距的作用。

---

① 净补助收入为各种转移支付补助收入减去地方对上级的上解支出。

转移支付与地区间的财力差距

　　转移支付的作用有两个，一个是通过转移支付，实现地区间财政支出的均等化，使得各个地区的居民能够享有类似水平的公共服务；另外一个通过转移支付实现中央政府对地方政府的行为约制。值得注意的是，这种对于财政收入的再分配不同于现代企业制度中的报酬分配，后者遵循的是效率原则，力图使得每个行动者的所得与所付出相一致，而前者首先遵循的是均等化原则，效率原则相对次要。那么，分税制起到了多大的均等化作用呢？

　　因为我国的预算都是平衡预算，一般不允许赤字预算，所以在大部分地区：

$$预算支出 \sim = 本级预算收入 + 净补助$$

　　我们先来看东中西部①三大地区自分税制实施以来人均预算收入的变化情况。

　　从图 5 - 7 可以看出，分税制以来，中部和西部地区的县乡财政增长十分缓慢，而且增长幅度基本相同，到 2003 年，中部地区的人均预算收入为 212

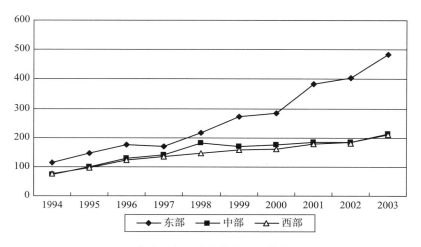

图 5 - 7　东中西部县乡级的人均预算收入（元）

---

　　① 东中西部的划分按照 1986 年六届全国人大四次会议通过的七五计划中的划分方法，东部包括辽宁、河北、北京、天津、山东、江苏、上海、浙江、福建、广东、广西；西部包括新疆、宁夏、甘肃、青海、陕西、四川、云南、贵州、西藏；其余的省份属中部地区。

元，西部地区为 210 元，基本没有差别。东部地区则不同，由于工业化的迅速发展，东部地区县乡的人均预算收入由 1994 年的 113 元迅速增长到 2003 年的 485 元，十年之内翻了四番还多。1994 年东部与中西部的差距在 35 元左右，2003 年差距则扩大到 270 元左右。

我们现在再来看人均支出，人均支出大致相当于人均收入 + 人均净补助。

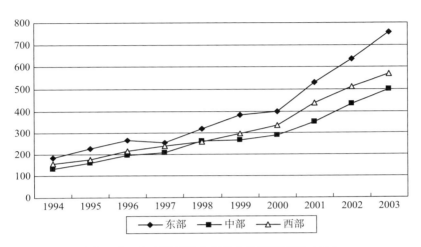

图 5 - 8　东中西部县乡级的人均预算支出（元）

图 5 - 8 中明显可以看出，人均支出的地区差距小于人均收入。2003 年，东部地区的人均支出为 750 元，中部和西部地区分别为 500 和 571 元。最高的东部地区与最低的中部地区的差距 250 元，比人均收入的差距缩小了 20 元。人均支出的差异之所以小于人均收入的差异，是地区间的转移支付起了作用。但是，我们还可以看到，即使存在这种不断加大的地区间转移支付，地区间的人均支出差距还是在迅速扩大。1994 年，三个地区的人均支出差距不到 50 元，到 2003 年则扩大到 250 元。这说明转移支付的均等化效应远弱于由于地区发展不平衡带来的不平等效应。

对比这两个图还可以看出，中部和西部地区的人均收入基本相等，但是人均支出水平却有明显的差异。这也主要是由于转移支付向西部地区倾斜造成的。中部地区人口稠密，大部分是农业区，农村的公共服务支出任务繁重，县乡两级所供养的财政人口也多，但是相比之下，得到的中央转移支付的水平却是最低的。在支出不足的情况下，中部地区的县乡政府自然会想方设法增加预算外的收入，导致这些地区的农民负担的日益加重和社会的紧张状态。

那么，转移支付的分配存在什么样的问题呢？为什么没有起到明显的均等化效果呢？

我们将中央对下级的转移支付分成三类，分别是增值税和消费税的税收返还、专项补助和其他补助。税收返还是与分税制内容相关的制度设计，前面已经介绍过。专项补助则是上级财政对下级财政下达的一些临时性、专门性的补助，这些补助每一笔数量虽然不大，但是种类众多，一年之中，可达100到200多种。所谓"其他补助"，在2000年以前主要是指原体制补助，是为了部分保留分税制以前各地方对中央的补助和上解关系而设立的，数量不大。2000年以后，中央财政加大了转移支付的力度，设立了数量大、种类多的为实行地区均等化的转移支付，例如一般性转移支付、税费改革转移支付、增加工资转移支付等等以及2002年以来设立的所得税基数的税收返还。在这里统统归于"其他补助"，不免分类过粗，但由于这些转移支付并非此文讨论的重点，所以在此从简。

在三大类转移支付补助中，税收返还的比重是随着时间的推进而不断下降的，这与分税制的制度设计有关系。随着中央自2000年开始下达多种转移支付补助，专项补助的比重也迅速下降。1994年这两大类超过了转移支付总量的90%，十年之后，税收返还的比重由1994年的61%下降到2003年的18%左右，专项补助的比重也由31%下降到23%左右。其他补助的比重则上升到59%。在这59%的份额中，16%是用于补助地方财政日常运转的增发工资补助，7.9%是税费改革转移支付补助，7.3%是用于平衡地区财力的一般性转移支付。也就是说，在"其他补助"的范畴中，大部分都是用于平衡财力的，理论上主要面对中西部地区。由此看来，随着整个转移支付制度的结构性转变，转移支付越来越向中西部地区倾斜了。

但是如果真正分地区进行考察，实际情况却不是如此明显。下面三个图（图5-9、5-10、5-11）分别是分地区的三大类转移支付的年度变化情况，图中的数据都是人均数据。

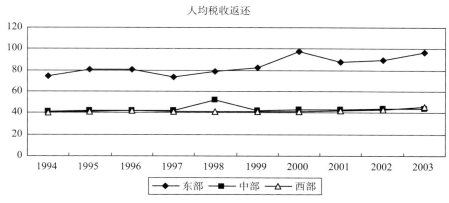

图5-9 东中西部县乡的人均税收返还（元）

人均专项补助

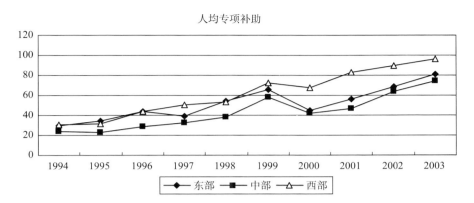

图 5 - 10　东中西部县乡的人均专项补助（元）

人均其他补助

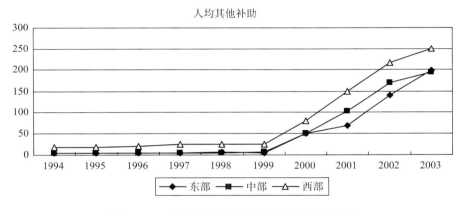

图 5 - 11　东中西部县乡的人均其他补助（元）

　　有意思的是，在这三大类补助中，东部和西部地区"轮流坐庄"，中部地区在每一类补助中几乎都是处于最低位。东部地区的税收返还远远高于中西部地区，而西部地区则得到了最多的专项和其他补助。比较令人惊讶的发现是，中部地区即使在专项和其他补助中，也低于东部地区。2003 年，中部地区的人均税收返还是 44 元（低于东部的 97 元和西部的 45 元）；人均专项补助是 75 元（低于东部的 81 元和西部的 96 元）；其他补助是 194 元（低于东部的 199 元和西部的 250 元），可以说全部都处于下风，这很好地说明了为何中部地区的人均财政支出处于一个最低的水平。

　　至此，我们可以来简要总结一下以上的发现。分税制在集中了地方财政的收入、提高了中央财政占财政总收入的比重之后，通过税收返还和转移支付补助的形式来弥补地方财政的支出缺口。从全国总的形势来看，基本是成功的。但是分地区来看，则存在着比较严重的地区不均衡现象。这无疑与分税制制度设计的初衷是有差距的。所以我们可以说，分税制实行十年以来，提高"两个比重"和"国家能力"的目的基本达到了，但是弱化地区间因发展速度带来的财力不均、公共服务水平不均的问题却不但没有能够解决，反而在一定程度上更加严重了。这主要是指中部地区严重落后于东部和西部地区而言。

这只是分税制的直接效应，还不包括这个制度的间接效应。转移支付虽然分配不均，但是从经验现象上来看，东中西部的实际差距要比转移支付的地区差异大得多。东部地区的税收返还比重虽然在逐步减小，中西部地区接受的均等化转移支付的比重虽然在逐步加大，但是地区间的公共服务水平却有天壤之别。东部地区的政府大量投资于基础设施建设，修路架桥、盖豪华学校、医院，号称"一百年不落后"，而中西部地区的政府则维持日常运转尚有困难，有许多地区的教育医疗、水利交通更是每况愈下，这难以用转移支付的分配情况全部加以解释。正如我们在综述文献时所指出的那样，单纯的讨论财政的收入、支出和转移支付的分配，只是财政的一个方面即"财"的方面，要真正全面理解这些收入分配背后的影响因素，还应深入到政府行为的层面即"政"的方面。分税制作为一次意义深远的制度变革，在集中财政收入、加强转移支付的同时，还对政府和企业的关系以及地方政府的预算外收入产生了巨大的影响，这在很大程度上重新塑造了过去十年来地方政府的行为模式。

分税制是改革开放以来最重要的一次财政制度改革。通过这个改革，中央财政有效提高了"两个比重"，增强了财政调节经济发展和收入分配的能力，规范了中央和地方的关系，走出了中央和地方就财政收入的再分配不断讨价还价的困境。与此同时，分税制改革对中央和地方关系、区域间关系以及政府和企业的关系也产生了重大而深远的影响，这些影响在分税制实行十年以来逐步呈现出来。

首先，在中央和地方的关系上，中央财政的实力以及所谓的"国家能力"不断加强。中央财政不但独立于地方财政，而且地方财力的近三分之一需要中央财政拨付转移支付进行补助。通过这种先集中财力、再进行补助的方式，中央实际上掌握了对财政收入的再分配权力，加强了中央权威，比较彻底地消除了财政上"诸侯割据"的潜在危险。另一方面，通过设立独立于财政、垂直管理的税收征管系统，在一定程度上解决了改革前"利税"不分、地方政府"藏富于企业"的老问题，能够有效地保证经济增长带来的收益被国家财政分享。与此同时，地方政府尤其是中西部地区的地方政府在财政上对中央的依赖性也大大增强。分税制实行以来，中西部地区的地方政府可支配财力中中央补助所占的比重不断提高，中部地区有些县市这个比重超过 50%，而西部的有些贫困地区中央补助能够高达地方自身财政收入的 10 倍甚至 20 倍。在这些补助中，专项资金占了相当大的比例，这些专项资金分配的随意性较强，所以在这些地区，"跑项目、跑专项"的"跑部钱进"成了地方财政工作的一项重要内容。

其次，在东中西部的区域间关系上，分税制对地区间的财力平衡也起着越来越深刻的影响。通过本文的分析，我们发现，认为分税制是造成中西部地区基层财政困难的原因的说法有一定的片面性。分税制虽然通过税收共享从地方政府集中了收入，但是转移支付制度又将大部分集中的收入拨付到地方政府进行支出，所以说地方政府由于税收分享造成的财政缺口大部分得到了弥补。但是，由于转移支付的分配存在区域间的不平衡，使得地区间的财力差距不但没有越来越小，反而呈现出逐渐拉大的趋势。从全国趋势上来看，在过去的十年里，东部地区靠工业化、西部地区靠中央补助使得人均财力都有明显而迅速的增长，唯有中部地区基层政府、尤其是县乡政府的人均财力增长缓慢，也与东部与西部的差距越来越大，这说明转移支付制度还有待于进一步完善。

最后，在政府和企业的关系上，分税制产生了间接的、潜在的影响，这在一定程度上重塑了地方政府的行为模式。分税制之前，企业按隶属关系上缴税收，使得地方工业化带来的收益大部分保留在地方政府手中，这使我们看到自 80 年代到 90 年代中期全国兴盛一时的乡镇企业。众所周知，乡镇企业作为一种集体产权的企业组织，其竞争能力在很大程度上来自于地方政府的大力扶持。分税制改革之后，所有企业的税收都要与中央分享，而且税收系统独立于地方政府，这导致地方政府能够从企业中得到的财政收入大为减少，办集体企业的热情迅速下降，我们看到了 90 年代中期以后乡镇企业大规模转制的现象。虽然对乡镇企业的转制和衰落有各种各样的解释，但是财政体制变革的影响无疑被大为忽视了。在企业税收收益减少的情况下，地方政府开始寻求新的收入增长方式，所以十年以来我们看到的几种现象可以在一定程度上用分税制来加以解释，这包括农民负担的迅速增加、地方扩大基础设施建设的政绩工程的勃兴、土地开发和土地转让高潮的出现。这三种现象带来的收入，包括农村的提留统筹、建筑业过热带来的巨额营业税、土地转让收入或者属于地方税收、或者属于预算外或非预算收入，中央均不参与分享。由此我们看到，分税制在集中企业收入的同时，将地方政府的关注重点"驱赶"到了另外一些领域，即农民负担和城市化，当然这也可以说成是地方政府在现行分税制制度安排下主动寻求的一些行为模式。

在这些新的行为模式中，农民负担和土地转让的收入都属于预算外和非预算的范畴。与高度集权化的预算内资金管理体制相比，这些资金的管理是高度分权化的。对于下级政府非预算财政资金的总量，上级政府也无从确知。所以对于地方政府而言，"软预算约束"的现象不但没有通过分税制得到解决，而是更加严重了。预算外和非预算资金可以说是地方政府的"第二财政"，这个财政几乎没有真正意义上的预算约束，地方政府不但用来补充预算内的实际支出，甚至将部分资金调入预算内充当预算内的税收收入。走遍全国，我们看到无论东中西部的基层政府预算内财政总是处于一种"吃饭财政"的状态，其财政收入几乎全部用于行政事业人员的工资支出，在许多地区连办公经费都付诸阙如。但是预算内财政并非地方政府财政的全部，许多地区的地方政府拥有巨大的预算外和非预算财政资金。在这种"二元财政"的结构之下，中央政府对预算内财政愈加规范，地方政府对预算外财政就愈加重视。所以在这种情况下，分税制带来的财政集权并没有起到真正的规范地方财政行为的目的。我们看到，过去描述的所谓中央与地方"一放就乱、一收就死"的关系在最近几年里已经不再适用，中央尽可以加强规范、集中收入，但是地方政府和地方经济并不会因此被"管死"，而是不断挖掘出新的生财之道。所以，分税制带来的集权效应并非全面而有效的，除了集中了部分地方的预算内收入之外，最多只能算作"表面集权化"。所以如果只讨论分权和集权的优劣之处而不讨论预算约束，对于中国这样一个大国来说意义是非常有限的。

第六章　县乡财政危机

从宏观数据上看，分税制的实行和转移支付体系的建立比较彻底地改变了中央和地方之间的关系，财政格局由改革前"自收自支"的局面变成为巨大的财政资金先由中央集中、再由中央流向地方的"一上一下"的过程。这个过程对于基层政府的财政以及依赖于财政状况展开的各种政治和行政行为产生了实质性的影响。从本章开始，我们将逐步展开讨论分税制以后地方政府行为的变化。这里的分析逻辑简单明确，即分税制改革带来的一系列制度变化导致了地方政府财力结构的变化，为了适应这些变化，地方政府的行为取向也逐步转变，这构成了我们理解当前经济和政治形势的基础。

县乡的财政体制

中国的财政体制是所谓"下管一级"的体制，即中央与省、省与地市、地市与县、县与乡镇分别制定两级政府间的财权和事权的划分办法。这意味着中央不会对省以下的政府间财政体制进行过多干预，而最基层的县与乡镇间的财政体制也甚少受到来自中央、省、地市的直接干预，有着相当大的自由度。这种"下管一级"的办法实际上决定了中国政府间财政关系的基本分权格局。但是，中央和省之间的财政体制对于下辖各级政府间的体制起着示范的作用，下级政府间的体制通常会与中央与省之间的体制大致相似。同时，中央与省之间财政体制的变化，会引起省级政府财政状况的变化，这种变化又会逐级通过重新制定或者调整与下级政府的财政体制而向下传递，间接地影响到基层政府之间的财政关系。"下管一级"的办法是与中国地域辽阔的国情紧密相关的，它能够使得政府间关系保持一定程度的弹性，既可以与中央

"保持一致"，又可以根据各地的实际情况"因地制宜"。

1994 年分税制改革的影响正是通过这种间接的方式逐级向下传递，影响到各地基层政府间的关系。但是这种影响在经过政府的层级之后，在基层政府间会产生比较复杂的变化，以至于与上级政府间的体制"貌同神异"；同时，由于中国各地区间的巨大差异，更使得基层政府间的体制在形态上千差万别。这为我们研究和讨论基层的县乡财政关系带来了更大的挑战。为了保持分析逻辑上的一致性，我在此后的几章中将中西部与东部的情况分开讨论。在此章和后面两章中重点讨论中西部的状况。

基数包干法

在分税制之前，各级政府间普遍采用的是中央与省之间的"财政包干制"，县乡之间也是如此。县与各乡镇之间一般实行指标任务式的"一揽子包干法"，在包干的基础上对于超额完成任务的和不能完成任务的乡镇分别采取奖励和惩罚的措施。这种体制每隔三到五年要进行一次调整，主要变化的就是包干任务和超收、欠收的奖惩办法，另外对于支出责任也可能会根据实际情况的变化进行一些相应的调整。下面我们从包干任务的分配、超收和欠收三个方面来讨论这种体制。

包干的"任务"通常被叫作包干"基数"，超收、欠收都是相对于"基数"而言的。在一个县里，各乡镇间的包干基数各不相同。基数主要包括各种纳入预算管理的税收收入，也可以叫作"收入基数"，其大小主要根据一个乡镇的常规性税收决定。每当体制进行调整的时候，收入基数一般是按照上一个体制周期的平均收入或者按照前三年的平均收入确定，然后根据本周期内相应的税基变化有所损益。例如一个乡镇在上一周期内通过招商引资引入了一个企业，或者兴办了一个集体企业，其增加的税收会在新周期内纳入基数的计算。在新周期内，基数一旦确定，一般是不会变化的。如果一个乡的基数被确定为 100 万元，则在今后的三到五年内基数都按 100 万元计算，是个固定的包干数。但是，许多县的情况更加复杂一些。对一些比较发达的乡镇，县还会在基数之上再下达一个"任务数"，虽然基数在体制周期内不变，但是任务数却是按照一定的比例增长的。所以县对发达乡镇的包干实际上是比较复杂的"双重包干"：既包固定的"基数"，又包逐年增长的"任务数"。

如果实际完成数超过了基数，则这个乡镇就会有"超基数收入"，如果还超出了"任务数"，则还会有"超任务数收入"。如果实际完成数不能达到"任务数"但是超过了"基数"，则该乡镇就只有"超基数收入"而没有"超任务数收入"；如果连基数也完不成，那么这个乡镇就属于欠收乡镇了。为了鼓励乡镇增收，县乡财政体制中对于这些不同的情况一般都会有相应的奖励和惩罚措施。这些措施一般有以下几种情况：

"超收分成"。对于超基数收入和超任务数收入，县级财政与乡镇财政按照一定的比例进行分配，一般是县级拿小头，乡镇拿大头。如果细致来观察，超基数收入和超任务数收入的分成比例也会有所不同。

"超收全留"。这是说乡镇可以全额留下超基数收入和超任务数收入。在有些情况下，乡镇可以留下全部的超任务数收入，但是超基数收入部分则和县级财政进行分成。

为了更加形象地说明这些复杂的体制，我们可以用下面的图6-1来表示这种包干制：

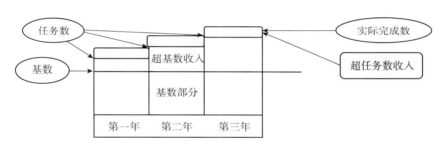

图6-1　包干制示意图

从图中可以看出，对于一个连年超收的乡镇而言，总收入（也就是实际完成数）由三部分组成：基数部分＋超基数收入＋超任务数收入。根据对于超收收入的分配办法，我们大致可以将县乡间的财政包干体制初步分为"超收分成"体制和"超收全留"体制。那么，基数部分在县乡间的分配又是按照什么原则进行的呢？那些"欠收"的乡镇如何分得自己的收入呢？

这需要引入乡镇的支出责任来进行说明。对于超收乡镇而言，其超收部分中属于自己的分成是县级财政的奖励，可以自由支配其用途。基数内的部分则要按照"支出基数"与县级财政进行划分。

支出基数是按照乡镇的日常支出规模确定的。一般而言，财政的支出责任可以总结为"三保"，即"保工资、保运转、保建设"。保工资就是要保证行政和事业两大类部门工作人员的工资发放；保运转则是要为各行政和事业部门配备日常办公经费，这些经费包括办公用品、会议、差旅、招待费用等等，一般是按照财政供养人员数来配备；保建设则是指一些常规性的公共维修和建设项目。在中西部的大多数乡镇地区，"三保"的任务基本上只能做到"两保"，即保工资和保运转。事实上，大部分地区县对乡镇的基数测算的主要依据就是工资总额和日常运转费用。在财力比较困难的县乡，保运转也难以做到，日常经费也不纳入支出基数。

对于超收的乡镇，其收入的"基数部分"一般是大于支出基数的。在大部分县乡财政体制中，这部分差额被划分为县级收入，要由超收乡镇"上解"到县级财政，与超收分成部分划归到县级财政的部分一起，被称为"体制上解"。这样，对于超收乡镇而言，其实际完成的收入就按照上述的体制被划分成两个大的部分，一部分是"体制上解"，由收入基数内的大于支出基数的部分与超收分成中的县级部分组成；另一部分是自留收入，由基数内的支出基数部分与超收分成中的自留部分组成。

对于欠收的乡镇，情况要更加复杂一些。这些乡镇的支出基数一般大于其收入基数。为了保证其日常的工资和运转支出，县级财政要对这些乡镇进行补助，称为"体制补助"，其额度就是支出基数与收入基数的差额。这样的乡镇如果某年超收了，那么超基数收入按超收分成或者超收全留的办法进行分配，"体制补助"照样按照基数差额下拨。如果欠收，则"体制补助"也是全额下拨，但是对于那部分由于欠收导致的支出差额，县级财政通常不予额外补助，以作为对于欠收乡镇的惩罚，这叫作"欠收不补"。这样，这些乡镇的实际收入就是其实际完成数加上体制补助数，因为欠收不补的缘故，总额仍然小于其支出基数。差额就需要乡镇自己想办法解决了。

综合上面的分析，我们可以用一个更加复杂的图示来表示县乡直接的财政包干体制，见图 6-2：

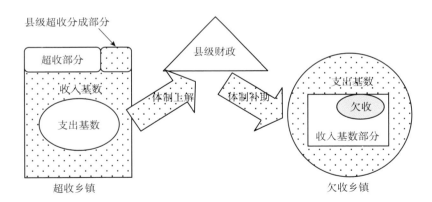

图 6-2　县乡直接包干制

图中带黑点的阴影部分分别用来表示超收乡镇的体制上解和欠收乡镇的体制补助。超收乡镇中的留白部分表示其自留的收入，这包括其支出基数和超收分成中的自留部分。欠收乡镇的留白部分表示其实际完成的收入数，加上体制补助部分（黑点部分），就是其可以支配的收入，用于弥补支出基数。

如果该乡镇有欠收（即完不成收入基数时的灰色部分），那么其从财政体制中得到的收入加上其本身收入基数部分后，仍然小于其支出基数。

从上面的描述中，我们可以鲜明地看到财政包干体制在县乡间的表现形态。激励作用是非常明显的，对于超收乡镇而言，增大超收部分所得的收入全部是可以自由支配的"活钱"，而对于欠收乡镇而言，完成收入基数就意味着不必东拼西凑地去填补支出基数。这个体制对于我们理解乡镇政府的行为有很大的帮助。

这个体制体现出的是一种与企业管理类似的激励模式。这正是戴慕珍提出的"地方国家公司主义"的微观运行机制的核心，是政府"公司化"的主要动力之一。在地方的实践中，乡镇政府要实现自己可支配收入的最大化，并非一味地以收入最大化为目标。因为在这种包干制下，在一个体制周期内收入的快速增长会提高下一周期内的收入基数和收入任务数，这会造成下一体制周期内完成任务的难度，并造成自身收入的减少。因此，乡镇政府的行为策略是应该与乡镇政府官员的任期制结合在一起理解的。如果一个官员为了博取很快的晋升，他可能会尽全力增加其任期内的财政收入；如果一个官员预期到自己会在相当长的一段时间内留在本乡镇，则他可能会对收入增长的速度进行"控制"。至于如何"控制"，我在本章后面的部分会详细介绍。而对于县级政府来说，这种周期性的对基数和任务数的调整使得在增加乡镇增收激励的同时，又能保证县级财政的收入不会大幅度减少，并且会在下一周期内实现快速的增长。另外，通过调节超收分成的比例，县级政府可以对增收较快和较慢的乡镇进行刺激，比如通过加大这个比例，就可以鼓励乡镇多超收；通过缩减这个比例，又可以在一定程度上集中乡镇的收入或者"劫富济贫"。

层层分税制

分税制规范了中央和省级政府之间的收入分配办法，结束了每隔几年甚至每隔一年就要分别谈基数、谈分成比例的讨价还价，中央和省级的收入划分体制一劳永逸地固定了下来。但是，省以下的财政体制却没有发生相应的变化，一直到今天，各级政府间还是要每隔三到五年就要重新调整财政体制。那么，分税制对基层政府间的体制到底有没有影响？有一些什么样的影响呢？

我们知道，分税制与包干制最大的不同在于"分税"，即对不同的税种采用了不同的税收分配办法，而且彻底改变了过去按照企业隶属关系划分税收的办法。例如就增值税而言，全国所有工业企业，无论其所有权性质如何，无论其归哪一级政府部分所有，无论其所在地在何处，都是按照中央和地方

75∶25 的比例进行分配。这种"一竿子捅到底"的办法实际上在一定程度上突破了原有的"下管一级"的财政体制，使得从省到县和乡镇都要对中央共享税收的分配办法作出反应。同时，过去的"一揽子包干法"也难以为继，因为对于中央分享的增值税和消费税就不能再纳入地方基数包干的范围。在这种形势下，省以下各级政府也不得不改变其过去的财政包干体制来适应分税制带来的变化。由于中央并没有对省以下的财政体制作出明确的规定甚至是指导意见，所以各地政府的调整办法也不尽相同。但是总的趋势是很明显的，即由过去的"一揽子包干法"逐步变成了形态各异的"分税包干法"。

所谓"分税包干"，就是分税种进行包干。对于省级政府而言，其本级所属的大型工业企业的增值税和消费税被中央按照分税制方案划走绝大部分之后，本级的财政收入锐减，不能够满足其支出需要。在这种局面下，中西部地区的许多省份仿照分税制的设计，与省以下的财政单位也开始实行分税种的收入分享制度。这种分享我们可以称之为"省内分税制"。

"省内分税制"有各种各样的形式。例如江西省指定了八个地方税种进行共享，这八个税是资源税、土地使用税、印花税、土地增值税、个人所得税、房产税、遗产税及证券交易税。对于省内县级及以下所有单位产生的这八项税收，省、地市和县按照 40∶10∶50 的比例进行划分①。四川省也实行了"八税共享"，不过分享的税种却与江西省不同。在四川，这八个税是增值税、营业税、个人所得税、契税、印花税、土地使用税、房产税和资源税。其中增值税是中央地方共享税收，所以省与下级财政单位分享的是此税 25% 的地方部分。省与地市之间一般按照 35∶65 的比例分享。这种"省内分税制"非常可能导致各地区和市级财政单位亦步亦趋地实行"地市分税制"，即地市与县及以下单位也会划分一些共享税收。我们可以将这种层层共享税收的体制称之为"层层分税制"。表 6-1 展示了层层分税制的具体内容。

表 6-1　以成都市为例的"层层分税制"（%）（＊为"八税共享"之税种）（2009 年）

	中央	省	市	县级财政单位		合计#
				中心城区	（郊区县）	
增值税＊	75	8.75	6.5	9.75	（16.25）	100
消费税	100					100
营业税＊						

_____

① 中经网 2002 年 12 月 11 日"每日要闻"：五大因素导致县乡财政危机。见 http：//search. js. cei. gov. cn/004_ zhnews/search/detail. php？id＝343。

其中：金融企业营业税		100			100
其他企业营业税		35	26	39	（65）	100
企业所得税	60		16	24	（40）	100
个人所得税 *	60	14	10.4	15.6	（26）	100
契税 *		35	65	0	（65）	100
印花税 *		35	26	39	（65）	100
土地使用税 *		35	26	39	（65）	100
房产税 *		35	26	39	（65）	100
资源税 *		35	26	39	（65）	100
其他税收			40	60	（100）	100

#合计数不包括郊区县，因为郊区县只是和中央、省分享税收。

此表内容来自作者在成都市财政局的访谈（2009）。

　　表中带 * 号的税种就是省与下级共享的税种。表中的企业所得税和个人所得税在 2002 年"所得税共享改革"以后，60% 被划为中央收入。从表中可以清晰地看到，成都市与其下属的中心城区之间是按照 40∶60 的比例划分了除契税外的所有税种。对于契税则是将省划走之后的剩余部分（65%）全部划分为市级税收。这样，八个税种中（契税除外）除了中央划走的之外，省、市、中心城区之间实际是按 35∶26∶39 的比例进行分配。对于各郊区县，市级财政不参与收入分享。我们可以看到，这些郊区县只是与中央和省在进行分配。

　　由此我们可以推想，"层层分税制"不会只向下延伸到县级为止，县和乡镇之间也很可能会进行分税种的税收分享。根据作者 2003 年和 2004 年在湖南、重庆、吉林、江苏四省所做的县乡财政的调研，可以发现这种情况的确比较普遍，但是各地之间有着很大的差异。具体情况见表 6 - 2。

表 6 - 2　四省的"层层分税制"（%）（2002 和 2003）

省		湖南		重庆		吉林		江苏	
县	湘潭	南县	丰都	铜梁	辉南	九台	宜兴	无锡
				洋桥 清水		卡伦 木石河		

税种	级次										
增值税	中央	75	75	75	75	75	75	75	75	75	75
	省						12.5	12.5	12.5		
	地市										
	县							3.75	12.5	25	18.75
	乡镇	25	25	25	25	25	12.5	8.75			6.25
营业税	省				40	40	50	50	50		
	地市										
	县				35	30			50	100	40
	乡镇	100	100	100	25	30	50	50			60
企业所得税	中央	60	60	50	60	60	60	60	60	60	60
	省										
	地市	12	12				16	16	16		
	县									40*	16
	乡镇	28	28	50	40	40	24	24	24		24
个人所得税	中央	60	60	50	60	60	60	60	60	60	60
	省	12	12		16	16	16	16	16		
	地市										
	县				4					40*	16
	乡镇	28	28	50	20	24	24	24	24		24
农业税	省										
	地市										
	县		100						100	100	
	乡镇			100	100	100	100	100			100
耕地占用税	省			40							25
	地市										10
	县	100	100		50						20
	乡镇			60	50		100	100	100		20

契税	省							
	地市							
	县	100	100					
	乡镇				100	100	100	100

　　此表反映的是 2002 和 2003 年的情况。由于材料的限制，表中只列出了最重要的七个税种的分享情况。中央分享的是增值税（75%）、企业所得税和个人所得税（60%）。省级分享的内容各不相同。其中湖南省分享了企业所得税和个人所得税的 12%；重庆在丰都县的材料中显示分享了耕地占用税的40%，在铜梁县的材料中显示分享了营业税的 40% 和个人所得税的 16%；吉林省则分享了四个税种，分别是增值税（12.5%）、营业税（50%）、企业所得税（16%）和个人所得税（16%）；江苏省分享的最少，来自无锡县的资料显示省级政府分享了耕地占用税的 50%。

　　在这四个省中，地市级的政府很少参与分享，只有江苏省无锡县的资料显示地市级政府分享了此地耕地占用税的 10%。

　　县级参与分享的情况也比较复杂。在湖南省，两个县没有分享其下属乡镇的工商税收，南县是将农业税全部作为县级收入，而湘潭则是将税费改革前的农业税基数作为县级收入，将税费改革后的农业税增量留在乡镇一级[1]。在重庆，铜梁县的资料显示县级财政在两个乡镇分别分享了营业税的 35% 和30%，在其中一个乡镇还分享了耕地占用税的 50%；在吉林的辉南县，县级政府没有按照税种分享乡镇的收入，而在九台县的两个乡镇，分别分享了增值税的 3.75% 和 12.5%，又将一个乡镇的全部农业税划为县级收入。与前面三个省相比，江苏省的县级财政集中乡镇收入的力度明显要强得多。在宜兴县，县级财政集中了全部 25% 的增值税、100% 的营业税、40% 的企业所得税和个人所得税、100% 的农业税；在无锡县，县级财政分享了 18.75% 的增值税、40% 的营业税、16% 的企业所得税和个人所得税以及 20% 的耕地占用税。

　　"层层分税制"鲜明地展示出分税制对于省以下政府间财政关系的影响。中央政府虽然只是规范了与省级之间的税收分配关系，但是却如"一石激起千层浪"般地使得省以下各级政府纷纷进行分税种的税收分享改革。分税种的收入分享是在世界上尤其是发达国家普遍采用的财权划分体制，许多国家

---

　　[1]　2003 年全国推行的税费改革的中心内容是将各种收费或者取消、或者并入农业税统一征收，这样农业税的总量出现一个较大的增长。税费改革将在本书第七章详细讨论，此处不在展开论述。

以利为利：
财政关系与地方政府行为

都通过立法明确了各级政府在各种税收上所应占的分享份额①。但是中国在分税制影响下所形成的全国范围的税收划分体制却具有明显的区域差异。我们看到，在分税制的效应向下传递的过程中，地方政府不断扩大税收分享的范围，从增值税扩展到所得税，又扩展到营业税、耕地占用税等许多税种，虽然分享的种类、比例五花八门，但是税收层层向上集中却是一个普遍的趋势。这与分税制前逐级向下包干形成了鲜明的对比。与大部分中西部省份相比，我们看到发达的江苏省显示出的趋势有所不同。表 6-2 显示，江苏省的省级和地市级政府几乎没有参与县乡级的税收分享，这可能与其发达的城市经济有关。而县级财政却表现出比大部分中西省份更强的集中收入的力度，乡镇政府的财权几乎大部分被集中到了县级财政。我们将在后面的章节里集中讨论沿海发达地区的这种财政状况与城市化和土地开发之间的关系。

分税包干法

另一个值得注意的方面是，地方政府间的"层层分税"与中央和省级政府间的分税制有很大的不同。其最重要的差别在于，越到基层，包干制的做法越普遍，只不过是变成了分税种分别进行包干，这在县乡财政体制的调整中表现得尤为突出。

具体而言，基数包干法仍然是县乡财政体制中最常用的体制，只是原来的一揽子收入基数变成了按税种划分的许多个基数。一般来说，税收基数被分成增值税基数、一般工商税收基数和农业税收基数三个大类。在有些地区，由于地方的某些工商税收也被上级分享，所以会更加细致地划分成诸如所得税基数、营业税基数等等。每一种基数对应着相应的"超基数收入"和"超任务收入"部分。在我们的实地调研中，发现"超收分成"、"超收全留"以及"欠收不补"等财政包干的关键词语仍然是分税包干法下的最常用办法。从表面上看，这些分税制后和新体制与原来的旧体制并没有什么重要的差别，只是计算更加复杂而已。但是，在影响下级政府的激励和行为取向方面，新旧体制之间实际上极为不同。

分税包干法的关键之处在于，对于不同的税收基数，其超收分成的部分存在着极大的差别。以增值税和农业税为例作一下对比就一目了然了。假设某乡镇的增值税基数和农业税基数同为 100 万元，超收留成的比例同为 80%。那么如果两个税种的超基数收入均为 10 万元，则农业税超收部分乡镇可以留下：

① 详见齐志宏（2003），《多级财政体制比较研究》，中国财政经济出版社。

$$（110 万元 - 100 万元） \times 80\% = 8 万元$$

增值税由于要参与中央的分享，则乡镇可以留下：

$$（110 万元 - 100 万元） \times 25\% \times 80\% = 2 万元$$

即使增值税超收部分可以全留，也只不过留下 2.5 万元，远不能与增收的农业税部分相比。由此我们得知，对于那些参与了与中央、省、地市分享的税种，县乡财政的边际收入要远远低于没有参加分享的税种。既然基数包干法是一种对下级财政激励最强的体制，那么这种体制在分税包干法下就变成了对那些没有参与上级税收分享的税种的最强激励。与此同时，那些参与分享层级越多、上级分享比例越大的税种，激励就越弱。

基于这种分析，我们就可以进一步细致讨论层层分税制和分税包干法对于基层政府行为的影响了。由表 6-1 和表 6-2 得知，增值税的分享力度最大，如果省和地市也参与分享的话，县乡财政连增收的 25% 也得不到。增值税主要来自工业企业，这是财政包干制下地方财政增收的最重要的支柱，各地大办乡镇企业所能够增加的最重要的收入就是增值税。但是在分税制之后，增值税变成了对于地方政府来说成本最高、边际收益最小的税种。在广大的中西部地区，1994 年以后乡镇企业纷纷转制或者倒闭，由以前的税收大户摇身一变成了地方财政的负债大户。其他的各种地方工商税收情况比较复杂，由于分享方案多种多样，我们也无法进行更加细致的分析。可以肯定的是，在 2002 年所得税分享改革之后，企业所得税和个人所得税的基数包干法的激励作用也相应地一落千丈，其他税种如营业税对地方的激励作用相对更强一些。在县乡财政的各种税种中，唯一比较稳定的、能够 100% 留给地方的就是农业税收，这些税收包括农业税、农业特产税、屠宰税等。在广大的中西部地区，由于工业化相对落后，农业税收本身就是县乡财政的主要组成部分之一。在分税制之后，在层层分税的作用之下，农业税收就变成了县乡财政增收的支柱。这不但带来了 90 年代中期以来中西部地区县乡财政的危机，也带来了日趋严重的农民负担问题。

县乡财政的危机

在本书的上一章，我们系统分析了与分税制改革配套进行的转移支付体系的建立和不断完善。我们得到的基本发现是，虽然从全国的总量上来看，中央集中的税收收入大部分都作为税收返还和转移支付下拨到了地方乃至县级财政，但是从结构上来看，转移支付既存在着地区上的不平衡，也存在着拨付方式上的缺陷。从地区上来看，中部地区的县乡财政得到的人均转移支付是相对最少的；从拨付方式上看，虽然西部地区得到的转移支付并不少，但是大部分是以专项转移支付的形式下拨的。专项转移支付不是财力性的补助，不能担负起"保工资、保运转"的支出责任，而且这些资金的分配、使用都不能由基层财政做主。从时间上来看，财力性的转移支付直到 2000 年也只占到转移支付总量的 10% 稍多一点，完全不能够对分税制后县乡财政的缺口起到真正的弥补作用。

"层层分税制"迅速向上集中了财力，"基数包干法"又对下级财政的增收施加了巨大的压力，而转移支付又没有迅速到位。这就是分税制推行之后中西部地区的县乡财政面临的基本局面。基层财政的困难最直接地表现为 90 年代中期以后迅速变得异常突出的农民负担问题。

对于农民负担问题，学术界除了谴责地方官员的贪婪之外，很快就注意到了这个问题的实质并非基层官员的集体道德败坏，而是和基层的财政状况有关系。一项较早的研究利用零散的实地材料指出，农村稳定和农民负担问题的根源在于县乡的财政状况出现了恶化的趋势[①]。此后学术界和政策研究界展开了大量的关于地方基层财政的研究。研究发现，中西部地区的县乡财政普遍属于"吃饭财政"，即几乎全部的财政支出都是用来支付财政供养人员的工资。比较权威的数据来自国务院发展研究中心于 2002 年对湖北、河南、江西三省的三个县和十几个乡镇的实地研究。在这些被调查的乡镇内，绝大部分不能及时发放财政供养人员的工资，有许多乡镇经常是半年期间只能发放一个月的工资。即使只按工资支出来计算，几乎每个乡镇也都面对巨大的财政缺口，用作者的话来说，这些地区已经即使是"吃饭财政"也谈不上，是典型的所谓"讨饭财政"[②]。另外根据作者本人在 2003 年和 2004 年于黑龙江和湖南的调查，一年之内只发 2—3 次工资的乡镇占了大部分。在回答有关"你认为最困难的工作任务是什么"的问题时，绝大部分乡镇领导的答案都是"找钱发工资"。工资的拖欠严重影响了基层政府的士气和工作效率，并且成为新增政府债务的主要原因之一。2002 年国家审计署对中西部地区 10 个省的 49 个县进行了调查，发现截至 2002 年 9 月，有 42 个县（市）（占调查县的 85%）累计欠发国家规定的工资 18 亿元（其中当年 1 至 9 月新欠 1.32 亿元），是 1998 年底欠发额的 3 倍多，并且有愈演愈烈之势[③]。

---

① 赵阳、周飞舟（2000），"农民负担和财税体制：从县、乡两级的财税体制看农民负担的制度原因"，《香港社会科学》秋季卷。

② 陈锡文主编（2003），《中国县乡财政与农民增收问题研究》，山西经济出版社。

③ 见国家审计署审计长李金华在第十届全国人民代表大会常务委员会第三次会议上《关于 2002 年度中央预算执行和其他财政收支的审计工作报告》，2003 年 6 月 25 日。

普遍而大规模的工资拖欠显示出当时县乡财政的危机。一般而言，"保工资"是基层财政尤其是乡镇财政的首要责任。之所以叫作"吃饭财政"，就是因为其中心任务就是发工资。工资能否及时发、拖几个月发，都直接涉及到乡镇领导的名声和乡镇工作人员的士气。再者，工资拖欠是最容易引发人员上访的因素，而上访是所有乡镇干部工作中的"大忌"。上访和计划生育的"超生"一样，对乡镇干部来说是"一票否决制"，即全年的工作做得再出色，只要发生上访就将全年的工作成绩全部抹掉。另外，在绝大多数县和乡镇，工资发放的大头是中小学教师，一般会占到工资支出的一半以上[1]。而拖欠教师工资对于地方政府来说也是一项易于受责的工作失误。总而言之，拖欠工资是县乡财政困难的最明显的标志。

但是，从另一方面来理解，全国中西部地区普遍性的工资拖欠似乎尚有令人不解之处。我国的财政预算实行的是"平衡预算"，无论是中央还是地方各级政府都没有明显的财政赤字，所以单从预算上看，拖欠工资是看不出来的。就像工资拖欠这个现象本身是靠实地调研揭示出来的一样，工资拖欠的真实原因也要靠实地的调研才能回答。

虚假收入

根据审计署 2002 年对中西部 10 个省、市的 49 个县（市）财政收支状况的调查，财政收入"水分"较大是一个最为突出的现象。2001 年，49 个县（市）中有 45 个虚增预算收入 6.74 亿元，占当年预算收入的 16%。另外，人为隐瞒赤字也非常普遍。截至 2001 年底，49 个县（市）中有 37 个（占调查县的 75%）累计瞒报赤字 10.6 亿元，为当年决算反映赤字 7.2 亿元的147%[2]。根据国务院发展中心对中西部三省三县的实地调查，财政收入的"水分"更加巨大。在县乡两级的财政收入中，其虚假部分低的 13%，高的竟达到 60%[3]。根据作者在黑龙江省八个乡镇的调查，情况更加严重。某乡 2001 年的实际工商税收完成 126 万，而实际上只有 60 多万，水分高达 50%。如果挤掉这部分水分，则此乡 2001 年实际的可支配财力只有 249 万，而工资支出总额为 303 万，发工资就远远不够了。为了说明这种"水淋淋"的财政收入并非此乡的个别现象，我们列出了另外一个乡自 1998 到 2001 年的工商税收完成情况表，见 6 - 3。

---

① 陈锡文主编（2003），《中国县乡财政与农民增收问题研究》，山西经济出版社。

② 见国家审计署审计长李金华在第十届全国人民代表大会常务委员会第三次会议上《关于 2002 年度中央预算执行和其他财政收支的审计工作报告》，2003 年 6 月 25 日。

③ 陈锡文主编（2003），《中国县乡财政与农民增收问题研究》，山西经济出版社。

表6－3　黑龙江某县某乡工商税收完成情况表（1998—2001）（元）

年度	任务数	完成数	虚收入	摊派收入	实收入	实收入比例（%）
1998	472000	493624	195000	28100	270524	57
1999	343000	343812	206000	5000	132812 *	39
2000	383000	382726	180000	36000	166726 * *	44
2001	421300	487398	160000	5000	322398 * *	77
98－01	1619300	1707560	741000	74100	892460	55

* 年终决算数含契税3960元　　* * 年终决算数含罚没、特产税、契税等

　　表6－3是我在调查中在一个偶然的机会下看到的。表中的"完成数"又叫作"实际完成数"，除了2000年，"实际完成数"都比"任务数"高出一点，可算得上是"超额完成任务"。但实际情况是，"完成数"中又有"虚收入"、"实收入"和"摊派收入"之分。所谓"摊派收入"是指乡镇政府强行向各村"摊派"完成的工商税收任务数，至于各村是如何完成的我们不得而知，想必也和乡镇政府的"完成"办法差不多。"虚收入"就是水分了，筹集的方法有多种，我们将于后文详述。表中最后一栏列出了"实收入"占"完成数"的比重，按照1998—2001年的合计数来算是55%，如果我们勉强将摊派收入也当作实际的工商税收，则实际完成60%，水分达到了40%。我们无法在每个乡都得到这种秘不示人的材料，在大部分乡只能通过访谈来获得线索。极端的例子也有，在我们调查的另一个乡，工商税收任务数是26万，而实际完成只有2万多，这样水分就超过了90%。

　　值得注意的是，在目前的制度安排下，这些虚假收入并非只是一些"数字"，而是一笔笔必须上解到县财政国库的真实资金。虽然这些资金中的大部分都会被县财政当作乡里的工资款拨付下来，用俗话说"羊毛出在羊身上"，但是乡镇政府必须先筹集到足够的财政收入上解才行。在这种情况下，乡镇政府不得不"各出奇谋"，想尽办法来调用、转借其他的资金以填补财政收入的"亏空"，因为如果财政收入达不到基数，县财政的工资补助收入也不会全额下拨。一种比较常见的办法是，是将一笔非预算资金"调入"预算内作为财政收入上缴县国库，县财政再把这笔资金当作预算内的财政支出（例如工资）拨付给乡财政，这样一笔非财政收入实际上是被当作财政收入在县乡之

间"转"了一圈,所以有些地方财政干部将这种办法称为"空转"①。用于"空转"的资金来源多种多样,有不能算作财政收入的预算外资金,有从农民手里收来的各种收费,还有银行的贷款或者民间的高利贷②。随着农民收费的减少和银行惜贷,用于空转的资金越来越依赖于民间的高息借贷。

至此为止,我们对工资拖欠问题有了一个明确的答案,即乡镇政府通过筹借资金"完成"了财政收入的包干基数,在上缴县级财政、又得到县财政拨付的工资款之后,必须先拿出一部分去偿还调用、转借和借贷来充作财政收入的资金,这样才导致了工资的拖欠和乡镇财政运转的困难。如果不能及时偿还,便形成了基层政府的负债。这样,乡镇政府就陷入了一个两难的境地:如果要及时全额发放工资,就会形成负债,而且由于借款多来自于企业和民间,不偿还就丧失了"信用",以后就会告贷无门;如果要及时全额还清贷款,工资就发不了,而"保工资"是乡镇领导的第一要务。实际的运行策略是,工资发一些,旧债还一点。结果工资拖欠避免不了,债务也越积越多。

乡镇负债

关于乡镇负债的研究有很多,主要发现乡级债务大多为政策性负债,即90年代搞农村合作基金会和发展乡镇企业留下的债务。我们的发现是,这两个因素固然是目前乡镇债务的主要组成部分之一,但是值得注意的是,"讨饭财政"在"虚假收入"之下不断运行的结果会累积新型的、由目前的财政体制造成的常规性债务。这至少在某些地区的乡镇的确存在。我们下面来看具体乡镇的债务和债务结构。

表6-4 黑龙江某县四乡的债务结构(累计至2002)(万元)

乡镇	债务总额	合作基金会	银行	个人	企业	集资	财政周转金	村委会	欠乡经管站	欠发工资	其他
两合	1152		726	42		48	75	114	23	89	35
银河	737	30	561	10	23		63	12	14	8	16

① "空转"在实践中有许多种复杂的衍生形式,具体见张敏、关春(2003),"对财政决算中存在假平衡真赤字现象的剖析",《当代审计》第6期;马俊勇(2002),"乡镇财政'空转'的手段和对策",《财税与会计》第4期。
② 王振东(1999),"虚增收入手法有哪些?",《中国审计》第10期;田萍、张进(2004),"透视乡镇财政亏空",《决策与探索》第2期;刘盘根、李新涛(2000),"虚假财政收入的危害与对策",《财税与会计》第10期。

乡镇	债务总额	合作基金会	银行	个人	企业	集资	财政周转金	村委会	欠乡经管站	欠发工资	其他
高山	308	43.2		42	8.7	14		42.4	2	76.6	79.7
前头	530	90	36	64	65		30	137	108		
合计	2727	163.2	1323	158	73.7	62	168	305.4	147	173.6	95.7

上表列出了某县四个乡的债务结构情况。按照债权主体，我们可以粗略地将债权方分为两大类，一类是合作基金会和银行、信用社（银行、信用社在进入新世纪后极少给乡镇政府发放贷款），这方面的债务主要是政策性的负债，而且主要集中在90年代；另一大类则是财政运转过程中的零散欠债，这类欠债鲜明地显示出乡镇财政"四处讨饭"以维持财政运转的特点，我们可以将其称为运转性负债，综合成下面的简单表格：

表6-5　一个简化了的乡镇负债结构表（累计至2000）（万元）

乡镇	债务总额	政策性负债	运转性负债	运转性负债（％）
两合	1152	726	426	37%
银河	737	591	146	20%
高山	308	43.2	264.8	86%
前头	530	126	404	76%
合计	2727	1486.2	1240.8	46%

从四个乡总的情况来看，运转性负债已经占到债务总额的46%。这显示出分税制推行之后几年内基层政府债务的特点。我们调查的两个乡的干部告诉我们，仅仅为了维持人员工资的支出，即完成"保吃饭"的任务，乡镇每年就要累积接近100万的新增负债（这些债务中也包括弥补虚收缺口、日常办公开支和一些非办不可的公益事业，如小学危房改造等等）。这些借债大部分来自于表6-4中的第5栏和第6栏，即乡镇政府出面向个人、企业借款。值得注意的是，这种借款的利息非常之高，东北俗语叫作"抬款"，是典型的高利贷。我们在访谈中得知，有民间的个人竟然能够通过向政府放贷而发家致富。这类高利息的贷款已经占到债务总额的8%，占到运转性负债的19%。

因"讨饭财政"而债务缠身的乡镇政府并没有什么偿清债务的动机，反而有强烈的不停靠借债和"还了旧债借新债"以保证吃饭和运转的动力，因为靠银行信用社贷款和从农民身上收钱这两条路现在都难以走通。虽然债主众多，但是乡镇干部自有对付的办法。在黑龙江的调研中，一位镇长讲述了他的办法：

> 一般一到年底，镇政府会来许多要债的人。我有什么办法还？我又变不出钱来。他们来了，我就给他们讲：你们看看这里有什么好拿的，直接拿走抵账算了。（笑）有什么好拿的？除了几张破桌子椅子，啥都没有。他们总不能把这房子拿走吧？房子是堂堂的政府办公地点，谁敢要？（调研人员问：房子外面不是有辆汽车吗？）汽车？那车早就不是镇政府的了！告诉你，我们早就把车卖给司机了。说是卖，其实也不用给钱，我们干部每天坐他的车，就当作租车费两相抵消啦。他们要账，谁敢把司机的车弄走？那是私家车啊！

在另外一个乡，乡长和乡财政所长给我讲述了另外一个乡镇与债主斗智斗勇的故事：

> 财政有一个预算内收入账户，其实就是乡财政的国库（在中国人民银行）。乡财政所通过这个账户将资金拨到乡政府所辖的各部门的账户上（在商业银行开户），例如乡政府（行政）、教育、计生等等。乡政府的账户就是政府行政人员工资、日常支出的账户（预算外收入和支出如果不用转账的形式就根本不用走政府账户）。这些账户每隔一段实际就会有国库拨付的用于发放工资的财政支出资金。
>
> 债主要不到钱，就会在相邻的邻县起诉该乡镇。一般不能在本县起诉，因为根本执行不了。法院判决以后，一个执行的办法是严密监控乡政府的账户。只要有资金到账，就会提走抵债。因为如果银行有"内奸"的话，或者消息有任何走漏，被债主知道，法院会立刻封掉账户。当然这是在法院愿意立即执行的条件下。按照乡长的说法，如果债主在法院"有人"，债主就可以和法院"串谋"。因为不知道法院会在什么时候突然封掉账户，所以政府的账户从来都不敢按常规使用，只是在里面放几百块钱，但是不会把账户清掉，清掉了就没有办法开支。对这种局面，乡政府也是应对有方。经常是由乡财政所一手拿着转账单，一手拿着提款单去银行，不敢将钱在账户上过夜甚至作短暂停留，立刻将钱提出。另外一个办法是与外县的法院"串谋"，法院提前通知政府将钱提走，然后再查封账户，变成了双方"作秀"来"糊弄"债主。账户一旦被封就不能用了，在这种情况下，乡财政所会将政府开支拨到其他事业部门的账户上，例如教育的账户上，从教育账户上提取现金支出。这样，在这个法院、银行、乡政府和债主四方参与的"游戏"中，最终的失败者很可能是债主。

这个故事听起来比较荒唐，但却是真实发生的事情。虽然讲述者略带炫耀，但是乡镇财政的窘况也可见一斑。

既然借债是为了吃饭和工资，还债也自然是从财政支出中开支，然后再借新债。这样一来，乡镇政府即使不搞什么公共建设和公共服务，只是开门上班，也会年复一年地债台高筑而且偿还无期。我们将以上的运作机制画出一个简图如下：

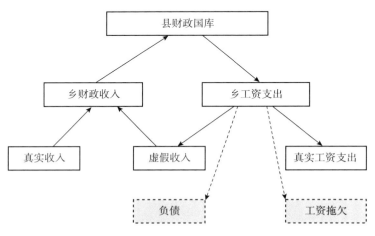

图6-3　乡镇财政运作机制

这是乡镇财政和县财政之间的真实运作机制。我们将此图与本章开头的"财政包干图"（图6-1和图6-2）进行对比，就可看出体制与体制下真实过程的差异。图中的"虚假收入"包括通过各种方式挪借来的资金，这些资金以"空转"的形式作为乡镇的财政收入流入了县财政国库，再通过支出的方式流回乡镇财政用于工资支出。这样做的主要原因就是为了完成"收入基数"以得到相应"体制补助"，而且表面上维持了收支平衡，乡镇领导的基本政绩也得到了保证。但是，这些挪借来的资金是要还的，否则乡镇政府就失去了"信用"，很难继续挪借到资金进行空转。但是这"一上一下"产生的利息就变成了乡镇政府的新债务。"空转"的轮次越多，加入"空转"的资金规模越大，乡镇政府的新债务就越多。这些债务一部分用各种名目"挂"到乡镇政府的负债账目上，另一部分则表现为工资的拖欠。在"层层分税"和"分税包干"的压力下，虚假收入的重要性也在不断增加。这些压力的相当大的一部分转嫁到农民头上，构成了严重的农民负担问题和农村税费改革的基本背景。

第七章　基层政权的"悬浮"状态

　　农民负担，指的是农民对国家所要负担的税、费、劳务以及各种摊派。在传统社会，这些一般被叫作赋役。农民负担这个词语在 90 年代中期以后被频繁使用，成为"三农"问题的中心概念之一。2002 年开始的农村税费改革正是日益繁重的农民负担问题所引发的。本章主要讨论农民负担的主要表现以及其中所蕴含的关键问题，介绍农村税费改革的主要思路和措施及其引发的农村基层政权的新变化。

农民负担的历史和现状

　　农民负担问题之所以非常重要，因为它直接关系到乡村社会的稳定。在中国的传统政治中，这也是一个中心的问题。历代的王朝兴衰更替，除了外族入侵是一个直接的外部因素之外，沉重的农民负担导致民不聊生是重要的内部因素。历代统治者都极为重视农民负担问题，被看作是"国之大本"①。
　　农民负担一方面关系到民生，另一方面则关系到国家的财政状况。在传统社会，国家主要的财政收入都来自于农民，因此这对矛盾显得尤为突出。司马光说："天之生财赋也有限，不在官则在民"。政治的清明与否往往表现在农民负担的轻重程度上。清明的政治往往能在很大程度上做到轻徭薄赋，国家财政虽然不够丰厚，但"藏富于民"，百姓衣食无忧；而昏聩的政治则或

①　唐主持实行"两税法"的杨炎说："夫财赋，邦国之大本，民生之候命，天下理乱轻重，皆由焉。是以前代历选重臣主之，犹惧不集，往往覆败。大计一失，则天下动摇。"（《旧唐书》一一八本传）。其他类似言论，多见于经国大臣之言论。

因为国家聚敛、或因为穷兵黩武、或因为贪官污吏，百姓既因搜刮而穷，国家财政也因之最终陷于困境。自清末以来，随着工商业和对外贸易的发展，农业税收已经不是国家财政收入的主要部分，其份额逐渐下降。民国以降，农业税收不再上解中央，成为地方政府尤其是县乡政府的主要财政收入来源。这虽然有利于农民负担的减轻，但是另一方面，由于地方基层政治在很大程度上依赖农民负担，这也成为中央政府越来越难以控制的一个问题。

新中国建立以后，农民负担问题发生了很大的变化。50年代初期，建立了国家对于粮食及其棉花、油料等作物的统购统销体制，又通过农村合作化运动建立起人民公社的生产和基层组织制度，改变了农民负担的基本形式。这个时期农民除了要上缴农业税之外，还要完成粮食征购任务，即以国家规定的征购价格将粮食卖给国家。这是带有强制性的"卖"，所以实际上是国家向农民以购买形式征收的"暗税"。农民以征购价格售卖农产品，再以国家规定的价格购买向农村销售的工业品，形成了所谓的工农业产品的价格"剪刀差"。剪刀差的存在，与国家通过压低农产品价格加速实现重工业化的发展战略有关。自1953年至1978年，农业税为897.6亿元，占农业国民收入的5.4%，而国家通过统购统销获取的牌市价差额为2800亿元，约占同期农业国民收入的17%[①]。除此之外，村庄集体的开支（包括生产大队、生产队的管理费、公积金、公益金）也是农民负担的组成部分，所以总量应该不少于农业国民收入的30%。在这段时期，虽然农民负担非常沉重，但是由于农村土地的所有权、经营权以及收益分配的权力都在村集体，无论是农业税、征购粮还是集体费用都是从粮食产量中先行扣除，然后才在社员中进行分配，所以征税难、征购难的问题并不突出，农民个人对于如何交纳这些负担没有参与和控制权。

自1978年农村改革，实行联产承包责任制以后，情况发生了新的变化。"包产到户"的中心内容是将土地的经营权和收益权分配到农户手中，因此农民负担的征收成为新问题。"包产到户"下分配制度的标准概括是"交够国家的、留够集体的、剩下的是自己的"，其中"国家的"部分包括农业税和粮食定购任务，"集体的"则是村集体的管理费、公积金和公益金，这是农民负担的主要部分，此外还包括农业劳动力每年20~30天的义务工劳动。随着农村地区粮食市场和粮贩的出现，以及粮食由统购统销的"统购"转变为"定

---

① 由于估计方法不同，剪刀差的总额在学者间分歧较大。在此采用武力先生的计算，其他的估计，可以参见王耕今等（1993）和崔晓黎（1988）。详见武力（2001），"1949—1978年的中国'剪刀差'差额辨正"，《中国经济史研究》第4期；王耕今和张宣三主编（1993），《我国农业现代化和积累问题研究》，山西经济出版社；崔晓黎（1988），"统购统销与工业积累"，《中国经济史研究》第4期。

购",农民有了一定的售卖粮食的自由。国家粮食定购价格逐年提高,以至80年代中期以后出现"倒挂"现象,即粮食的定购价高于粮食的市场价,农民所要担负的粮食"暗税"基本消失了。随着包产到户后粮食产量的增长和"暗税"的消失,大部分农村地区基本上解决了温饱问题。另外,随着80年代中期以后乡镇企业的兴起和繁荣,基层的县乡财政也没有出现严重的困难局面,所以,虽然农业税、集体费用等需要从农民手中挨家挨户征收,但农民负担基本不是突出的问题。

90年代中期以后,随着分税制的推行和乡镇企业的转制、倒闭,中西部地区的县乡财政出现了比较大的困难,农民负担问题也日益突出起来。发展到90年代后期,各种收费过多过重而造成的农民自杀、群体上访恶性事件成为媒体中最为常见的报道之一,已经成为威胁到农村社会稳定的一个严重问题。

这个时期的农民负担可以概括为"税、费、工、三乱"四个部分:

(1)"税"的部分一般叫作"农业五税",包括农业税、农业特产税、屠宰税、契税(与农业有关的部分)、耕地占用税。其中农业税相当于传统社会的田赋或者"正项"部分,一般按照田亩征收,约占粮食产量的4%至5%,税率较低。农业特产税是指种植经济作物所要交纳的税收,屠宰税是农民进行生猪养殖、售卖屠宰时所交纳的税收,一般会转嫁到养猪户头上进行征收。在农民负担严重的地区,甚至有按户摊派征收屠宰税的现象。契税和耕地占用税一般按交易发生和耕地占用的情况征收,一般情况下不会按户摊派。

(2)"费"的部分一般叫作"三提五统"。"三提"是指村集体的"三项提留"费用,即村干部的管理费以及村庄的公积金和公益金,分别用于生产积累和村内的社会福利。"五统"叫作"五项统筹",是指乡镇政府征收的费用。之所以叫做"五统",是因为这些费用是以乡镇政府内部五项公共开支的名义收取的,这五项公共开支分别是教育附加、计划生育、优抚、民兵训练、乡村道路建设。"三提五统"是自1991年国务院颁布的《农民承担费用和劳务管理条例》开始后征收的,本条例颁布的目的是规范农民负担,防止基层政府向农民乱收费,但是经过了几年之后,这种规范后而合法化了的收费变得不可控制,成为农民的主要负担。为了进一步进行规范,国务院又在1998年颁布了新的文件,规定这些费用不得超过农民纯收入的5%。

(3)"工"的部分包括"两工",分别是"农村义务工"和"劳动积累工",主要用于植树造林、防汛、公路建设、修缮校舍、农田水利基本建设和植树造林。按标准日计算,每个农村劳动力每年承担10至20个劳动积累工。这些义务劳动经过村集体批准可以以资代劳,在许多地区变成每个工收取10元至15元不等的负担。

　　（4）"三乱"的部分就是所谓"乱收费、乱集资、乱罚款"。农村地区的集资收费几乎没有标准可循。县乡部门、乡村干部往往以公共事业的名义任意制定集资收费的标准，其中办学、修路、农田水利都是集资收费的主要名目。在这些项目中，农民或直接被摊派交费，或者无偿出劳力，家庭缺少劳力或不愿出劳力的农户则要交钱替代。农村的诸项公共事业如交通水利、教育医疗等等往往靠农民交费承担，以至于有些农民说，现在的道路是"农民自己出钱修路"，现在的教育是"农民自己出钱办教育"。在三乱的背后就是地方官吏的贪污和腐败。在这段时期，农民对于基层政府和基层干部的印象之坏到了极为严重的地步。

　　对于这些农民负担的总量和结构，并没有权威而完整的经验数据。这主要是因为"三乱"的部分几乎没有可能收集到准确的数字，而"三提五统"的真实数量也很难调查得到。根据国家统计局农村调查总队的数据，1997 年全国农民人均三项负担性支出（包括缴纳税金、上缴集体承包任务、提留摊派额）为 108 元，约占农民人均纯收入的 5.2%[①]。根据农业部 1999 年全国六省十二县 820 个农户的抽样调查数据，人均的农民负担总量在 100 元左右，约占农民人均纯收入的 7% 左右，其中农业税、三提五统和集资收费分别占负担总量的 29%、58%、13%[②]。其中集资收费的"三乱"部分肯定是被低估了。从"税"和"费"两部分来看，三提五统恰好是农业税的两倍。

　　根据作者参与的国务院发展研究中心在 2001 年对于湖北襄阳、河南鄢陵和江西泰和三地的调查，湖北襄阳县 2000 年的人均纯收入为 1383 元，人均负担为 389 元，人均税费负担占到农民人均纯收入的 28%。其他两县这个比重则分别占 9% 和 8%。调查农民负担问题最大的困难就是得到真实的数字。农民负担水平最容易被低估和瞒报，而人均纯收入则容易被高估和夸大。在这次调查中，湖北襄阳的数字更加真实一些。

　　从结构上来看，"税负倒挂"是更加严重的问题。所谓"倒挂"，是指收入水平越低的农户的相对负担越重。这主要是因为农民负担大多按亩计算，有些地区的乡统筹按人计算，而农民的收入水平却决定于其是否有非农业（如打工）的收入来源。我们来看下表 7－1：

---

① 孙梅君（1998），"农民负担的现状及其过重的根源"，《中国农村经济》第 4 期。
② 赵阳、周飞舟（2000），"农民负担和财税体制：从县、乡两级的财税体制看农民负担的制度原因"，《香港社会科学学报》秋季卷。

表 7 - 1 以不同产业为主的农户负担情况（1997）

来自非农产业收入占家庭经营总收入的比重	绝对负担额（元）	人均交纳的工商税收（元）	相对负担率 * （%）
30% 以下	237.6	1.9	15.7
30% - 50%	156.2	4.7	9.9
50% - 70%	156.5	9.1	9.2
70% - 80%	114.9	11.5	6.4
80% 以上	109.2	17.3	4.9

* 指人均农民负担占农民人均家庭经营纯收入的比重

数据来自国家税务总局，本表来自陈锡文主编（2003）：《中国县乡财政与农民增收问题研究》，山西经济出版社，第 118 页。

根据国家统计局农调总队的数据，我整理出表 7 - 2：

表 7 - 2 不同收入水平农户的相对负担率（1996）

农民人均纯收入	相对负担率（%）
400 ~ 500	16.7
800 ~ 1000	8.7
1500 ~ 1700	6.7
2500 ~ 3000	4.9
4500 ~ 5000	2.8

资料来源：孙梅君（1998），"农民负担的现状及其过重的根源"，《中国农村经济》第 4 期

上述两个表中显示出来的趋势非常一致。从表 7 - 1 来看，纯农户要比兼业农户交纳更多的绝对负担，这主要是因为纯农户所经营的土地面积相对较大的缘故。农户从事工商业活动或者外出打工，所负担的工商税收相对较少，但非农收入却是农户收入的最重要的组成部分。在非农收入日益增长的情况下，农民负担成为一种农民从事农业生产的"惩罚性"税负。

总而言之，负担过重、税负倒挂、费大于税成为农民负担的重要特征。这构成了 2002 年开始的税费改革的主要背景。

税费改革

2000 年初，中央政府在安徽省进行农村税费改革的全面试点，2002 年，农村税费改革试点工作已经在全国 20 个省份全面展开。2003 年在此基础上，在全国范围内推开此项改革。

农村税费改革试点的主要内容是：取消乡五项统筹和农村教育集资等专门面向农民的收费和集资；取消屠宰税和除烟叶特产税以外的农业特产税；取消统一规定的劳动积累工和义务工；改革村提留征收使用办法；调整农业税和农业特产税政策。简单而言，税费改革可以总结为"三个取消和一个调整"。

总的来看，除了农业税被保留之外，几乎所有的提留统筹和集资收费都被一概取消了，农民不必再向政府缴纳除正规税收之外的任何收费。但与此同时，农业税的税率有所调整。改革前农业税的税率一般在3%左右，改革以后将税率提高到7%[1]，同时在此基础上再征收相当于农业税数量20%的附加税收，称为"农业税附加"。这样，农业税正税和附加税加在一起，占农业常年产量的8.4%，这就是改革以后的新农业税的税率。

农业税税率之所以有较大的提高，是为了部分弥补停止各种收费后对地方财政带来的负面影响。其中的农业税附加部分主要用于弥补村提留取消之后村级组织的开支，由县乡政府征收以后返还给村庄使用。农业税正税中的增加部分主要用于弥补乡镇统筹和各种集资（主要是教育集资）取消之后乡镇政府的收入缺口。这种制度设计遵循的是"并费入税"的思路，与"一条鞭法"和"摊丁入亩"异曲同工。但是，由于改革前"费"的总量要远远高于税的总量，所以税率的提高只能部分弥补因停止收费而带来的收入缺口。在这种情况下，中央政府采取了另外的措施来弥补地方政府的开支。

2003 年财政部出台了《农村税费改革中央对地方转移支付办法》，对中西部地区[2]的农村进行补助，这笔补助的名字就叫作"农村税费改革转移支付"。在此之前的 2002 年就发放了 245 亿，2003 年又发放了 305 亿。2003 年

---

[1] 这个税率的基数是以农业粮食常产（一般三年平均）计算，不像三提五统那样以农民的纯收入来计算。虽然表面看来，税率比较高，但是由于农民收入多以副业为主，所以实际的税率并不高。但是这也带来了农户和兼业户税赋轻重不均衡的现象，具体论述见田秀娟和周飞舟（2003），"税费改革与农民负担：效果、分布和征收方式"，《中国农村经济》第 9 期。

[2] 税费改革转移支付的对象不包括北京、上海、广东、江苏和浙江。实际上，中央许多财政补贴和转移支付都不包括这五个省市，要求他们用自己的自有财力解决。有时还加上福建和山东，所以这些地区被戏称为"五省俱乐部"或"七省俱乐部"。

当年全国在改革后的农业税正税总量为 338 亿元。也就是说，中央政府发放了与农业税总量规模相当的税费改革转移支付。按照《转移支付办法》，转移支付的补助方向主要包括乡镇支出、村级支出和农村义务教育三项内容，也就是说，全部用于乡村两级的支出。按照中央政府的设想，"并费入税"带来的农业税增加部分、农业税附加部分，再加上税费改革转移支付，这三个部分共同填补由于税费改革造成的乡村两级的财政缺口。三个部分加在一起，以 2003 年的总量计算，约 700 亿①，如果我们只粗略计算除"五省俱乐部"以外的农民，则平均到每个农民头上，总在 100 元左右。这基本相当于改革前农民负担的总量。也就是说，税费改革虽然取消了各种收费，但是制度的设计通过三个途径基本弥补了因为改革带来的地方财政缺口。按照这个制度设计，中央政府出钱、农民受益、地方政府也维持了收支平衡，是一个皆大欢喜的改革。

2004 年，中央政府推出了更加雄心勃勃的改革计划，决定自 2004 年起逐年降低农业税的税率，在五年左右的时间里彻底取消农业税。对于由此带来的地方财政的缺口，采用与税费改革相似的办法进行转移支付补助。地方政府对此政策的响应十分热烈，到 2004 年底，除五个省份以外，其他所有地区都宣布将在 2005 年底就彻底取消农业税②。至此为止，税费改革及农业税取消政策在理论上彻底将农业负担一降而为零。从国家和农民的关系上讲，这个改革的确具有革命性的意义。在中国历史上，农民第一次可以合法地不再缴纳"皇粮国税"，从而也有希望摆脱地方官吏的摊派和盘剥。

从表面上看，税费改革的主角是两个，即中央政府和农民。中央政府付出了巨大的财政资金来补偿因为改革带来的财政缺口，农民则直接从中受益。但从改革的执行和后果来看，真正的主角是地方政府。虽然按照改革的设计，地方政府能够维持改革前的财政收支状况，但在实际过程中，农村地方政府，尤其是县乡村三级政府和组织却受到了前所未有的巨大冲击，其中尤以乡镇政府为甚。

首先是乡镇政府的职能和角色开始受到普遍的质疑。作为五级政府中最低的一级，乡镇政府在改革前的实际职能被概括为"三要政府"，即"要钱、要粮、要命"，分别是收取税费、定购粮和开展计划生育。定购粮自 90 年代后期已经基本名存实亡，而计划生育工作也随着社会发展和人口素质的提高变得不那么困难，最困难的"要钱"任务则被税费改革一举取消。在这种形势下，有学者和政策研究人员提出应该取消乡镇一级政府，或者将其作为县

---

① 农业税 338 亿元，农业税附加 67 亿元，税费改革转移支付 305 亿元，总计约为 710 亿元。

② 地方政府之所以如此积极，一个原因在于逐年降低税率的办法操作起来十分困难。征收成本不会随税率降低而降低，另一方面，由于农民预先知道税率下降，在缴税上也容易引起混乱。

级政府的派出机构。

其次，中央和地方基层政府的关系、尤其是县乡村的关系正在发生深刻的变化。税费改革以前，基层政府的财政主要依靠地方税收（包括地方的工商税收和农业税收）、各种摊派和收费。对于大部分中西部地区的农村而言，收入结构的特点是费大于税、农业税大于工商税；而改革取消了农村收费和农业税之后，这些地区的基层政府收入开始越来越依靠上级政府尤其是中央政府的转移支付补助。这些补助不但包括税费改革转移支付和农业税降低转移支付，还包括越来越多的名目繁复、数量巨大的专项补助。改革伴随着巨大的财政资金由中央向中西部的地方流动的开始。用政策语言来说，税费改革是"公共财政反哺农村"的开始。

从改革的设计和初衷来看，两个目的是非常明显的。一个是减轻和彻底取消农民负担，另一个是逐步在农村建立公共服务和公共事业体系，即不是靠向农民收钱、而是由政府的公共财政体系来负担地方的公共建设。但是执行的任务非常艰巨：一是要保证农民负担不再反弹，避免所谓的"黄宗羲定律"①；二是要建立有效、公平的公共服务体系。这两个任务的成败却主要取决于位于中央和农民中间的地方政府。更直接而言，取决于地方政府财政收支的状况和财政体系的运行效率。也就是说，税费改革表面看来是国家与农民关系的调整，而实质上改革的关键却在于中央和地方关系的调整。因此，理解新型的国家—农民关系的关键在于我们对地方政府行为的理解。

税费改革前后的乡镇政府财力

农村基层政府的财力主要有三个大的部分计算而来：本级收入（预算内收入）、补助收入或上解支出、预算外收入。其中本级收入是指经过财政体制划分之后属于本级政府的收入；而补助收入则是指上级政府为了弥补本级政府的支出，而拨付的各种补助或者转移支付。通常财政上计算一级政府的"可支配财力"时，采用"本级收入＋补助收入－上解"的办法，这也等于本级政府的预算内支出的总量。预算外的收入和支出通常单独计算，所以

---

① 黄宗羲定律是指对于大多数的"并费入税"式的财政改革而言，虽然短期效果很好，但"中长期效果却无例外地与初衷相反。原因很简单：原来税种繁多时虽有官吏易于上下其手之弊，但这些税种包括了能够'巧立'的一切'名目'，也使后来者难以再出新花样。如今并而为一，诸名目尽失，恰好为后人新立名目创造了条件。时间稍移，人们'忘了'今天的'正税'已包含了以前的杂派，一旦'杂用'不足，便会重出加派。黄宗羲精辟地把它总结为'积累莫返之害'。"详见：秦晖，"并税式改革与'黄宗羲定律'"，《农村合作经济管理》第3期。

"可支配财力"的概念并不包括预算外的部分，但是实际上，预算外收入无疑是构成政府财力的一个重要部分。

税费改革以前，县乡政府的财力分布情况大致是，东部地区以本级财力为主，还要上解相当大的一部分本级收入，同时得到一部分补助收入；西部地区则主要是以上级尤其是中央的补助收入为主；中部地区的情况则介于两者之间，其能够上解的财力很少，而得到的补助也相对较少，在其财政支出中，本级收入占相当大的比重。预算外的情况也大致呈东中西三个级次分布。东部地区预算外收入巨大，包括各种行政事业性收费和土地开发收入；而中部地区则以收费为主；西部地区的预算外收入总量很小。受税费改革影响最大的，是中西部地区、尤其是中部地区的县乡基层政府。

对于中部地区的大部分县乡政府而言，本级收入和预算外收费是其政府财力的主要部分。在其本级收入中，农业税收是主要的税种，在 2001 年占县乡两级收入的 15% 左右，其他部分则是工商税收①。而预算外收入的部分则没有全国的统计数据。但根据税费改革前的一些研究材料和新闻报道，我们可以看到反映各种收费问题最为严重的就集中在中部地区的省份。

税费改革之后，由于取消了各种农村的集资收费、提高了农业税的税率，同时又设立了中央的税费改革转移支付补助，这使得中西部地区的县乡政府的财力结构发生了明显的变化。其中一个最主要的变化就是预算外收入的减少和预算内收入的增加，由于基层政府的总财力并没有发生大的变化，所以这个变化可以视之为预算内对预算外的替代。

在县乡两级政府中，这种替代效应最明显的又是乡镇政府。因为税费改革取消的收费基本都是乡镇政府的收费项目。我们先来看税费改革前这些乡镇农业税收和提留统筹的情况。

表 7-3　税费改革前一年调查乡镇的农民负担（万元）

省	县	乡镇	农业税	特产税	统筹＋提留	合计
湖南	湘潭	江口	142	24	276	442
湖南	湘潭	射离	195	39	410	644
湖南	南县	龙头	142	27	393	562
湖南	南县	定阳	120	22	295	437

---

① 按照统计，东部地区农业税收占其预算收入的 8%，西部地区约 14%（据财政部编《2001 年全国地市县财政资料汇编》）。东中西部的省份划分按照 1982 年国家计委和统计局的"关于沿海与内地划分问题的通知"，东部 12 个省市自治区，中部 9 个，西部 10 个。

省	县	乡镇	农业税	特产税	统筹＋提留	合计
重庆	铜梁	清水	19	3	32	54
重庆	铜梁	洋桥	84	33	148	235
重庆	丰都	丰池	43	3	247	293
重庆	丰都	张家	61	3	36	100
吉林	九台	东坝河	297	3	570	870
吉林	九台	真伦	227	0	302	529
吉林	辉县	伏安	43	32	82	157
吉林	辉县	跑马乡	86	0	100	186

　　首先说明的是，表中最后一列的合计数反映的是农民负担，并不是乡镇政府的总财力，因为这不包括工商类税收和各种补助与上解。其次，这些农民负担并不是全部的负担，不包括各种乱集资和乱收费，只是所谓"常规"的农民负担。我们看到，除了重庆丰都张家镇外，其他11个乡镇的统筹提留数都高于农业税收数，在丰都的丰池乡，统筹提留数高达农业税收的6倍。总的来看，在这些农民负担中，统筹提留约占三分之二。下面我们再来看税费改革后的情况。

表7－4　税费改革当年的农民负担和转移支付（万元）

省	县	乡镇	农业税正税	农业税附加	农业特产税	转移支付	合计
湖南	湘潭	江口	240	47	12	64	363
湖南	湘潭	射离	355	71	24	171	621
湖南	南县	龙头	228	45	14	56	343
湖南	南县	定阳	169	34	12	49	264
重庆	铜梁	清水	32	8		29	69
重庆	铜梁	洋桥	119	30		53	202
重庆	丰都	丰池	60	12			72

续表

省	县	乡镇	农业税正税	农业税附加	农业特产税	转移支付	合计
重庆	丰都	张家	105	21		52	178
吉林	九台	东坝河	537	107	3	247	894
吉林	九台	真伦	313	62	1	82	458
吉林	辉县	伏安	113	23	21	62	219
吉林	辉县	跑马乡	87	22	34	93	236

对比这两个表，我们就可以看出税费改革的主要内容。特产税有明显的下降，但是农业税和农业税附加有大幅度的上升。一般的乡镇是翻了一番，这和农业税税率提高的程度基本吻合。税费改革转移支付部分是用来补充乡村财力的。但是如果我们对比这两个表的合计数，会发现改革后的财力比改革前的财力有明显的下降。下降的幅度各地不等，但除了重庆丰都县的两个乡镇外，其他乡镇的下降幅度多在30%左右。实际上，由于我们没有计算那些不规范的乱摊派和乱收费，如果计算在内，下降幅度则远不止30%[①]。

乡镇财政的"空壳化"

造成乡镇财力下降的直接原因是转移支付和农业税增加额不足以弥补原来的"三提五统"收费。那么，税费改革转移支付是按照什么原则分配下去的呢？

按照财政部《农村税费改革中央对地方转移支付暂行办法》（财预【2002】468号文件），我们得到：

某地区转移支付额 = 乡镇转移支付 + 村级转移支付 + 教育集资转移支付

其中：

该地区乡镇转移支付 =（该地区乡村两级办学经费 + 该地区计划生育经费 + 该地区优抚经费 + 该地区乡村道路修建经费 + 该地区民兵训练费 + 其他

[①] 需要加以说明的是，我们在这里的计算没有包括乡镇的工商税收和其他的一些预算外收入，这是因为这些税收和收入并不会直接因为税费改革而发生变化，而是受到一些其他因素的影响。如果将它们包括在财力的计算中，我们将难以看出税费改革的直接影响。从上述的分析来看，乡镇财力30%左右的下降幅度是税费改革造成的，但事实上并不这么简单。

统筹支出＋该地区屠宰税减收＋该地区农业特产税政策性减收－该地区农业税增收）×该地区转移支付系数[①]

我们可以看到，乡镇转移支付的计算依据实际上就是原来"五项统筹"的内容。而乡镇转移支付是税费改革转移支付中最大的一个部分。这说明中央对地方计算的时候，实际上是根据地方改革前的乡统筹为基础来计算的。有意思的是，在税费改革前，财政部要求各地上报"三提五统"等农民负担的实际数量，而各地政府因为并不知道这个上报数是为了计算转移支付，反而以为是对农民减负工作的检查，所以大部分上报的要少于实际数。而中央对地方转移支付的测算则是以这些上报数为主要依据。这是我们理解转移支付不足的一个根据。

但更为重要的变化发生在基层。县级政府在向下进行税费改革转移支付时，对事权进行了一些实质性的调整。正是这些调整使得税费改革转移支付有相当大的一部分并没有发放到乡镇政府中去。这些调整中主要的方面包括农村义务教育与乡镇人员工资的发放形式。

2002 年前后，与税费改革的推行相伴随的另一个财政改革是农村义务教育投入体制的改革。这个改革通常被称为"以县为主"的义务教育改革，于 2003 年在全国普遍推开。关于改革的具体内容，可参见笔者的相关研究[②]，在此不再赘述。简而言之，这个改革就是将农村义务教育（主要是小学和初中教育阶段）的投入主体由乡村两级组织变为县级财政。这里"直接"二字是改革的实质。在改革以前，小学和初中公办教师的工资是由乡镇的预算内财力进行支付的，而改革以后，则由县财政的预算内财力直接支付，即县财政直接将工资发放到全县每个公办教师的个人银行账户上去，不再和乡镇财政发生任何关系。从表面上看，县财政的负担增加而乡财政的负担减轻，实际上并非如此。如我们在上一节所述，县乡之间的预算内财力分配是由县乡财政体制决定的。改革以前，县级政府会在体制中为各乡镇安排发放教师工资的财力，而改革以后，则不再安排这一部分财力。一个简单的做法是，各乡镇将原来用于发放教师工资的财力上解到县财政，由县财政直接发到教师个人账户里去。实际上，这些财力本来就放在县级国库里，所谓"上解"，其实就是县财政不再下拨到乡镇而已。从财政上说，发放教师工资不再是乡镇财政的事权，而变成县级财政的事权，所以叫作"以县为主"。改革的主要意

[①]　某地区转移支付系数＝（该地区农业税等四项收入占其财力比重÷全国平均农业税等四项收入占地方财力比重×权重＋该地区人员经费和基本公用经费占其地方财力比重÷全国平均人员经费和基本公用经费占地方财力比重×权重）×中央财政负担系数。

[②]　详见周飞舟（2004），"谁为农村教育买单？——税费改革与'以县为主'的教育体制改革"，《北京大学教育评论》第 2 卷第 3 期。

义在于解决乡镇财政因为自身困难而拖欠、挪用教师工资的问题。这个改革几乎与税费改革同时发生，其间有着潜在的密切关系。

在税费改革转移支付中，有一部分是按照五项统筹中的一项——"乡村两级办学经费"来进行测算的。在全国大部分地区，这一项统筹一般占到"五统"总量的60%①。也就是说，在税费改革转移支付的测算中，这是相当重要的一块。而在实行了"以县为主"改革的地区，县级政府通常把这一部分转移支付资金"切"出来，留在了县里。我们来看南县的税费改革转移支付测算。

南县的税费改革转移支付方案几乎与中央对省的一样。具体如下：

某乡镇转移支付额＝（该乡镇乡村两级办学经费＋计划生育经费＋优抚经费＋乡村道路建设经费＋民兵训练经费＋教育集资支出＋补助村级基本支出－农业税增收）×该乡分配率

按照这个分配公式计算出来的结果如下：

表 7－5　南县税费改革转移支付分配方案（万元）

	龙头乡	定阳乡	全县合计
中央省市县转移支付总额	177.8	151.4	3657
减：屠宰税和农特税	7.7	6.9	155
一、乡镇应分配总额	55.7	49.4	1177.6
1. 补助村级支出	12.8	10.2	271.6
2. 优抚经费	4.1	4.6	84
3. 计划生育经费	10.6	9.5	226.3
4. 五保户补助	20.5	18.9	427.6
5. 乡村道路修建费	7.7	6.2	168.1
二、教育经费	113.1	94.4	2283.4
三、民兵训练费	1.3	0.7	41

---

① 三提五统各自不得超过农民人均纯收入的2.5%，而其中的乡村两级办学经费不超过1.5%。按照国务院1991年颁行的《农民承担费用和劳务管理条例》，"乡村两级办学经费在乡统筹费内所占比例，由省、自治区、直辖市人民政府教育主管部门提出，经同级农民负担监督管理部门审核，报省、自治区、直辖市人民政府批准，并报国务院农业行政主管部门和教育主管部门备案。"以河南为例，《河南省农民承担费用和劳务管理条例》规定，"乡统筹费……不得超过上一年农民人均纯收入的2.5%。其中：乡统筹费内的乡村两级办学经费（即农村教育事业费附加），为上一年农民人均纯收入的1.5%，用于本乡范围内的乡村两级中小学房屋维修、改造，民办教师工资补贴和其他民办教育事业"。

从全县的情况来看，转移支付总额 3657 万元，我们没有得到全县在税改前提留统筹的总数，但是这两个乡的总数可以参见表 7－3。以龙头乡为例，改革前农业税 142 万，提留统筹 393 万，改革后农业税正税和附加合在一起 273 万，增加了 131 万，再加上补助（总补助额见上表第一行）的 177.8 万，共计 308.8 万，前后的缺口是 84.2 万。也就是说，即使总补助额全部下拨到此乡，其因为改革造成的缺口还有 85 万，但实际上即使是这些补助也只有不到三分之一发了下来。

从上表可以看出，龙头乡的 177.8 万转移支付总额中，先扣掉了 7.7 万屠宰税和农业特产税减收的补助，因为这两个税种在改革前算作县级财力，然后又扣掉了 113.1 万元的教育经费和 1.3 万元的民兵训练经费，最后发到乡镇政府手里的只有 55.7 万元。定阳乡的情况与此差不多。

首先需要说明的是，这并不能算是县政府截留了对乡村的转移支付补助。因为根据我们介绍的"以县为主"的教育改革情况①，农村乡村两级义务教育是县财政的主要责任，所以县财政会将这部分转移支付直接转给县教育局而非乡镇政府。同时，民兵训练在南县成为县人民武装部的事权，所以也像教育经费一样，民兵训练经费直接转给了县人武部。

但是这里值得进行更细致的分析。"以县为主"的主要内容是教师工资由县财政统发，而办学的其他费用，如学校运转的公用经费，县财政很少负担，主要由学校直接向学生收取的杂费负担。学校的危房改造等校建开支，则由中央以下层层配套的专项资金负担。"以县为主"除了工资以外，并没有改变这种教育的投入构架。而教师工资的资金，无论在改革前还是改革后，都是由预算内财力负担，并非自预算外的统筹提留费中来。那么，统筹费中的"乡村两级办学经费"到底是用于什么方面呢？

一个是用于乡村两级（初中和小学）学校中的民办教师的工资，另一个则是用于学校的一些日常性的校建，如门窗桌椅、修修补补之类。但是，大部分乡镇政府并不会将这笔经费专门留作办学之用，而是放在乡镇预算外的"大盘子"里"自由"使用。名曰"统筹"，即非专用之意。"三提五统"分项虽细，但主要是充作征收的名目，与支出类型关系并不大。湖南虽然在税费改革前就实行教师工资县级统发，但是并没有要求乡镇上解乡统筹的"办学经费"部分到县财政，也就是说，在改革前，乡统筹的资金是完全属于乡镇的。

那么，县政府为什么就能够"名正言顺"地将转移支付中的"乡村办学经费"留在县里呢？这是因为"以县为主"以后，虽然名义上乡镇政府仍负

---

① 湖南省在税费改革之前就实现了教师工资的县财政统发制度。

责民办教师工资和学校日常运作费用，但这些支出责任实际上已经有名无实。民办教师大部分分布在小学，初中的民办教师非常之少，而小学民办教师的补助按照历来的"三级办学"体制（村负责小学、乡镇负责初中、县政府负责高中），是村级的责任。教师工资统发一般伴随着对民办教师的清退、转正工作，而且是以"清"为主、以"转"为辅。所以在实现"以县为主"后，民办教师的工资支出已经是很小的一部分了。而学校的日常运作则主要依靠向学生收取的杂费，只是在运转十分困难的时候，校长才会去找乡镇政府要求补助。如果是小学，则要先找村长，村里办不成，再和村长去找乡长。能否得到、得到多少，都很难说。而在这种形势下，县政府将转移支付的办学经费留在县里，乡镇政府也难有异词。

在全国范围内，教育事权和财权的上收是与税费改革相伴随的普遍现象。随着工资由县财政统发，乡镇政府也不再负责乡村两级中小学的其他财政性投入。当然这不是说在改革前乡村两级就对学校的运转有大量投入，但是当时的事权和支出责任是在乡镇政府和村级组织。湖南的"以县为主"在税费改革前就已经实施，但是全国大部分地区是紧接着税费改革实行的。黑龙江和湖北都是如此。在我们对黑龙江两个县的调研中，乡镇政府普遍认为自己不再对辖区内的中小学有任何责任，如果有的话，就是保证安全，不出现校舍倒塌和学校内有刑事案件发生。进一步的变化发生在安徽。自2004年开始，安徽省教育厅就开始试点"学区"管理体制，即对农村中小学的投入和管理不但由县教育局统一负责，而且在县域分设学区，学区的划分范围不与乡镇的管辖范围相同。在这种体制下，学校就与乡村政府组织完全脱离了干系，成为独立于乡镇政府之外的组织。

税费改革之后，除了教育，越来越多的县实行乡镇人员工资统发制度。有些县只对行政人员（公务员）实行工资统发，有些县则对全额财政供养人员（包括事业单位）实行工资统发。所谓工资统发，与教育的"以县为主"相似，即县财政不会再将乡镇人员的工资支出下拨至乡财政、而是直接在县财政将工资发放到人员的工资账户里去。与教育改革不同的是，这一部分资金在根据县乡体制计算财力分配的时候仍然算作乡镇财力，如果乡镇完不成财政收入的基数，所要扣减的就包括这一部分。也就是说，工资统发前后，乡镇财力的规模是不变的，变化的是这些财力的分配和使用形式，用通俗一点的话讲，就是"自己的钱由别人花"。在这一点上，乡镇政府开始变得像县级政府的"派出"机构，县级财政变成了乡镇财政的"家长"。这种关系的变化对乡镇财政的独立性和日常运作有着严重的影响。

对于财政和金融机构而言，资金的流动和时间上的延迟是生财和用财的关键因素。独立的一级政府财政的主要意义在于政府可以根据自己辖区内的情况安排预算、斟酌轻重缓急而安排支出。工资支出，看上去虽然像是刚性的、专门的支出款项，但是由于这是财力的主要部分，乡镇政府经常用来应急。工资如果能晚发一个月，资金的运用余地就大大增加，这相当于增加了其政府财力。在税费改革以前，乡镇政府有"统筹费"来调度使用，这相当于基层政府运转的"润滑剂"。税费改革以后，这笔"润滑剂"缩水，乡镇政府必然会挤占、挪用其工资支出来维持乡镇的运转和日常工作。

拖欠工资对于乡镇领导而言有许多负作用，不但会影响自己的声望和形象，而且会影响士气、增加工作难度。所以除非不名一文，乡镇领导不会选择拖欠工资。这是最后的选择。所以这里关键的问题是，乡镇政府挤占、挪用工资资金用来干什么？有些人认为是用来搞达标升级，有些人认为是吃吃喝喝。在我们的实地调研中，乡镇政府反映这些都是不得不做的事情。达标升级则是必须做的事情，因为在目前的各种考核制度之下，完不成指标不但会影响乡镇领导的仕途，也会被扣减相应的乡镇财力。与其最终被扣，不如勉强填补完成，"两害相权取其轻"。吃吃喝喝多是用"招待"的名义，招待的主要是上级政府、机关来的检查工作、实地调研的人员。"管饭"是必须的，否则"达标升级"和各种考核就可能通不过，而其中有多少是铺张浪费则不得而知。但是一般而言，靠拖欠工资来铺张浪费的可能性并不大。

事权上收、工资统发作为税费改革的后果或者配套措施，使得乡镇财政变得越来越"空壳化"。教育是事权上收的始作俑者，而目前正在酝酿中的农村卫生、水利和交通等管理体制的改革也遵循着类似的思路。这些相应事业单位的乡镇人员被清退或者进行"垂直管理"，即由县级的职能局来直接管理其人、财、物。许多部门的"专项资金"① 也开始越来越"绕开"乡镇政府，由县职能部门直接实施。工资的统发制度则实际上将乡镇财政完全"挖空"。全额财政供养人员的工资统发以后，乡镇的财力便只剩下了公用经费和税费改革转移支付，而这两部分的资金分配也逐年减少。

县乡关系的全面调整

与事权上收、工资统发相伴随的另外的变化就是县乡关系全面的重新调整。首先，在对税费改革转移支付的向下分配中，县级政府并不是简单计算财政缺口，而是重新规定支出标准。也就是推翻改革前对乡镇财力缺口的测

---

① 专项资金指的是那些上级财政部门就某些专门的项目拨付的补助资金，这些资金被"戴上了帽子"，不能用于其他的用途。

算，重新制定一套乡镇的事权分配方案。其次，在县乡财政体制对财权的分配中，农业税的征收不再是重点，工商税收变成了原来那些农业乡镇的主要工作任务。

与南县不同，湘潭县是这种做法的代表。湘潭县的《农村税费改革转移支付方案》重新详细计算了原"五项统筹"中每一项的支出标准，从而计算出每一个乡镇的"实际支出需求"。支出需求的具体计算如下：

1. 村级经费的测算标准：

村专职干部按每村四人，每人月均 220 元测算；队组干部工资，按人年均 100 元测算；五保户生活费，按每人年均 500 元测算；村级公用经费，用于报刊费、会议费、办公费等，500 亩以下村每亩 1.8 元测算，500—1000 亩村，按每亩 1.5 元测算，1000—1500 亩村，按每亩 1.2 元测算，1500 亩以上村，按每亩 1 元测算。

2. 乡镇经费测算标准：

1）民兵训练费，按训练任务人数每人每年 850 元测算；

2）征兵经费，按 1999—2001 年年均送兵数每人每年 500 元测算；

3）军功奖励、伤残人员优待补助和春节慰问等，按每个乡镇 8000 元测算；

4）优抚费：按 2001 年底服兵役义务兵实际人数，每人每年 700 元测算；

5）计划生育费：按各乡镇农业人口每人每年 5 元测算；

6）乡村道路维修费：村级道路按照一事一议的原则筹资安排，行政道路除器材费、养路工班人员伙食费等仍由交通部门安排外，按每个乡镇 1 万元标准测算；

7）乡镇敬老院护理人员工资：按每个敬老院 2 个护理人员，每人每月工资 250 元标准测算；

8）防洪大堤补助：按有关乡镇的堤委会人数，人均月工资 300 元的标准测算经费，按堤防长度和维修难度适当安排器材费；

9）水淹区补助：按 1999 年和 2000 年省降低对水淹区补助标准缺额的 73.3% 的比例测算到有关乡镇；

10）县集中教育统筹经费：全县按照新增农业税额的 25.46% 的比例由县到乡镇集中，统筹用于教育；

11）补助照顾。

计算公式：

农村税费改革转移支付额＝乡镇支出需求＋村级支出需求－新增农业税－新增农业税附加和农业特产税附加－县集中农村教育经费统筹

在上述 10 项的"乡镇支出需求"测算中，其基本内容都是改革前的"五项统筹"，而村级支出需求则是"三项提留"的内容。这个方案的主要潜在含义有两个：

第一，通过重新测算支出需求，县政府实际上改变了按照改革前"三提五统"分配转移支付的精神。湘潭县两个乡镇的测算方案列在表 7 – 6 中。我们看到，按照这个测算办法，江口镇的"乡村支出需求"总数是 184 万元，射离镇是 272 万元。而改革前这两个镇的"三提五统"总数分别是 276 万元和 410 万元，测算过的支出需求仅相当于"三提五统"总数的 66%，即三分之二。其含义不言自明：改革前的"三提五统"总量过大、农民负担过重，本来就是不合理的收费，所以转移支付也不必全部补给乡镇。方案罗列细目，计算精细，但是多为估计或臆断。例如民兵训练、征兵经费、乡镇敬老院人员的工资标准，到底是否充足，无从得知。而村级办公费按照亩数计算，也是此县自己的发明。但是这些估计都明显符合上述"压缩"乡村支出的总原则。

那么按照这个测算方案，上级的转移支付下达到乡镇到底有多少呢？

2001 年改革前，湘潭县全县的乡统筹总额为 4760 万元，村提留总额为 1889 万元，合计 6649 万元。2002 年改革以后，农业税新增 3206 万元[1]，上级税费改革转移支付 4355 万元，这两项合计 7561 万元，比取消"三提五统"所造成的缺口还多近 1000 万元。按照湘潭县的分配方案，新增农业税部分全部留在乡镇，向下分配的转移支付是"乡村支出需求 – 新增农业税部分"的差额，即 4289 万元减去 3206 万元，等于 1083 万元。其中还要再扣掉"县集中教育经费统筹的部分" 484 万元，所以向下转移支付的实际数额为 599 万元。具体到江口镇，真正得到的上级转移支付只有 34 万元。所以，通过这种对支出需求的重新测算，县财政留下了超过 80% 的税费改革转移支付。

这种转移支付测算方案的第二层含义更加隐晦。我们看到方案中罗列极细，乡级支出需求分列成 11 项之多，而且大多测算到人均标准，并且有具体的数目，上表中已经备列。这种做法对县乡关系有深刻的影响，其结果是在乡镇政府头上戴上了一个"隐性"的"紧箍咒"。之所以说是"紧箍咒"，是指这些资金（包括新增农业税和转移支付）的支出范围实际上已经被县政府安排出去了。改革前的乡统筹虽然也有各种征收名义，但是支出相对自由得多。而这些新增的补助性财力，用的乡镇干部的话来说，非常之"不好花"。算来算去，江口镇只有 37 万元的"确保乡镇政权机关正常运转"经费可以灵活使用，这与改革前动辄几百万的提留统筹费不可同日而语。之所以说这个紧箍咒是"隐性"的，是指分配方案只是罗列了这些资金的分配依据，

---

[1] 2001 年农业税 2840 万元，2002 年农业税增至 6046 万元，其差额 3206 万元为其新增数。

表7-6　湘潭县税费改革转移支付分配方案（万元）

		江口	射离	全县合计
改革前"三提五统"总额		276	410	6649
乡村支出需求合计		184	272	4289
村级支出需求	村级小计	67.53	98.8	1567
	村专职干部工资	36.96	52.8	
	对组干部工资	4.29	6.35	
	五保户生活费	21.2	32	
	村级公用经费	5.08	7.65	
乡级支出需求	乡级小计	116.19	173.04	2722
	民兵训练费	3.57	5.1	
	征兵经费	1.8	1.85	
	计划生育费	21.29	30.39	
	其中：转移支付	13.43	19.16	
	优抚费	7.35	9.24	
	军功奖励	2.4	4	
	乡村道路维修	3	5	
	敬老院开支	1.2	2.4	
	确保乡镇政权机关正常运转	36.93	47.13	
	其他统筹	13.4	16.9	
	县集中农村教育费统筹	20.01	35.54	484
	大堤维护补助	5.24		
	照顾补助		15.5	
	水淹区补助			

并没有强调乡镇必须按照这个方案安排这些资金的支出。其微妙之处在于，乡镇政府是"可以"灵活安排这些资金的，但是任何时候县级政府都有权力来检查这些资金的使用情况。这些资金不像"专项资金"那样要求严格并配合审计，也不像"一般性财力"那样可以自由安排，是一种介乎两者之间的"半专项资金"。

乡镇预算外收入的减少和转移支付的分配方案实际上的效果是"硬化"了乡镇的预算约束。一方面，将一些有收费项目的支出责任直接上收到县级执行，另一方面，分配到乡镇的转移支付资金都附加了各种条件。在这两个过程中，县财政集中了越来越多的乡镇财力，而乡镇财政的预算权力则被减到了最小化。对于乡镇财政来说，这当然是巨大的代价。而改革之所以能够顺利进行，没有遇到大的阻力，是因为在执行过程中，县级政府采取了一些补偿性的措施。

根据上面的分析，我们知道县级财政通过对乡村支出需求的重新计算和核定而留下了大部分的上级税费改革转移支付。但如果我们进一步追踪这些资金的使用，却会意外地发现，这部分转移支付并没有真正留在县级支出，而是通过另外的形式流到了乡镇。

这个过程是通过重新调整县乡财政体制中的"支出基数"得以实现的。在湘潭县，最近两次县乡财政体制的调整分别发生在1998年和2002年。我们对比两个体制的乡镇"支出基数"的计算就可以清楚地看出这一点。

表7-7　湘潭县两轮财政体制的支出基数，按每人每年平均开支（元）

		1998	2002
在职	全额财政供养人员	5000	9000
	养老保险		2160
	公费医疗		70
离退	离退休	5000	5000
定额（差额）	水利	800	1600
	农技	1200	2400
	国土	600	无
	林业	300	600
	文化	500	1000
	计生	500	1000
	公务费	300	1200
	预备费	1%	1%

上表展示的是两轮财政体制对支出基数的计算情况。新体制比老体制最

大的变化是基数工资（无论全额人员还是差额人员，离退休除外）都翻了一番，公务费（按全额财政供养人员配备）则翻了四倍。那么，这需要增加多少财力才能做到这一点呢？

以射离镇 2000 年和 2003 年的情况为例（我们没有 1998 年和 2002 年的详细资料，所以分别用 2000 和 2003 年的代替，这两年的支出基数测算与 1998 年和 2002 年一致的）。2000 年按照支出基数县级财政给射离镇的拨款是 106 万，而 2003 年的支出基数是 177 万，后者比前者多出了 71 万。如果按每个乡镇平均增加 70 万元支出基数计算，湘潭县共 22 个乡镇将增加支出基数 1500 万元。而全县因为税费改革得到的转移支付为 4355 万元（2002 年和 2003 年都是此数），扣除用于教育的办学经费 2980 万元与向下转移到乡村的 599 万元，还剩下 776 万元。也就是说，县财政除了拿出这剩余的 776 万元外，还要再拿出约 700 多万元以支付乡镇支出基数的增长。

至此为止，我们将税费改革造成的县乡收入和支出的变动基本计算清楚了。这里的结论和我们最初的印象恰恰相反：从表面上看，县级政府截取了大部分的税费改革转移支付，但实际上这些转移支付资金中许多被用来提高乡镇的支出基数，即乡镇政府人员的工资和公用经费。按照对湘潭县的计算，税费改革转移支付的最终分配大致如下：

68%（2980 万元）——归县财政统筹用于教育；

13%（599 万元）——用于补充乡村两级"五项统筹"（实际上教育除外，是四项）的支出需求；

19%（776 万元）——用于提高乡镇政府人员的工资和公用经费。

在其他一些地区，乡镇人员统发工资制度的实行与湘潭县的提高支出基数的做法异曲同工。统发工资一般能够保证这些人员与县级行政事业单位同一级别的人员享受统一的工资标准，而在统发以前，乡镇人员的工资实际上能够发多少，要看统筹费能够收多少而定。提高支出基数或者统发工资是对税费改革取消统筹提留费的一个反应，这种举动与历史上的"养廉银"[1] 制度非常相似。

总结税费改革以后政府间关系的变化，我们发现主要在两个方面。一个是通过对事权和支出责任的再划分，乡镇财政基本上变成了空壳财政，大部

---

[1] 清代雍正年间的"火耗归公"实质上是将预算外收费（即"火耗"或"耗羡"）变成了地方政府官员的"养廉银"。这个改革对于规范地方支出、减轻农民负担有重要的意义。对此详尽完备的研究参见曾小萍（2005），《州县官的银两：18 世纪中国的合理化财政改革》，中国人民大学出版社。

分财政资金都是用于发放乡镇人员的工资，处于"有财无政"的状态；另一方面，乡镇人员的工资比改革前变得更有保障，旨在"养廉"以防聚敛。这对于乡镇政府的行为模式产生了巨大的影响。

乡镇政府行为的新变化

根据我们前面的分析，以"三提五统"为主体的乡村预算外收入的主要功能有四项，即完成财政收入基数、发放工资补贴、维持运转和提供公共服务。随着这些非税收入的取消和转移支付的下达，这四项功能中，乡镇政府人员的工资基本有了保障，公共服务的许多职能正在上移到县级政府，但是完成收入基数和维持运转仍然是乡镇政府工作中的大问题，过去用预算外收入来维持，现在变成了乡镇财政的真正缺口。

在我们调查的地区，县乡财政体制普遍随着税费改革进行了重要的调整，其主要的变化有两个方面。一个是工资统发，这在前面已经分析过，但是在保障工资的同时，县级财政一般并不配置相应的日常运转经费。也就是说，乡镇政府人员的工资虽然有了保障，但是缺乏灵活的财力来维持运转和应对意外事件。财力都是一些"不好花"的"死钱"，有些乡镇政府连会都不敢多开，因为无法支付会议费。另一个方面则是工商税收普遍纳入乡镇政府的收入基数中去，要求乡镇政府保证乡镇工商税收的连续增长。在税费改革以前，县级政府一般对乡镇政府征收农业税收有严格的要求，而改革以后，工商税收成为考核乡镇干部的最重要指标。

要维持运转和完成收入基数，向农民收费或者向村庄摊派在目前税费改革大力推行的时候是不可行的，用有的乡镇干部的话来说，这是踩不得的"高压线"。但是收入任务要完成，乡镇又要开门上班，办法只有一个——借钱。

乡村负债的规模、原因有众多的研究和讨论，本文不再赘述。这里要讨论的是税费改革以来乡镇政府负债的新特点。

表7-8列出了我们调查的三个省六个县共十二个乡镇的负债情况。表中所列是每个省内调查乡镇情况的平均数。由于乡镇个数较少，只看平均数会有一些误差。

表 7 - 8　按来源划分乡镇债务统计（2000 和 2004）（万元）

		运转和公益性支出	乡镇企业	农村合作基金会	合计
湖南	2000 年	51%	22%	27%	1416
	2004 年	53%	23%	24%	1674
重庆	2000 年	28%	57%	14%	761
	2004 年	39%	48%	13%	590
吉林	2000 年	27%	32%	41%	485
	2004 年	52%	23%	25%	899

　　这个表列出的是调查乡镇在 2000 年和 2004 年的累计负债情况，是按照债务用途分类的。表中最后一栏是乡镇平均负债的总数，以 2004 年而言，地区之间的情况差别非常大。湖南平均每个乡镇负债 1674 万元，重庆为 590 万元，吉林为 899 万元，十二个乡镇总平均数是 1049 万元。这个数字比目前的一些对于乡镇估计的债务水平都要高。现有的一般估计认为，中国目前乡镇负债大约在 2000 亿到 3000 亿之间，平均每个乡镇负债在 500 万到 700 万之间，而如果按照我们的调查结果估计，则全国的乡镇负债总额应该在 4000 亿到 6000 亿之间。

　　分地区来看，自 2000 年至 2004 年，重庆的债务有所下降，湖南和吉林的债务则有所上升。重庆的情况不太典型，因为在我们调查的丰都县，县政府在最近几年的中心工作是"清除乡村负债"，提出了"还债也是政绩"的口号，将降低乡镇债务作为乡镇政府工作的重要考核指标。所以在债务统计上，出现了债务下降的现象，但这也主要限于丰都县的两个乡镇。

　　在债务用途的三项分类中，"乡镇企业"是指 90 年代乡镇政府大办乡镇企业时的负债，这些债务主要是银行和信用社的贷款，乡镇企业一般在建立起来一两年之内即告倒闭或转制，这些贷款变成为乡镇政府的负债。"农村合作基金会"是指在 90 年代中期在全国许多地区的农村建立起来的乡镇政府自办的金融组织，其最初用意在于利用民间资本支持地方经济发展，但成立不久后即告失败，中央及地方高端政府出面将从农民手中的集资还给农民，但是算作县乡政府向上级政府的借款。这两类债务都属于"陈年旧债"，我们看到随着债务的增长，这两类债务的比重也在下降。在税费改革以后，真正增长的债务是用于维持政府运转和某些"公益性支出"的债务。这类债务项目繁多，极为琐碎庞杂，许多债务到底是否属于"公益性"，界限也难以划分。

其中有许多实际上是用来维持乡镇运转的。

总的来看，乡镇债务的规模虽然很大，但是有一半左右都是"乡镇企业"和"农村合作基金会"的历史性负债，这类债务的增长是以利息的方式实现的，而最值得注意的新增债务。

在新增债务中，向银行和信用社的借款或者贷款几乎没有了，这主要是银行金融体制改革的结果。新增的债务大部分以向个人借款、向上级机构借款和拖欠工程款为主。我们以重庆丰都县清水乡的债务统计来进行更详细一些的分析。

表7－9　重庆调查的某县某乡债务明细统计（元）

对方单位或个人	时间	业务内容	经办人	金额	备注
汪遵义	1998	欠工程款	刘一坤	167785	计息 298580.87
汪康	1998	欠工程款	刘一坤	575230	计息 433296.82
干部、教师	1999	"三金"政府自筹部分	周南生	128370	具体年头见"三金"账簿
村社集体	1999	"三金"政府自筹部分	周南生	230323	具体年头见"三金"账簿
干部、教师	1999	向干部教师借款	周南生	225970	
乡信用社	1999	政府借款	周南生	63000	原基金会贷款转信用社
乡信用社	1999	政府借款	清水道班	10000	
乡信用社	1999	政府借款	王科一	19000	
乡信用社	1999	政府借款	刘一坤	28900	
乡信用社	1999	政府借款	王琼	25000	
乡信用社	1999	政府借款	田茂林	28500	
乡信用社	1999	政府借款	汪遵义	100000	
乡信用社	1999	政府借款	张军正	19000	
乡信用社	1999	政府借款	张静	50000	
周兴生	1999	欠工程款	周南生	372749	计息 182136.44
刘明伦	1999	欠工程款	周南生	15000	
陈伟	2000	欠工程款	王平	6564	
李品先	2000	欠工程款	王平	42744	计息 13501.86

续表

对方单位或个人	时间	业务内容	经办人	金额	备注
陈绪	2000	欠工程款	周南生	252384	计息 105128.29
王国维	2001	欠工程款	王平	230861	计息 95856.34
姚乾范	2001	欠工程款	李科	6425	
沈天福	2001	欠工程款	李科	42000	
乡小学	2001	向小学借款	周南生	8000	
周远川	2001	欠工程款	王琼	109046	计息 77085.06
王村6社	2002	建二完小征地	王琼	22416	
前溪6社	2002	欠征地款	周南生	2702	
胡坤伦	2003	欠工程款	王科一	127079	计息 35237.39
乡信用社	2003	政府借款	李顺	10000	
乡信用社	2003	政府借款	刘桂生	5800	
前溪1社	2003	征地款计息	王科一	6499	
前溪7社	2003	征地款计息	王科一	35311	
向县财政借款	2000 – 2004	财政往来账余额	周南生	2052656	总预算账簿
政府伙食团	2002 – 2004	政府接待		26150	未入账
富康酒楼	2002 – 2004	政府接待		21000	未入账
银龙工业园区	2004	为伟华借款	周南生	500000	
里尔威公司	2004	政府办土地证税费	周南生	49334	未入账
前溪6社	2004	征地款计息	王科一	162	
合计				5615967	已计利息 1240823.07

这个表之所以如此详细地列出来，是因为它在很大程度上说明了乡镇政府行为的重要特点。从表中可以看出，2002 年以前的债务成因主要有三类，第一类是农村合作基金会债务（36 万），第二类是工程欠款（190 万），第三类是向信用社的借款（34 万）。工程欠款包括了建学校、修路和改政府办公楼的费用，债主大部分是工程的包工头。我们可以看到，乡镇政府的债主可谓多矣，光欠工程款一项大大小小的债主就多达 11 人。向信用社的借款是利

用个人小额贷款的名义从信用社贷出的，但是这些钱算是替政府借的，我们看到这是1999年乡政府"过日子"的主要手段，共分别向此乡的信用社贷了9笔款项，最大的一笔10万，最小的只有1万。

税费改革以后，借款形式更加多样化。此乡的信用社在2003年仍然用个人名义放贷了两笔，共15800元；欠包工头的工程款有一笔12.7万，由于办一个完小，并且通过招商引资"引来"了一个皮革企业，企业用地欠村民小组的征地补偿费用共6.5万左右；欠乡政府驻地的一个饭馆的招待费2.1万，由于乡政府的食堂承包给个人，而政府无钱替职工付伙食补贴，欠食堂2.6万元。此外，还向县里的开发区借款50万元，扶植那个招商来的皮革企业，也算在乡镇政府头上。另外，乡政府征地以后办土地证的税费也负担不起，要向另外一个公司借款5万。但这些都还是小数目，在2000到2004年，乡政府向上级财政即县财政的借款高达205万元。这些大部分都是一些应急性的借款，每到年底，乡镇政府往往会通过关系向县财政要求拨付一笔年终补助，而县财政往往将这些补助作为暂借款，记在乡镇政府的账上。

清水乡的债务情况显示了税费改革以后乡镇政府财政运转的一些主要的特点，其中最重要的就是除了工资之外，一切都靠借钱度日。总结起来，借债有两个主要的来源。每年年底，许多乡镇政府都会向县财政打报告，以各种名义要求补助。这些补助，在县政府看来都是"暂借款"，而在乡镇看来都是"赞助款"或"困难补助"，是不打算还的。另一个办法是乡政府干部用个人名义，向民间借款。这些借款一般具有小额、多笔、高利、短期的特点，主要用于维持政府运转，有时也用来充当税款，完成收入基数。这些借款多发生在年底，是为了还旧债和借新债。在我们调查的湖南几个乡镇，借债已经成为乡镇运转的主要手段。每个乡镇政府的党委书记和镇长上任以后，首先就要想办法筹集资金来发放拖欠的工资和维持日常运转。在我们访谈的南县某乡，新任党委书记是2003年底由县农管局局长上任的。她上任时就先从县里的部门里借来了30万元来发放被拖欠的工资和维持运转。此后的一年里，她动员大部分乡镇干部从民间以个人名义进行高息借贷以维持乡镇政府的运转，她自己也认为这是她最重要的工作。在南县的龙头乡，每个乡镇干部都有一个"借款指标"，书记和镇长每年20万，其他人从5万到10万不等。这些干部都是以个人名义从民间借款，然后将借来的资金交给乡镇财政所。乡镇政府的财政所有一个内部登记，会清楚地标明谁在哪一年借到了多少。借款的归还也是由财政所出钱、由借款人以个人名义归还的。用个人名义借款的主要原因是上级政府不允许乡镇财政进行民间借款。但是实际上，这种现象在湖南的两个县的每个乡都普遍存在。另一个原因是，用个人名义容易借到资金。这是因为债权人已经普遍对政府的还款意愿和能力不再信任，而私人关系被看作具有更高的信用。事实上，这些乡镇普遍靠每年的借款来运转，年终会还掉借款的一部分本金和利息，而在下一年继续以高息借贷。虽然在我们 2004 年累计的债务统计上，这些债务并不算太高，但是由于"借新债还旧债"，利息滚动、层层累积，政府工作人员每年的借款任务和指标要远高于累计的负债数额。

"拖欠"也是一个类似借款的手段。由于缺少可用资金，有些乡镇政府的作风变得"无赖"化。吃饭欠饭馆钱，开会欠宾馆钱，开车欠加油站的油钱，可以说是"能欠就欠"、"无所不欠"。其中最严重的就是工程队欠款。无论是修路架桥、盖楼建校，还是搞农田水利，几乎每个公共建设项目都有工程队的欠款，这些欠款占到建设款的 20% 到 80% 不等。在我们调查的三省十二个乡镇中，几乎没有乡镇不拖欠工程款的。有个乡镇干部说，现在搞公共建设，最主要的就是要和包工头"斗智斗勇"，骗得他先把活干了再说。值得注意的是，工程队欠款，名义上受损的是包工头，实际受损的则是在建筑队的农民。

除了"借"和"欠"外，乡镇政府还有两种主要的办法。一曰"跑"。就是乡镇政府利用各种关系，去上级部门跑项目、要资金。中央及省市财政支农的资金有相当大的比重是以项目的形式下达的。这些项目的资金分配有主观上的随意性。近年来，县乡基层政府越来越重视"跑项目"的工作，有些地区甚至会对"跑"成功项目的官员有回扣和奖励。这不但使得上上下下设租、寻租之风愈演愈烈，而且也使得项目资金被挤占、挪用来发工资、维持日常运转等现象变得公开化和普遍化。"跑"钱成风的最大危害是，它严重影响到支农资金的使用效率，使得最需要得到项目的地区项目资金贫乏，而最能"跑"的地区则项目成堆。二曰"卖"。就是变卖乡镇政府的固定资产或者一次性出让固定资产的承包权。在这一点上，不同地区的乡镇政府可以说是"各有奇招"。根据我们的调查，有的乡镇靠砍树卖树，有的靠出卖倒闭的乡镇企业的厂房、土地，有的靠一次性出卖山林经营权、有的靠出让水电站、水库的承包权。这是把"家底"一次性吃光的做法。这种把家底卖光的办法无疑加重了乡镇财政"空壳化"的趋势。

总而言之，税费改革以后，乡镇政府的行为由向农民收取税费一变而为借钱和"跑"钱。借钱和跑钱，一要靠上级政府，二要靠民间的有钱人。税费改革，在使得基层政府更加依赖于上级政府的意义上是一种集权化式的改革，它产生的另一个也许是更加深远的影响在于，基层政权运作的基础正在发生悄悄的改变，民间的富人和富裕阶层正越来越成为乡村两级政府组织所依赖的对象。

中西部地区的乡镇政府和地方私营企业的关系变得越来越复杂。一方面，企业上缴的工商税收是政府财政收入的主体，政府的主要工作已经转移到"一切为了企业、为了企业一切和为了一切企业"上面来①，在表7-9中我们可以看到乡镇政府宁可借钱和欠款为招商引资征地或直接投入资金，另一方面，政府又依靠向企业借款来维持其自身的运作。政府利用个人名义的高息借贷、拖欠工程款使得民间资本开始变成乡镇政府的"股东"。

　　从本章的分析可知，税费改革在减轻和取消农民负担的同时，开始对中央和地方政府、地方政府和地方政府之间的关系产生巨大的影响，收入和支出的分权框架逐渐消失，对于以农业收入为主的县乡政府而言，其财政收入的主要部分开始由农业税费变成来自中央及上级政府的转移支付。而农村公共事业的支出责任也在调整和改革中逐渐上移。以教育为例，实行"以县为主"之后，由于许多县级政府的财政收入仍然无力负担巨大的教师工资支出，目前进一步的改革正在酝酿之中，即考虑由中央或省级政府直接担负农村教师的工资支出。其他的许多乡镇政府的支出责任也在逐渐上移到县级政府。从这个意义上讲，税费改革无疑是一种集权式的改革。"分级投入"的体制开始被中央和高端地方政府通过转移支付方式进行投入的形式所取代。同时，从国家和农民的关系角度看，这种收入和支出的新型框架呈现出不同于传统的"汲取型"体制的新特点，即农民不再成为地方政府财政的主要来源。

　　那么，在正在浮现和成形的新体制之下，国家和农民的关系将会如何？

　　税费改革通过取消税费和加强政府间转移支付来实现基层政府财政的公共管理和公共服务职能，力图将国家—农民的"汲取型"关系转变为一种"服务型"的关系。在这个过程中，中央政府通过加强预算和预算外管理、转移支付制度和对资金的监管来控制地方政府的行为，而地方政府内部的关系也发生了很大的调整和改变，其中县乡体制的调整、转移支付制度的设计和具体化以及"以县为主"、"工资统发"的改革都是为了配合税费改革的实行而做出的积极调整。改革取得了明显的成效，即农民负担大为减轻，地区间均等化的转移支付框架初步建立了起来，由上而下、用东到西的转移支付资金替代农民税费成为中西部地区基层政府财政收入的主要来源。但是，税费改革的更深层次的目标，即转变基层政府职能、实现国家和农民的"服务型"关系并没有完成，而且出现了一些意外的后果，其中最为重要的就是以乡镇政府为中心的基层政府行为的"迷失"。我们看到，乡镇财政在变得越来越"空壳化"，乡镇政府的行为则以四处借贷、向上"跑钱"为主，不但没有转变为政府服务农村的行动主体，而且正在和农民脱离其旧有的联系，变成了表面上看上去无关紧要、可有可无的一级政府组织。

---

　　①　来自重庆丰都县某乡的政府报告。

　　中国幅员广阔、人口众多，四万个乡镇政府是国家和农民直接发生关系的节点。这些基层政府的行为一方面受到上级政府的监管，另一方面则扎根于乡村社会，是提供公共服务、维持社会稳定、影响农村社会结构的基层治理的关键。减轻和取消农民负担，不等于取消乡镇政府。依靠治理规模在几十万人、甚至上百万人口的县级政府来提供不断增长的公共服务需求的设想不但不现实，而且会使得整个国家政权"悬浮"于乡村社会之上。从本文的分析来看，即使乡镇政府不被取消，"悬浮型"政权的特征也已经越来越凸显出来。

第八章　财政资金的"专项化"

　　税费改革之后，中西部地区的县乡财政开始越来越依靠中央及上级政府的转移支付，这也使得县乡关系出现了比较大的变化。税改前的"三提五统"实际上涵盖了农村基本的公共服务范畴，包括义务教育、乡村道路、社会保障等等。税改以后，取消这些收费造成的缺口由上级的转移支付进行补助。在上一章，我们发现，除了补助总额不足外，更加重要的是基层县乡关系的调整使得这些补助大多留在了县级财政，这导致了乡镇财政的"空壳化"和基层政权的"悬浮"状态。但是，这种变化遗留了一个比较大的问题，即原来农村的公共服务部分怎么办？

　　实际上，税费改革的一个重要目标是要以公共财政"反哺"或者"服务"农村，而非"撤离"农村。那么，这种服务在税改之后是如何进行的？通过回答这个问题，我们能够更进一步了解国家和农民之间关系的变化。

农村基层的三级公共服务体系

　　农村的公共品和公共服务包括的范围很广泛。其中既有与农业生产密切联系的基础设施，如农田水利、道路交通、农业技术、畜禽防疫、病虫害防治等，也包括与农民生活密切相关的产品和服务，如人畜饮水、治安、农村基础教育、医疗和社会保障等等。除了大型的农田水利、防洪和道路交通之外，其他的公共品和公共服务一般都局限一定的地理范围内，小一些的局限于村庄社区，大一些的局限于几个村或一个乡镇的范围内。农民分散的生产和居住方式决定了农村的公共服务不像城市那样具有较大的外部性，因此，我们在讨论农村公共服务的时候，很少有必要超出一个县或乡镇的范围进行考察。

在传统社会，国家主要的目标是在农村汲取税收和维护治安，除了大型的治水、道路和救济之外，很少直接在农村投入财力进行公共建设和服务。农村的基本公共品，如学校、医疗、社会保障等，主要靠乡绅组织农民自己提供。有些公共服务，虽然地方政府有所参与，到明清时期也形成了一些地方官府参与甚至主导的社仓、社学制度，但是乡绅仍然起着不可替代的作用。自晚清、民国开始，国家开始设立自上而下的公共事业部门，如交通、水利、教育等，但是在乡村社会，只有在现代教育和公共安全方面建立了比较完整的服务体系。从民国时期的资料来看，县一级财政的主要开支，除了公共管理之外，最重要的就是教育和警察两项[①]。全面的农村公共事业制度的建设主要是在新中国成立之后完成的。

农村的基础公共服务，在新中国成立后经历了两次大的转变。第一次是在20世纪50年代农业合作化之后，农村的农业、水利和交通主要依靠国家组织、农民投劳的方式进行。农业的社会主义改造和合作化运动在农村建立了人民公社、生产大队、生产队的三级体系，公社一方面是一级政府组织，另一方面又对公社范围内的各种经济和社会资源有强大的动员能力。到改革开放以前，尤其在"大跃进"时期，公社强调"一大二公"，"平调风"盛行，各地政府热衷于大规模、"大兵团作战"，以密集的劳动力修建了大量的农田水利、防洪工程、道路桥梁，这被视为新中国农村建设的最伟大的成就之一。在农村医疗方面，建立了以农村合作医疗和赤脚医生为主体的农村卫生体系，普及农村的基础教育，使得识字率大大提高。这个时期的农村公共服务，在组织上以公社为主导，在财政上则以农村的自我投入尤其是投劳为主。

第二次转变是在改革开放以后。随着家庭联产承包责任制的实施，人民公社体制在20世纪80年代初开始瓦解，同时农村的公共服务体制也发生了重大的改变。从组织上看，县、乡、村三级在公共事业的分工趋于明确。例如，在教育上，县负责办高中、乡镇负责办初中、村庄负责办小学；在医疗上，县负责县医院、乡镇负责乡镇卫生院、村则负责村级诊所；在水利、交通、农业方面，县水利局、交通局、农业局负责统筹指导县域内跨乡镇的水利、交通和农业工作，并对各乡镇相应的站所进行业务指导；各乡镇政府下设功能齐全、分工细致的所谓"七站八所"，负责本乡镇的各种公共服务工作。虽然这些站所经过了多次乡镇机构改革的调整、合并，但是在大部分乡镇都对应着相应的功能。

从财政方面来看，在改革开放之后，农村的公共服务大部分是靠向农民

---

① 这方面有许多利用满铁资料进行的研究，例如黄宗智（2000），《华北的小农经济和社会变迁》，中华书局。

收取的税费来提供的。"税"的部分一般属于预算内的收入，包括农业税、农业特产税和一些工商税收，这些税收在和上级财政进行体制分配之后，多数用于行政、事业单位人员的工资和公用经费，即通常所说的"吃饭财政"。税收用于吃饭，"办事"则要靠收费，收费是一些地方政府尤其是乡镇政府预算外的主要收入来源。

预算外收入大致可以分为"三提五统"、集资收费、欠款借债三个大的部分。前面两部分形成了我们通常讨论的农民负担的主要内容，最后一部分则一般是针对上级政府、银行、工程队的欠款或欠债。这些收入大部分都是以公共事业、公共服务的名义收取的，其中"三提五统"是从改革前人民公社体制中遗留下来的，集资摊派更是以修路、架桥、办学的名义收取，各种欠款也大多是欠的工程款。

收费和农民负担问题变得日益严重是从 20 世纪 90 年代中期分税制实施之后开始的。分税制导致的中央—地方关系的变化使得地方各级政府都开始集中财力，同时用转移支付补助的方法来弥补下级的开支缺口。虽然从财政资金总量上来说基层的可支配财力并没有大量的减少，但是在转移支付的资金中，可用于工资补助的部分很少，用一位乡镇干部的话来说，过去是"自己的钱自己花"，现在是"自己的钱你给我花"。乡镇企业的大规模转制和倒闭也使得地方政府的财力受到比较大的影响，所以县乡政府的财政出现了比较严重的危机。这使得基层政府尤其是乡镇政府对农民负担的依赖日益加重。如图 8－1 所示：

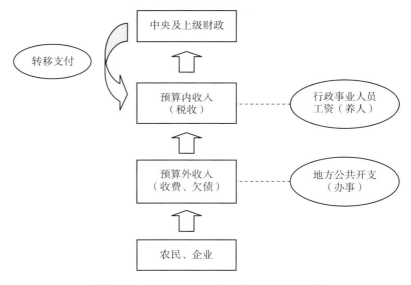

图 8－1　中央与地方的财政关系和支出责任

预算内收入上解之后，转移支付往往不能弥补养人所需要的支出，这样就要靠预算外的收入调入预算内来补充养人的支出。这在前面的章节中已经做了比较详细的分析。这些庞大的行政和事业人员编制并没有随着分税制后财力的集中而削减，所以增加预算外收入来补贴工资支出就成为县乡财政的必然选择。在许多地区，"多养人多收钱、多收钱多养人"的恶性循环是极为常见的现象。

在上一章的分析中，我们看到 2002 年开始的税费改革无疑阻断了基层政府从农民那里收取预算外收入的途径。与此同时，中央对地方的转移支付力度加大。在广大的中西部地区，县乡财政越来越依靠从中央下达的转移支付作为其财政的主要来源。这一方面造成了基层政府尤其是乡镇政府与农民关系的松散状态，另一方面也提出了另外一个重要的问题：原先农村有限的公共开支和公共服务是怎样完成的？县乡两级政府中庞大的公共事业人员如何继续提供公共服务呢？换句话说，原先靠收农民的钱为农村提供服务，现在如果不收农民的钱，怎样提供服务呢？

税费改革除了解决农民负担和县乡财政困难问题之外，还有一个重要的目标就是要以"公共财政反哺农村"，即以中央统筹的财力向农村提供公共服务，这意味着农村的公共事业的财政来源不再是农民，而是政府，特别是中央政府。这个转变是我们理解税费改革以后国家和农民关系的基础。

专项资金的分配和管理体制

从政府财政上看，公共服务更多地是依靠专项资金来提供的。在本章和后面两章中，我将讨论专项资金如何在农村基层的公共服务中发挥作用的。在此之前，先对我国专项资金的体制加以简单的介绍。

1994 年的分税制改革之后，中央对地方建立起规模巨大的转移支付体系，其中包括财力性转移支付、专项转移支付和税收返还三个大类。1994 年，三者的比例是 4:16:80，到 2004 年，三者的比例已经发生了巨大的变化，为 25:33:42。这十年中，税收返还的比重迅速下降，财力性和专项转移支付的比重大幅度上升。需要加以说明的是，在财力性转移支付的各种类型中（参见第五章），只有"一般性转移支付"是没有指定专门用途的资金，其他的几类转移支付，包括民族地区转移支付、农村税费改革转移支付、调整工资转移支付、县乡奖补类转移支付以及其他转移支付在分配和管理上都带有地区、用途上的限制，实际上属于"准专项"类的转移支付。在 2004 年转移支付的总规模中，比较纯粹的"一般性转移支付"只占总量的 7.2%，专项和"准专项"的转移支付则总计可以占到 50.8%，无疑是中央对地方的转移支付的主导形式①。

"专项转移支付"与"专项资金"是两个不同的概念。与专项转移支付相比，"专项资金"的范围更宽泛一些。严格来说，专项转移支付是一种"转移"资金（Transfers），中间级别的政府起到的只是传达、转移的作用，而专项资金则是指在用途或者其他方面受到上级规定所限制的资金。在多级别的政府中，每一级政府都可能设立一些专项资金向下拨付，其来源并不一定就是这级政府接受的来自上级的转移支付。有些专项资金并不是通过"专项转移支付"的途径下达的，最终也不会包括在"专项转移支付"资金的统计范围之内。所以，"专项资金"的范围比"专项转移支付"资金要大得多。

专项资金是中央政府为了实施其宏观政策目标以及对地方政府代行一些中央政府职能进行补偿而设立的，它在加强中央政府调控地方政府行为、优化地方财政预算支出结构、引导地方财政资金投向国家重点支持和发展的事业方面，具有一般性转移支付无可替代的作用②。如果按照专项资金用途进行分类，我们会看到这项资金本身就是一个小型的财政体系，其支出科目几乎完全与预算科目相同。既有对各项"事业费"的补助，也包括了基本建设资金、企业挖潜改造资金、科技三项费用、支援农业生产等项目。

专项资金的管理和拨付体制非常复杂，按照拨付渠道来分，大致可以分成三类：

第一类是财政系统预算部门的专项拨款，这构成了专项资金的最主要的部分，也是我们通常所理解的"专项转移支付"的部分。这部分资金通常明确地体现在各级财政预算部门的"专项补助"的决算科目之内，由财政系统内的相应职能科室与政府的相应主管部门负责管理和分配。以教育系统为例，"农村中小学免费教科书"的专项资金就是这类专项拨款，这类拨款由财政部和教育部联合下达相关文件，共同负责资金的管理和分配，所以也被称为"共管资金"。除了这些"共管资金"之外，财政部也会单独下拨一些专项资金，仍以教育系统为例，"农村中小学布局调整"的专项资金就是财政部单独下拨的资金。这类资金由财政系统单独发文，在由中央到省、市、县的过程中，由财政系统来进行分配和管理。

第二类是由中央各部门向其下属部门系统下达的专项资金，也有人称之为"部门资金"。这些资金一般是由财政部在预算中拨付给中央部委，而对这

① 李萍（2006），《中国政府间财政关系图解》，中国财政经济出版社。
② 张弘力等（2000），"论中央对地方专项拨款"，《财政研究》第 5 期。

些资金的分配权则属于部委本身。中央部门可能在其部门系统内部逐渐下达资金，而不经过地方各级的财政部门。在同样多级别的财政支出中，有些资金是同级别的财政部门拨付给同级别相关职能部门，而职能部门又向下拨付给下级的职能部门支出的。在财政预算里，这些资金实际上列入了本级别的预算支出而不是下级的预算支出。例如，某省财政厅将一笔林业资金拨付给省林业部门，这笔资金就算作省级支出了。但是省林业部门实际上又将这笔资金全部或者部分拨付给下级的林业部门支出，可能一直会层层分配到县级甚至乡镇财政。由于这笔资金如果再计入市、县级的财政支出，就会出现重复计算，所以这种实际上相当于专项转移支付的专项资金并不会被列入转移支付体系中。需要说明的是，在省级预算中，当省级财政部门拨付给省级林业部门时，可能是指定了用途的"广义"的专项资金，也可能是没有指定专门用途的林业事业费，但是在省林业部门向下拨付时，一般都指定了专门的用途，这样一来，这些资金就变成了专项资金，但是并不体现在省以下各级的预算中。

对于地方各级财政部门来说，这笔资金可以说是"体外循环"的资金，如果地方财政部门要知道这笔资金的具体情况，需要通过询问相应的部门才能得到答案。对于这些资金，中央部门有着比较完全的自主权。中央审计署在2003年的审计中，发现有22个部门在向所属单位分配预算资金时，年初预留资金的比重很大，占财政部批复预算的13.65%，造成财政预算资金在再分配环节上较大的随意性。

第三类是财政部向一些拥有一定预算分配权的部门拨付的专项资金。这些部门包括发改委、国防科工委、科技部等，发改委系统负责基本建设资金，科技部系统负责科技三项费用资金拨付。拨付给科技部的主要是用于企业挖潜改造和科技创新等方面的资金①。在中央各部门中，发改委具有预算分配权，中央预算内基本建设支出及长期建设国债资金，由财政整体"切块"给发改委，再由发改委进行二次分配②。这些资金的分配权属于发改委等部门，但是资金仍然留在财政系统内。发改委等部门负责分配这些资金，而财政部门则负责资金的拨付。这些资金与第一类"共管资金"的区别在于，发改委和科技部对这些资金拥有比较完全的分配权，而共管资金则不然。三类资金

---

① 是指国家为支持科技事业发展而设立的新产品试制费、中间试验费和重大科研项目补助费。科技三项费用是国家财政科技拨款的重要组成部分，是实施中央和地方各级重点科技计划项目的重要资金来源。

② 2004年中央财政在发行1100亿元国债项目资金的同时，增加中央预算内经常性建设投资50亿元，使总额达到354亿元。前财政部长金人庆承诺，在逐步削减长期建设国债数额的同时，增加中央预算内经常性建设资金，在完全取消发行长期建设国债后，将中央预算内经常性建设资金增加到1000亿元。

的区别具体见表 8 - 1：

表 8 - 1　三类资金的区别

资金类别	分配权	资金拨付
专项补助及共管资金	财政部和中央部门	财政部
部门资金（体外循环资金）	中央部门	中央部门
基本建设资金	发改委	财政部

由此来看，我们可以简单将专项资金分为"专项转移支付资金"、"体外循环资金"、"基本建设项目资金"三大类，下面用一个图示来表示这三块专项资金的关系。

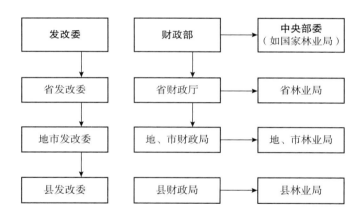

图 8 - 2　专项资金的管理体制

图 8 - 2 简略地表示出资金的分配和向下流动的状况。但是如果考虑专项资金的使用和项目执行情况，则情况就会变得更加复杂。这些专项资金在向下流动的过程中，有可能在省、市级就直接列入省市本级的专项支出，而不再作为向下拨付的专项资金。例如基本建设的项目资金有可能在市里直接发包执行，这样市发改委就成为直接的执行和发包单位，虽然具体的项目有可能发生在市辖县内，但是县发改委、县财政局都不会经手这笔资金的分配和拨付。共管资金和体外循环资金也都可能发生这种情况。这就是使得基层财政部门和职能部门会因为资金的执行层级高于自己而不了解情况。

湘潭县的专项资金

下面以我进行实地调研得到的 2003 年的资料，来分析一下湘潭专项资金的情况。湘潭县的专项资金也可以按照上面的分法分成三类：一部分是财政的专项转移支付资金（共管资金）；第二部分是通过发改委系统下达的基本建设资金；第三部分则是体外循环的部门资金，这部分资金由于缺乏资料，所以只好付诸阙如，重点讨论前两部分资金。

专项补助

2003 年，湘潭县财政决算的预算内税收收入为 16431 万元，其预算支出为 35067 万元。支出和收入之间的差额为得到的上级净补助的数额，这些补助总额为 18636 万元，实际上超出了湘潭县自身的预算内收入，这种现象在税费改革后的中西部地区相当普遍。在上级补助中，专项补助为 4213 万元，按照我们上面的分类，这些资金既不包括发改委系统的基本建设资金（以及科技三项费用资金），也不包括体外循环的资金，而只是财政系统和政府各部门下达的"共管资金"。这些资金的情况见下表。

表 8 – 2　湘潭县专项资金表（2001—2003）（万元）

序号	项目	专项补助		
		2001 年	2002 年	2003 年
一	基本建设支出			
二	企业挖潜改造资金	15	16	51
三	地质勘探费			
四	科技三项费用			
五	流动资金			
六	农业支出	457	345	229
七	林业支出			403
八	水利和气象支出	653	33	184
九	工业交通等部门的事业费	7	9	6
十	流通部门事业费	1		

序号	项目	专项补助		
十一	文体广播事业费	75	22	72
十二	教育支出	232	240	143
十三	科技支出	2		1
十四	医疗卫生支出	56	48	98
十五	其他部门的事业费	57	69	72
十六	抚恤和社会福利救济	528	356	566
十七	行政事业单位离退休支出			
十八	社会保障补助支出	2224	685	1565
十九	国防支出			
二十	行政管理费	41	24	46
二十一	外交外事支出			
二十二	武装警察部队支出			
二十三	公检法司支出	37	12	42
二十四	城市维护费	22	25	96
二十五	政策性补贴支出	1	100	11
二十六	支援不发达地区支出	51	46	31
二十七	海域开发建设和场地使用费支出			
二十八	专项支出	104	98	106
二十九	其他支出	138	328	491
三十	总预备费			
三十一	合计	4701	2456	4213

值得说明的是，这些资金按照与政府各业务部门的对应关系，由财政系统内部的相关业务科室负责管理和拨付，例如农、林、水和扶贫的专项资金归农财口管理，社保资金归社保口，文化、教育、卫生等部门的资金归文教卫口管理等等。

上表列出的是归类后的支出情况，这些资金实际上大部分都是以项目或某项专门事务的名义下达的。每一类支出中实际上保护了多个项目。由于种类繁多和资料限制，所以无法一一列出，下面以农财口管理的专项补助为例来说明一下这些资金的详细情况。表8－3列出了农财口管理的2003年4—9

月份收到的上级财政拨付的专项资金的明细。

表 8 – 3　湘潭县农财部门专项资金拨付情况（2003 年 4—9 月份）（万元）

月	日	摘要	合计	农业支出	林业支出	水利和气象支出	支援不发达地区（财政扶贫资金）	地方水利建设基金支出
		县级切块安排	200	175	0	25		
		省市追加合计	909.75	229.46	399.79	181.5	30	68
4	10	据湘财农指（2003）8 号下	8	0	0	0		8
2	24	据湘财农指（2003）4 号下射埠水毁修复	9	0	0	9		
7	7	据湘财农指（2003）24 号下无公害蔬菜	5	5	0	0		
6	25	据湘财农指（2003）22 号下香菇基地建设	30	30	0	0		
7	14	农业科事业费安排农财股项目前期工资经费 2 万元，农科员经费 15.96 万，水土保持 4 万	21.96	17.96	0	4		
		据湘财农指 29 号下退耕还林 72 万，生态效益林 192.99 万	264.99	0	264.99	0		
	29	市切块安排林业发展项目经费	8.5	0	8.5	0		
8	8	市追加乡镇企业贴息	36	36	0	0		
		市农业切块安排科技兴农	2	2	0	0		
7	22	据湘财农指 36 号下特大防汛补贴费	10	0	0	10		
8	18	市追加泉隆乳业乡镇企业贴息	10	10	0	0		
		据湘财农指 37 号下	40	0	40	0		

月	日	摘要	合计	农业支出	林业支出	水利和气象支出	支援不发达地区（财政扶贫资金）	地方水利建设基金支出
	19	市切块安排农科教结余经费	4.5	4.5	0	0		
	25	据湘财农指下老区扶贫资金	11	0	0	0	11	
		据湘农指48号特大抗旱补助	30	0	0	30		
		据湘财农指25号下杨嘉桥乡级公路建设	20	20	0	0		
9	4	潭财农37号下水利工程经费	57	0	0	57		
9	22	据湘财农指28号下黄龙排渍	20	0	0	0		20

从表中可以看出，这些专项补助名目繁多、功能各异。这只是农财口的专项补助，如果加上其他部门的专项，每年这些资金的名目可达几百项。从表 8－3 来看，这些资金涵盖的功能很广泛：

（1）有用于工资补助的，如"农业科事业费安排农财股项目前期工资经费 2 万元，农科员经费 15.96 万"；

（2）有用于工作和公用经费的，如"市切块安排林业发展项目经费（8.5 万）"；

（3）有用于补助贴息的，如"市追加乡镇企业贴息（36 万）"、"市追加泉隆乳业乡镇企业贴息（10 万）"；

（4）大部分都是用于小型的公共服务项目，如无公害蔬菜基地、香菇基地建设（农业）、水土保持（林业）、水毁修复、抗旱补助（水利气象）等，杨嘉桥乡乡级公路的建设（20 万元）虽然属于交通的范畴，但由于是农财口下达的资金，所以也被归入了农业支出。

根据上述分类，我粗略①对上表中的资金进行了归类。4—9 月份，上级

---

① 这个表的合计数与下面的分类细目不能完全对上，但是原始资料就是如此。

追加的专项共 587.95 万元，其中用于工资补助的约 21.96 万元，用于补助贴息的（乡镇企业）为 46 万元，剩下的大部分用于小型公共服务项目 519.99 万元，占追加总数的 88%。这些项目中，除了退耕还林、生态效益林项目数额比较大外，其他都是一些几万元和几十万元的小型公共服务。这些小型项目一般由主管农业的县长负责分配和安排，由县属的职能部门（农业局、林业局、水利局、扶贫办）来负责执行。

此表列出的只是包括了四个部门（农业、林业、水利和扶贫）的农财口的专项补助的情况，我们从表 8－2 中可以看出，2003 年此县上级拨付的专项补助总数为 4213 万，从农财口的情况推断，这些补助也都是以各种各样的复杂补助名目下达的，其分配和使用也是由主管县长进行安排，由各职能部门负责实施。在这些补助资金中，比较大的部分是社保和林业，2003 年总计 2534 万，占到总专项补助的 60%，其他的都是一些"拾遗补缺"的项目。

基本建设项目

对于大中型的基本建设项目（投资多在百万元以上），另有一套管理和实施办法。这些资金并不包括在上述专项补助中，而是由发改委管理、县财政局的经济建设股①拨付的资金。需要说明的是，这些项目的资金支出也不包括在县级预算支出中，是由上级（中央、省、市）通过项目审批管理的程序直接下达的，如果我们要从预算上寻找其根源，则其中大部分在中央财政部切块给发改委的预算安排中了。

以湘潭县为例，这部分的资金明细（2001—2004）见表 8－4：

表 8－4　湘潭县基本建设支出情况（2001—2004）（万元）

项目类型	项目名称及内容	建设单位	建设年限	总投资				县级自筹
				合计	中央	省	市	
社会事业	县人民医院传染病区建设	卫生局	2004	1060	144			916
	疾病预防控制中心项目	卫生局	2003	430	130			300
	中小学危房改造	教育局	2001—2004	1200	480			720
	县一中扩建	教育局	2004	430	170			260

---

① 财政局下面的业务科、股、室分别对应着不同职能部门的资金管理，如农财股对应着农业、林业等，经济建设股则对应着发改委。

项目类型	项目名称及内容	建设单位	建设年限	总投资				
	检察院侦技大楼	检察院	2003	300	150			150
	白石故居维修及旅游项目	文化局	2001—2003	175	30			145
公共设施	水利建设（石坝水库，印子山水库等）	水利局	2002—2004	435	30	110		295
	排涝设施建设（以工代赈）	水利局	2001—2004	106	62			44
	京湘水厂工程	水利局	2002—2004	4000	400			3600
	湘水治理（昭潭堤，卓江堤等）	水利局	2001—2003	430	430			
	节水灌溉项目	农业局	2001—2003	200	100			100
	人畜饮水项目（青桥镇山，分水乡等）	农业局	2001	181.3	95			86.3
能源交通	白云粮库改造	粮食局	2001	2000	900			1100
	县乡公路改造	交通局	2001—2004	12328	8580		1430	2318
	城网改造	电力局	2003	6253	2720			3533
	农村沼气池建设	能源局	2003—2004	400	192			208
	谭家山，列家桥煤矿配套设施建设	矿管局	2003—2004	650		210		440
小城镇建设	易俗河小城镇综合开发示范项目	易俗河镇	2004	849	200	80		569
	湘莲大市场	花石镇	2001	2700	200			2500
	吴家巷工贸区基础设施项目	管委会	2001	2000		200		1800
农业	退耕还林种苗补助	农业林业局	2002—2003	400	195			205
				36527.3	15208	600	1430	19289.3

自 2001 年到 2004 年，由湘潭县县乡两级部门执行的建设项目中，上级财政的投入共 17238 万元，其中中央 15200 万元（88%）、省 600 万元（3.5%）、市 1430 万元（8.5%）。平均每年上级财政投入的基本建设项目资金为 4309 万元，正好与上述财政专项补助的数量相当。

在基本建设项目投资中，最大的部分城市道路和电网改造（占了总投资的 50%），其次是水利（占 15%）。对比上一节讨论的专项补助，我们可以看到，专项补助中重点是社保和林业，而基本建设投资中重点是交通和水利。另外两项重要的公共服务，教育和卫生，无论是在专项补助还是在基本建设投资中所占比重都不大，粗略计算，教育和卫生分别占到上级下达总资金的4.7%和3.5%。

在基本建设项目中，我们看到"县级自筹"的部分也比较大，超过了总投资的一半（53%），这就是说，在湘潭县的项目建设支出中，大略一半由上级（主要是中央）投资，一半由县级自筹。分项目来看，大部分项目都是以县级自筹为主，中央投资为辅，但是投资最大的项目"县乡公路改造"是中央出资占了绝对的大头。那么，这是不是说，像湘潭县这种中部地区的县，其公共服务主要是由县财政筹资投入的呢？

根据我的调研，答案基本是否定的。首先，"县级自筹"至少在项目申请方面一般是必须的。上级的基本建设投资项目，很多都是"配套资金"项目，即在项目的总投资中，项目所在地的地方财政必须有一部分自筹资金按照一定比例与上级资金"配套"，这是上级批复项目的一个前提条件。为了满足这个条件，县级政府往往想尽各种办法来获得配套资金。一个经常使用的办法就是所谓"一女多嫁"，即筹集一笔资金为多个申请项目"配套"。其次，这种"自筹"资金并非预算内的资金，往往是用预算外的资金甚至是借款来为项目申请配套。这样，即使项目申请下来，实际的建设资金往往不够。一个常用的办法是将几个项目的资金用来建设一个项目，一个项目建设下来，常常需要将几个项目的资金合并使用。

至于"体外循环"的部门资金，由于调研中没有得到相应的资料，所以在此不加讨论。

以湘潭县的资料为例，我们可以看到专项资金的复杂情况。根据我对全国一些其他地区的调研，情况差别不大。从我在第五章对转移支付资金的总量分析来看，中部地区的专项补助总量其实并与东部和西部相比是最少的（参见图5－9）。

从本章的分析中，我们大致可以看出地方财政收入和支出的基本结构。预算内的各种税收以及转移支付中非专项资金的部分一般都用于地方政府的工资支出和日常运转，而地方的公共建设和公共服务则主要依靠专项资金。在下面的两章中，我将详细考察地方公共服务的情况。

第九章 农村基本公共服务

农村的基本公共服务包括很多方面，诸如农业设施和农业技术、水利、交通、教育、医疗、治安和社会保障等等。这些公共服务要搞好，首要的条件就是人员和资金的安排。由于资料的限制，我选择了农业、水利、交通和义务教育进行分析。在本章中讨论前三项，农村义务教育放在下一章单独讨论。

在我调研的诸县乡中，从各地得到的资料和调研的深入程度有很大的不同，这往往取决于各种学术研究以外的因素。所以在讨论各项公共服务的情况时，我还是用案例的方式来进行分析，资料不全的案例被弃而不用。在分析中，只求描述详尽、言之有据，不求得窥全豹。

农业的人员、机构、经费和专项

对于农业公共服务的情况，我主要分析的是湖南益阳市下辖的南县和湖北孝感市下辖的汉川市的调研资料。下面先看南县的情况。

南县

南县位于湖南省北部，与湖北省交界。这个县地处长江中下游，全部属于洞庭湖区，系洞庭湖新淤之地。县内的地势异常平坦，高差不足 10 米。平均海拔 28.8 米，低于长江汛期水位。境内土地肥沃，5 条自然江河流贯其中，域内河渠纵横，湖塘密布，水域面积占总面积的三分之一以上。南县的自然禀赋给农业生产提供了良好条件，但是相对海拔很低，相当于处于洞庭湖底，使得农业生产经常受到每年的洪汛威胁，所以防汛和相关的水利设施是南县公共服务的一个重心。作为一个以农业为主的县，南县的农业产出占较大比重。到 2008 年，三个产业的比重为 44∶18.7∶37.3，农业仍然是最重要的部分。

南县的农业服务包括三个大的系统：农技系统、农机系统和畜牧水产系统，分别由县农业局、农机局和畜牧水产局领导。每个系统都包括三个层次：第一层次是局机关，这包括了其直属的行政股、室及职能（事业）站、所；第二层次是这些局的下属二级单位，一般是一些带有研究和公共服务职能的事业单位；第三层次是这些系统在乡镇一级的站所。以农业局的农技系统为例，我将这个系统的三级机构画成一个图：

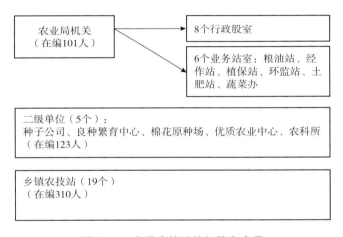

图 9 - 1　南县农技系统机构和人员

可见这是一个庞大复杂的系统，各种股、站、办、所达 38 个，共有在编人员 534 人。另外两个系统也不小，农机局系统三级单位共有在编人员 154 人，畜牧水产系统三级单位共有 265 人。合起来看，总的农业服务体系中在编的人员总数就有 713 人。

单就农技系统（农业局）来看，县财政对于这个系统的财政拨款实行的是预算包干支出的办法。2003 年给这个系统的总包干支出预算是 476 万元，其中县局一级为 245 万元，乡镇农技站是 231 万元。县局包括了局机关和 5 个二级单位，按人数平均下来（这两级共 224 人）人均不到 11000 元，其中 5 个二级单位实行的财政差额拨款，财政只按照应发工资的 1/3 拨付，所以局机关（全额拨款）的人均财政拨款比平均数要高出许多。按照这个比例和人数估计下来，局机关人均财政拨款 17000 元左右，而二级单位人均财政拨款为 5700 元左右①。根据我们对农业局的访谈，这些财政拨款全部用于工资开支，基本没有公用经费开支。事实上，财政的包干支出基数也是按照工资来计算的。

到乡镇农技站一级，财政拨款就连发工资也不够了。按照 231 万元的财政包干数，乡镇农技站人均拨款是 7450 元，这些拨款是由县财政用银行卡统一发放到个人的账户，县农业局的人称之为"裸体工资"，因为不包括误餐补贴、福利补贴，这些人员的"三金"即养老保险金、医疗保险金和住房公积金也长期拖欠，自 1997 年至 2003 年总额累计达 327 万元。而公务费、下乡费、差旅费等公用经费更是没有着落。那么，这些乡镇的公共服务机构是如何生存和展开工作的呢？

我们来看看南县定阳乡的情况。

定阳乡有一个乡镇农技站、一个农机站和一个畜牧站，分别是上述三个农业服务系统的三级单位。其中农机站在编人员 15 人（其中有农民技术员 2 人），负责全乡的农业科技推广，在全乡的各种站所中，据说是"经费最有保障、支农作用发挥最好的部门"②。

2003 年，县财政对定阳乡农技站的拨款是 130400 元，其中人员工资为 126000 元，几乎相当于财政拨款的全部。除了这些财政拨款，农技站还有 38617 元的收入，其中"多种经营收入 20000 元，服务费收入 18617 元"。这主要是一些服务性的收费，如良种推广、经营农药、帮助农民开展多种经营的一些劳务收入等。

其他的两个站——畜牧站和农机站的情况更差一些。畜牧站有兽医 16 人，其中在编 8 人，全部都属于自收自支的范围，没有财政拨款。其收入来源主要靠给农民提供畜禽防治服务（2003 年收入 22340 元），动物检疫收入 2000 元，其他收入 1000 元，总收入 25340 元。其中畜禽防疫的成本支持 13500 元，剩余 8840 元算是这些人员的公务补贴。农机站的情况更差，在编 7 人，但是只有一人上班，其他人都自谋生计，整个农机站处于瘫痪状态。

从上述的情况来看，畜牧和农机系统，尤其是后者，在乡镇一级可以算作是名存实亡。而农技站的情况比较好。加上农技站人员的自营收入，工资可以达到年平均每人 10000 元左右的水平。但是实际情况比这还要好，因为农技系统还有相对更多的专项资金，而这些并不会体现在财政预算拨款中。

相对于农技系统，农机系统几乎没有专项资金，畜牧水产系统 2003 年有两笔中央专项款下达。第一笔是"5000 亩退耕还草项目"，主要是鼓励农民

---

① 由于没有明细的开支数，所以只能按照这个公式估计：$101 \times$ 局机关人均拨款 $+ 123 \times$ 二级单位人均拨款 $= 2447740$ 元，其中二级单位人均拨款是局机关人均拨款的 1/3。

② 这句话来自我们的实地调研资料"湖南南县中鱼口乡人民政府情况汇报"。

退耕的补贴。这笔专项总计 140 万元，其中管护费 10 万，种苗补助费 25 万，原粮补助费 105 万，通过省财政逐级下拨，直接发放到农户，农民凭身份证领取补贴。第二笔是农业"血吸虫病防治"项目 20 万元，这笔专项由畜牧水产系统监督实施，在一定程度上可以看作是畜牧水产系统的经费补贴。

　　农业的专项大都集中在农业局的农技系统。2003 年，中央、省下达的专项项目有 10 个，总计 44 万元，我将其列在表 9 - 1 中：

表 9 - 1　南县农业专项（2001 - 2003）（万元）

项目名称	2001	2002	2003	建设单位
土肥监测	2	4	3	土肥站
农业信息网络建设			7	信息站
稻田耕作制度改革	11	20		粮油站
优质稻米开发	10			粮油站
低洼稻田退田还湖种植湘莲、菜藕及高产栽培技术示范推广	5			粮油站
稻油双免耕示范			4	粮油站
棉花优势产业带建设	55		13	经作站
多年生经济作物建设		5		经作站
生态农业示范县建设	15	10	4	环监站
南抗杨种苗基地建设			3	农业局
乡农技站建设	4	3	6	农业局
棉花病虫测报补助			2	植保站
棉花病虫无害化统防技术开发	18.8			植保站
螟虫无害化治理		2		植保站
超级稻示范	5	3	2	科技站
总计	125.8	47	44	

　　表中最后一列的"建设单位"大部分是农业局机关的直属事业站所，由这些站所在某些乡镇农技站的配合下实施项目。这些资金这些专项的特点很鲜明。首先，这些项目显示了政府农业服务的主要内容。在南县这种农业县，主要包括稻、棉的技术改造、病虫防治和土肥检测；其次，这些项目都是小型项目，投资总额大都在 10 万元之下；第三，这些专项具有连续性，其中除了"农业信息网络建设"的专项是新设项目之外，其他项目大多是连续的，

虽然有些名目不尽相同，但实质内容并没有大的差别。

综合上述人员、经费、专项三部分内容，我们就可以了解南县农业公共服务系统的概貌了。从人员和机构来看，虽然覆盖面很广，人员和机构配备比较全面，但是普遍处于一种"吃不饱"的状态。要"吃饱"，主要靠两个途径。一个是利用公共部门的性质，搞一些半服务性、半盈利性的经营来收费或者从中获利；另一个则是依靠上级的专项或者项目。如果这两条路都走不通，那么其中的人员就可能会自谋生路，机构就会处于半瘫痪或瘫痪状态。

汉川

汉川属于湖北省孝感市，位于湖北省中部偏东的汉水下游。地处江汉平原腹地，紧邻武汉，交通便利。汉江横穿全境，土地肥沃，素有"江汉明珠"的美誉，是江汉平原上的"鱼米之乡"。汉川于1997年撤县建市，全市面积1663平方公里，至2010年末人口110余万。在我进行调研的2005年，全市的GDP是90.1亿元，财政收入5.2亿元，是孝感地区经济最好的县。

汉川是个农业大县。农业部门在汉川共有7个，其中市农办属于党委系统，其他六个部门——农业局、林业局、水产局、农机局、畜牧局、经管局属于政府系统（见图9-2）。

对比上一节南县的情况，汉川市的农业机构设置的资料更加完整，反映的是所谓"大农业"的机构情况。南县的畜牧、水产合并在一个局，汉川则是分设的。另外，南县农办、林业局、经管局的详细资料没有得到，所以其机构情况不清楚，而汉川的资料则一一在目。从中我们可以看出下面几点：

（1）就汉川和南县农业局系统而言，其结构基本相似。在县一级，除了局机关的行政股室之外，就是一些业务股室和二级单位，这些人员在编制上大部分属于事业编制，主要负责植保、土肥、农业生态环境、种子、科研等服务，不同的是南县有专门负责棉花、蔬菜等经济作物的二级机构，而汉川则有专门的农村能源办公室，还有一个执法大队。我们可以推测，县与县之间的农业机构设置会根据当地农业的特点有所不同。

（2）县局的二级事业单位数量和人员众多，分工细致。这些二级事业单位按照职能划分，对乡镇一级的站所进行业务指导。但是在乡镇一级，则是每个局对应一个"站"，是每个职能局在乡镇一级的延伸，就是所谓这些局在农村的"腿"，每个局在每个乡镇都有自己的"腿"，这些乡镇站所综合对应县局的各种业务。例如汉川有24个乡镇级单位，则一般的县职能局下面都有自己的乡镇站。

（3）在汉川，县局一级的在职人员共有696人，乡镇站一级共有680人，

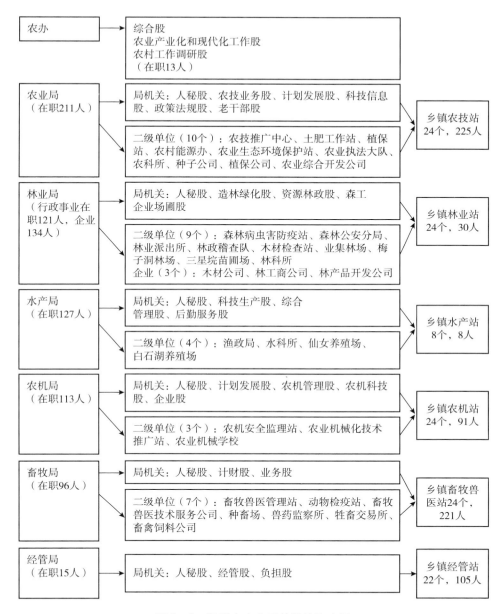

图 9 - 2 汉川市农业系统机构和人员

数量差不多。南县乡镇农技站的人员更多一些（310 人，局机关和二级单位则有 124 人）。

正如我们在讨论湘潭和南县的专项资金时指出的那样，"农口"的专项资金种类多、资金数量相对少，以小型项目为主。在表 9 - 2 中，我将汉川县

以利为利：
财政关系与地方政府行为

2000—2004 年五年间的专项资金进行了统计，水利局的小型专项资金也一般列在"财政支农"的大农口里，因为我将在后面专门讨论水利的情况，所以在此没有列入。

表 9 - 2　汉川县专项资金（2000—2004）（万元）

	省以上下达 专项资金	市本级财政安排的 预算和自筹资金	项目数总数	市本级自 筹项目数
农业局	821.5	221	56	13
农机局	13		4	
林业局	206.5	60	34	3
畜牧局	51	112	15	15
水产局	2	43	1	8
经管局		23		9
总计	1094	459	110	48

在五年中，省以上下达的专项资金共 1094 万，项目有 110 个，平均每个项目 10 万元；汉川市本级财政安排的预算和自筹资金 459 万，项目有 48 个，也是平均每个 10 万元。实际上，因为有几个 50 万元左右的项目，所以其他大部分项目的资金都不到 10 万。从省以上的专项来看，绝大部分资金流向农业局系统（约 75%），另外有 19% 的专项流向林业局系统，其他部门的专项只占 6%，项目也都很小，多是 3 到 5 万元。而汉川市本级安排的专项则显示出不同的结构，除了农业局系统安排的专项资金占 48% 以外，畜牧、林业、水产系统所占的比重都相对比较大，其中畜牧局、水产局得到的专项主要是市本级财政的安排。从南县的分析中我们得知，农业系统的预算支出一般都是按照工资计算包干基数，公用经费和其他工作费用几乎为零，所以这些局、站、所、办的日常公用经费经常是要靠专项进行补贴。涉及农业的专项大部分都是"长期"、"多年"、"小型"的项目，因此有一部分专项资金用来补贴人员的办公费用甚至收入就难以避免，也是不得已的办法。基层公共服务冗员充斥、工资极低，这些人员连下乡、下村的费用预算都没有安排，只有靠这些小型的专项来补贴。在调研中，基层工作人员反映最多的内容之一就是这个问题。汉川市的农业专项也从侧面证明了这些说法，像畜牧、水产这种国家专项极少的服务系统就只好由县财政自筹资金，以"专项"的形式进行补贴。至于这些"自筹"的专项来自何处，我们没有得到明确的答案，推测出来的最可能来源就是用其他部门"专项"来"调剂"这些市本级自设的专

项，以解决各部门之间苦乐不均的状况。

水利管理体制和专项资金

对于基层农村社会而言，水利和交通是两项很重要的公共品和基础设施。其中水利作为一项公共品，基本内容主要包括三个方面，即防洪、饮用水和灌溉，其中后者也包含了抗旱的内容，因为抗旱主要是通过灌溉来进行的。水利在各项农村的公共服务中，与天气的关系最为密切，因此有许多地区是将水利局与气象局合二为一，称为水利气象局。

南县

南县是一个在水利上很特殊的县，地处洞庭湖腹部，是湖南省两个纯湖区县之一，境内无山无丘，全县由 6 个防洪堤垸组成。所谓堤垸，就是利用堤防围起的农田或居住地，能兼收防洪和灌溉之利，在长江汛期，还可以人工放开一些堤垸作为蓄洪区用。在南县的 6 个大型堤垸中，有两个是纳入国家洞庭湖近期治理项目的重点堤垸，这两个堤垸内容纳了 14 个乡镇，是南县的主要生活、生产区域。其余 4 个堤垸是国家确定的蓄洪堤垸，承担蓄洪水量 21 亿方，占全省 160 亿方蓄洪量的八分之一。这 4 个堤垸在国家下达蓄洪命令以后将作为蓄洪区，有 6 个乡镇坐落在这 4 个堤垸内。南县境内有 338 公里的一线防洪大堤，占洞庭湖区一线大堤总长度的 9.8%，这些大堤保护着全县 138.9 万亩的集雨面积。堤垸内地面的海拔高程为 27—32 米（吴淞口基准点高程），垸堤的高程为 38.5—39.5 米（20 年一遇的标准），全县的耕地面积为 70 万亩，其中 29 米以下的耕地占整个耕地面积的 77%。全县堤垸内拥有机电排灌总装机 559 处，773 台，61642 千瓦。漫长堤垸保护了南县的耕地，但同时也使南县的农业高度依赖于调节堤垸内外水位的电排设施。如果降雨量少，就必须用电排从堤垸外抽水灌溉堤垸内的耕地，如果降雨过多，就必须用电排把堤垸内的积水排到堤垸以外。因此，用当地水利部门的话说，"没有堤垸就没有南县，没有电排就没有南县的农业"。此县的农业和居民生活基本靠堤垸来保证。

与上一节讨论过的农业系统的体制相似，水利系统也是分为县、二级单位、乡镇站所的三级结构。图 9 – 3 展示了南县的水利系统的基本结构：

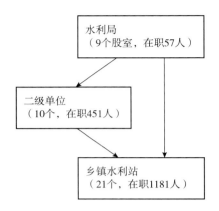

图 9 - 3　南县水利系统机构和人员构成

　　由于南县的特殊情况，这个县的水利系统比较庞大，尤为重要的是二级单位和乡镇水利站。但是，这些单位大多数都没有财政拨款，属于自收自支的事业单位，大都靠收费维持运转。

　　乡镇水利站的收入来源由三个部分组成：共同生产费、抗旱费以及综合经营收入。

　　"共同生产费"是湖区为了维护堤防和排渍排涝的农民筹集的费用，在全国许多地区都有。在洞庭湖区，按照南县的惯例，共同生产费由乡镇财政按每亩36—39元征收，每年全县总额为2480万元，其中约1800万元归乡镇政府直接管理支配，用于支付排灌电费、防汛费、机电维修费、工程维护费等；另外按照亩均10元的标准向水利站拨付。按照南县的耕地面积计算，这笔经费共计680万元。这笔经费的50%（340万）在乡镇征收之后，直接上解县财政作水利站的养老保险金，另外50%下拨水利站，作为在职人员的工资。所以在共同生产费中，乡镇水利站得到的部分为340万元。

　　在一般年景，全县收取的抗旱费约90万元，归乡镇水利站支配。另外，这些水利站自身也开展经营，这些经营有些是公用事业，如自来水供应，有些则是纯粹的商业经营，如水利站自营的种养业、运输业、轮窑等，还有一些是门面出租的收入，这些收入在2003年全县总计79万元。

　　以上三个部分：共同生产费部分680万元、抗旱费90万元和自营收入79万元就构成了乡镇水利站的全部收入，以2003年计算共计850万元。

　　按照乡镇水利站1181人在职人员的标准计算，则工资开支需要1136万元，福利支出85万元，公务费支出131万元（按每人每年1000元左右的标准），合计1352万元。收支相抵，乡镇水利站的资金缺口为502万元。

表 9 –3　南县基层水利单位基本情况（人、元、亩、个）

项目		合计	其中	
			乡镇水利站	局直二级单位
人员情况	在岗人员	1115	774	341
	外出人数	517	407	110
	退休人数	534	434	100
收入情况	人头经费（来自共同生产费）	6808500	6808500	
	综合经营	1434560	790250	644310
	抗旱费	900000	900000	
支出情况	应发工资	15224663	11368489	3856174
	应发福利	1034149	848406	185743
	基本公务费	7552480	1311240	6241240
债务情况	合计	79344422	63955254	15389168
	职工工资	18649290	16891917	1757373
	银行贷款	8424597	6309597	2115000
	个人集资	6706827	4069817	2637010
	应付工程款	6661152	6405448	255704
	单位往来	38902556	30278475	8624081
债权情况	合计	33119772	24204221	8915551
	水费	9295046	9059356	235690
	乡镇表态工程	4498000	4498000	
	个人借支	1857134	1739122	118012
	与行政村往来款	17469592	8907743	8561849

　　上表是对南县基层水利单位情况的一个概括说明。从人员的情况来看，乡镇水利站和局直属的二级单位的在职人员中，又分成两种情况："在岗人员"和"外出人员"。其中乡镇水利站的 1181 在职人员中只有 774 人"在岗"，只占 65%；局直属二级单位的 451 名在职人员中只有 341 人"在岗"，占 75%，其余的人员都属于"外出人员"。所谓"外出"，一般情况都是"停薪留职"，或者从事他业，或者外出打工，总之是和基层水利工作没有关系了。

　　与乡镇水利站相比，局直二级单位只有"综合经营收入"，没有共同生产费和抗旱费的收入来源，所以入不敷出的情况更加严重。从债务的情况来看，这两类单位都欠下了巨额的债务，其中乡镇水利站债务近6400万元，局直二级单位债务1500万元，分别是其年收入的近8倍和23倍多。这些债务中，除了单位往来欠款之外，最重要的就是人头工资的欠款。由此可见，"冗员众多、人心涣散、债务缠身、人人挨饿"就是乡镇基层水利站情况的最好总结。

　　我们下面通过南县定阳乡的水利站情况来更加具体地描述和分析基层水利单位的运营情况。

　　2003年，定阳乡水利站有人员85人，其中事业编制65人，退休20人。在编的65人中，在岗42人，内退3人，20人外出打工或者创办实体。外出打工的人员的人事关系还保留在水利站，其养老保险和社保金都由水利站缴纳，但是这些外出人员的工作与水利站已经毫无关系。

　　水利站的人员有两个来源，一个是内部的招工、招干，另一个是每年要安排复员转业的军人、大中专毕业的学生。乡镇水利站本来人满为患，但是这些安排主要来自于乡镇政府和县政府的压力，不得不满足。虽然我们看上去，乡镇水利站入不敷出、债务缠身，但是在乡镇居民看来，这仍然是一个"吃财政饭"的好单位。我们知道，水利站在县财政看来是个自收自支单位，财政没有拨款；但是在乡镇财政看来，每年的"共同生产费"和"抗旱费"这种预算外的收费拨付给水利站使用，虽然不能全额满足其支出，但也是在吃"财政饭"。另外，水利站负责乡镇的沟渠灌溉的管理、负责水费的征收和使用、负责自来水供应，这些"实实在在"的权力也可以得到一部分收入，可以"自己养活自己"。2001年9月份以后，原本归县水利局的人事管理权（人员的招聘，主要干部的任命和考核）下放给乡镇政府。此后，县水利局只负责乡镇水利站的业务指导工作，经费和人事完全划给了乡镇。水利站人员的工资标准为每人每月600—700元，全年只能发放6—7个月的工资，不足部分只能靠综合收入来补偿，其余月份的工资只能打欠条。那么，水利站人员的"日子"是怎么过的呢？

　　定阳乡的共同生产费收取标准为每亩38元。其中5元作为水利站人员的工资，5元作为福利支出，2002年工资支出和福利支出均为18.5万元。此外，共同生产费中还包括排灌电费每亩28元，2003年全乡共收取排灌电费103.6万元。这些排灌电费不但要负担乡里的电排排水的电费和机泵维修开支，还得拿出一部分交给县里，作为县里的大型机泵的使用费。一些村收取一定的抗旱费用来负担村级电排支出，抗旱费标准为每亩最高12元。一般是以村民小组为单位收取，每年的实际收入在40万左右。抗旱费实行有偿服务，专款专用。乡负责监督抗旱费的收费标准和使用情况，各村抗旱费的使用情况都要向村民公开。

定阳乡水利站能够明确拿来发工资的资金只有 18.5 万的"工资支出"，另外 18.5 万的福利支出要作为养老保险金上交县财政。此外，水利站和乡镇政府分工负责中鱼口乡耕地的排灌任务，也按照这个比例来收取共同生产费中的排灌电费和抗旱费。从上可知，这两笔资金金额为数不小，合计 143.6 万，至于乡镇和水利站如何分，分了之后水利站会从中"挤出"多少来作为工资补偿和公务费用，我们就不得而知了。

除了共同生产费和抗旱费以外，水利站每年有 2—3 万元的综合收入。这笔收入虽然小，但是其来源却是五花八门，其中有水利站将一些渠道水塘承包给农民养鱼的租金（当地干部叫作"渠道承包费"），还有将荒废大堤承包给农民种棉花的租金（这被叫作"大堤承包费"）。

为了维持水利站的运转，站长和副站长经常向民间举债，每年的借款都在 15 万—20 万之间，月息为 1%。站里领导的借款对象主要是亲戚朋友。站里的主要领导都借，如果借不来钱，那么领导也当不下去。因此，乡镇水利站站长谁都不愿意当，乡镇政府在任命水利站站长时都要事先做大量的劝说工作。

那么，水利专项资金会不会缓解乡镇水利站的这种窘况呢？

南县的水利工程资金主要来自四个方面：洞庭湖近期治理工程资金、以工代赈项目资金、应急处险项目资金和水利事业费。

（1）洞庭湖近期治理工程

该工程由湖南省水利设计院设计，工程的立项和审批权归国家发改委和水利部。工程的实施单位是洞庭湖二期（1996—2005）治理的法人单位——省洞庭湖工程管理局（简称洞庭局）。洞庭局属于省水利厅下属的副厅级单位，该局根据国家发改委每年下达的计划，结合湖南省的配套资金，确定每个县的本年的实施项目。项目受益县以群众的投劳折资作为地方的配套。一般而言，每个工程 80% 资金是国家投资，20% 是投劳折资。在项目管理方面，实行建设项目法人责任制、招投标制和工程监理制，按照规定，50 万以上的项目由省洞庭湖招投标公司工程招投标，50 万以下的项目由益阳市洞庭湖工程建设管理处委托工程单位实施。县水利局负责外地施工单位在施工过程中的协调、供电、供水，同时县水利部门也负责工程质量的管理。在资金管理方面，2000 年以前，由省水利、省财政和省计委联合发文件，资金由财政系统下达到县财政局，再由县财政局拨给县水利局，由水利局按照上级下达的项目计划的进度拨款。2000 年以后，资金由省财政厅直接拨给洞庭局，洞庭局确定工程实施单位和监理单位。在工程结束后，工程单位把工程量报给监理单位，经监理公司认定以及当地水利部门认可，然后到洞庭局申请拨款。

2000 年以后小型委托实施项目的资金，由洞庭局通过市建管处直接把钱拨给县水利局。1999 年南县得到的洞庭湖二期项目资金 7000 多万，2000 年以后，由于大部分工程资金由洞庭局管理，所以委托县里实施的项目资金减少到 1000 万左右，这些资金主要用于建设大堤的防守棚、防洪拆迁、青苗补偿、防汛公路建设以及小型涵闸的改造。2000 年以前，县财政能够掌握分配给南县的项目资金的数量，然而 2000 年以后，该项目资金在下拨过程中绕过了县财政，于是县财政连工程项目到底有多少资金在本辖区内实施都难以掌握了。

（2）以工代赈排灌设施改造项目

这个项目主要是 2000—2004 年间，由县发改局和县水利局上报年度计划，经过市发改委、水利局审定，上报省发改委、省水利厅，由其按照国家发改委和水利部的计划批准。省发改委和水利厅负责筛选申报的项目，然后由省发改委和省财政厅下达批准实施的项目名单，同时把项目资金直接下达到县财政。项目实施单位完成一定工程量以后，经监理单位认证后到县财政局报账。在五年间，这个项目共投资 2237 万，其中中央资金 1708 万。

（3）应急处险类项目

除洞庭湖二期治理项目以外，如果水利工程方面发生了新问题，只能申报应急处险项目，该项目资金主要来自于省级财政。该项目的申请程序比较复杂，以南县的南顶垸工程为例，2002 年 4—5 月份，南县南顶垸防洪大堤出现 13 处地方垮坡，严重威胁到堤垸安全，情况发生后，县水利局向省市主管部门报告，省市政府和水利主管部门先后派人进行现场察看，察看后省政府、水利、计委、财政研究决定下达南县 300 万的财政调度资金指标，组织进行处险。南县接到通知以后，水利局组织施工单位迅速进行处险。在处理的过程中，县水利局向县财政申请工程款，由县财政筹措资金。经过处险，堤垸确保了当年的度汛，但是项目资金至今只下达了 246 万，还有 54 万的工程债务至今由县水利局承担。应急处险类项目资金在 2000 年到 2004 年以来的常规年份中都不超过 100 万。

（4）水利事业费

南县获得的水利事业费主要有：中央特大防汛费，2003 年 292 万，2004 年 180 万；中央特大抗旱费，2004 年 23 万（这两项资金仅在发生特大灾情的时候才能获得。其中中央特大抗旱费属于费用项目，没有工程资金）；中央和省水利建设基金，2004 得到省水利建设基金 45 万（由水利和财政共同申报项目，资金由县财政拨给水利局）；省级防汛费，2004 年 7 万（根据当年的灾情和省级的财力来拨付）；小农水事业费，每年 22 万—27 万之间（属于固定资金，作为工程前期费和工程建设补助）。50 万以上的项目都通过招投标来确定工程实施单位。以上的各类专项资金见表 9－4 中。

表 9 – 4　南县水利专项资金（2000—2004）（万元）

项目类别	项目名称	建设时间	合计	其中			
				中央	省	市	县及自筹
洞庭湖二期治理	委托实施项目	2000	689	689			
		2001	473	473			
		2002	207	207			
		2003	129	129			
		2004	204	204			
以工代赈		2000—2004	2237	1708			529
应急处险项目	小型应急处险	2000—2004	400		400		
		2002	300		300		
水利事业费	中央水利建设基金	2000	100	100			
		2001	40	40			
		2002	50	50			
	省水利建设基金	2003	80	80			
	中央特大防汛费	2004	30		30		
		2003	292	292			
	中央特大抗旱费	2004	180	180			
	省级防汛费	2004	23	23			
	小农水事业费	2004	7		7		
		2000—2004	127				127
合计			5568	4175	737		656

　　从上述的水利专项资金来看，虽然项目、资金不少，但是对乡镇水利站来说却没有什么直接的好处。2000 年以前，水利站还可以承担一些工程项目，从中也可以获得相当可观的收入。但是自从 2000 年实施水利工程三制（工程招投标制，责任终身制，跟踪监理制）以后，水利站没有承担过一个项目。乡里的水利项目都是乡财政自己管理，财政当出纳，水利站做事。国家投资的招投标项目和乡镇没有关系，水利站最多可以负责一些小型附属项目的建设。

汉川

汉川市地处汉江下游平原，是一个襟江带湖的水网区，这个地区水利的主要职能也是防洪和排灌。防洪靠堤，排灌靠渠，堤和渠构成了这个地区的主要水利设施。这与南县的情况有相似之处。

从机构上看，汉川水利系统也是三级结构，由于资料比较详细，我们可以比南县更清楚那些局直的二级单位的情况。见图9-4。

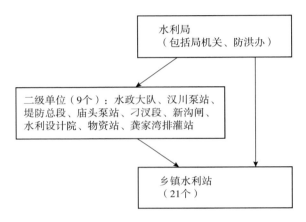

图9-4 汉川市水利系统机构和人员构成情况

从汉川的情况中我们可以看到，二级单位主要是由管理调度（水政大队、物资站）、研究（水利设计院）职能的单位和一些堤段（2个）、排灌站（4个）组成。这些堤段和排灌站所覆盖的范围超出了单个乡镇的范围，所以成为由水利局直接管理的对象。这些二级单位的人员和经费情况如下：

表9-5 汉川市水利系统二级单位的人员和经费

	人员		收入（万元）			
	在编	其他人员	财政拨款	预算外收入	水费	小计
水政大队	8		1	18		19
水利物资站	19	2	4	10		14
水利设计院	11	1	1	10		11
堤防总段	160	38	73	88	61	222
刁汊管理段	41	6	3	20	30	53

续表

	人员		收入（万元）			
	在编	其他人员	财政拨款	预算外收入	水费	小计
汉川泵站	160	24	35	100	65	200
庙头泵站	40	6	3	14	32	49
新沟闸站	55	6	2	46	8	56
龚家湾排灌站	6		2	6	3	11
合计	500	83	124	312	199	635

　　九个二级单位中共有在编人员 500 名，还有 83 名不在编的人员。"不在编"意味着财政拨款时不会将这些人员核算在内。不过这对于水利局的二级单位来说意义也不大，因为九个单位 500 人一年的财政拨款总计只有 124 万，人均 2480 元，其中标准最高的"堤防总段"人均也只有 4560 元。这些二级单位的主要收入是依靠其"预算外收入"和"水费"。水费即我们在讨论南县时的"共同生产费"，是按亩征收的，除了水政、物资和设计院三个管理、研究单位外，堤段和排灌站都有水费收入入账，而且都远高于财政拨款。在这些二级单位中，最主要的还是靠"预算外收入"。这些预算外收入有些是行政事业性收费，有些则是其经营收入，很难一概而论。例如就排灌站和泵站来说，会收取一些受益区农民的耕地面积"排灌费"作为预算外收入。

　　乡镇水利站的情况和南县差不多，此处不再赘述。下面我们来考察一下专项的情况。

　　汉川的水利专项也是分成两大类，一类是发改委系统掌握的基本建设资金，一类是财政系统分配的专项转移支付资金。见表 9—6 中：

表 9—6　汉川市水利专项资金（2001—2004）（万元）

	财政专项补助			发改委项目专项				
	小农水	事业费	中央水利基金	堤防岁修	基建投资	分水泵站	国债投资	合计
2000	84	206	100	225.4	60	950		1625.4
2001	69	106		193.6	1000	500	100	1968.6
2002	88	129	50	335	33	230		865
2003	26.7	80			346	80	240	772.7

续表

	财政专项补助			发改委项目专项				合计
	小农水	事业费	中央水利基金	堤防岁修	基建投资	分水泵站	国债投资	
2004	73	440	50	75	60		350	1048
小计	340.7	961	200	829	1499	1760	690	
总计			1501.7				4778	6279.7

五年的时间里，上级投入的水利专项资金总计 6279.7 万，其中发改委系统 4778 万，占 76%，财政专项补助 1501.7 万，占 24%。可见发改委的大型项目占了绝对多数。财政系统的专项补助大多可以视为水利系统的经费补助，其中可以归为"事业费"和"小农水"的项目占了绝大多数。这些资金，有一部分在局机关及其二级单位执行，有一部分在乡镇政府执行。除了上面说到的"预算外收入"和"水费"之外，水利系统主要靠这些专项资金才能展开运作，弥补其工资和公用经费的支出。

交通体制和资金

由于调查本身的局限，我在湖南和湖北的调研中没有得到有关农村交通情况的翔实资料。但由于交通在农村公共服务和专项资金中占有很重要的地位，所以不能不专门进行讨论。在这一节中，我主要利用福建省宁化县的材料进行一些简要的分析，以求获得对于农村交通服务的一些初步结论。

宁化县位于福建西部，武夷山东麓，是一个经济不算发达的山区县。全县基本属于山区丘陵地貌，修路成本高，交通状况不好。据 2001 年公路普查统计，全县公路里程合计为 134.892 公里，乡道 10 条 123.49 公里，专业公路 51.7 公里，村道 316.296 公里，机耕道 966.482 公里。其中，县道中三级水泥路仅 5.2 公里，占总里程的 3.9%，乡道中水泥路面仅 35.2 公里，占总里程的 29%。

宁化县交通局是主管全县公路和水路交通行业的县政府部门，为正科级单位。内设 5 个职能股室，共有在编干部职工 49 人，其中运输管理所（海事处）为行使政府职能的事业单位，有在编干部职工 31 人，其余 18 人为行政编制。另外，交通局共有 8 个离退休人员，其中 3 人由社保发工资。

运管所作为交通局的下属机构，其在财务上是独立的。下设培训股、运政股、维修股、综合股。其中，培训股主管驾驶员培训、驾校的审批考核等行政主管工作（此部分工作原来属于交警队管，2004 年划归交通局管理）；运政股主管全县交通运输的执法收费工作；维修股主管运输维修企业的行政主管工作；综合股主管运管所日常办公工作。

在养路责任方面，宁化县交通局共负责 300 多公里的省道、县道和乡村公路的养护工作。其中由交通局全权负责的道路有 100 多公里，主要通过聘用 50 个农村的老人来负责养护，交通局发给每人每月 200 元左右的工资；另外还负担全部的车辆、机械和工料费用。除了这部分由交通局全权负责养护的公路，剩下的 200 多公里的公路主要是由乡镇和村来负责养护。养路所需的工料均主要由乡村两级负责，县交通局会根据全县的养路费剩余情况酌情给予一些补助，2004 年共补助约 19 万元。2004 年县交通局的养路费支出一共在 40 万左右。

表 9-7　宁化县交通局部门收支情况（2004）（万元）

部门收入			部门支出		
收入项目	数额	所占比例	支出项目	数额	所占比例
事业收入（运管费）	193.06	76.22%	人员经费	100	34.72%
			医保、社保、公积金	24	8.33%
			交通费	11	3.82%
预算外资金收入	50	19.74%	会议费	5.5	1.91%
			乡站经费	13	4.51%
财政补助	10.24	4.04%	交通工具购置费	31	10.76%
			退休费	14	4.86%
合计收入	253.3	100%	上缴财政	13.9	4.83%
			其他费用	75.65	26.26%
超支	37.45	14.78%	合计支出	288.05	100%

2000—2004 年县交通局经费总支出为 1108 万元，其中 2004 年支出 288.05 万元。从上表可以看出，交通局的收入主要来自于其部门的事业收入，也就是运管费；支出项目中除了一小部分上缴财政之外，其他的资金基本用于人员经费和运转经费，基本没有安排提供农村公路交通服务支出的能力。真正用于农村公路交通服务的支出主要是来自养路费，这部分的收入大概和支出相等，每年大约只有 40 多万元。

至于修路项目所需的资金，主要是依靠省、市、县财政拨款和农民自筹。

按照相关规定，通乡公路省里补助 35 万元/公里，市里补助 10 万元/公里；通村公路如果按照 3.5 米宽的四级路来算，省里补助 11 万元/公里，市里补助 5 万元/公里，县里补助 3 万元/公里，村里承担 10 万元/公里。除了通过一事一议的方式向村民集资外，村里还要成立路委会，主要通过向外募捐、变卖资产等方式来筹集修路款。

下面五个表列出了 2000—2004 年五年间的交通局专项资金的详细情况。

表 9 - 8　宁化县交通局专项资金统计表（2000）（万元）

项目名称	项目内容	资金来源			
		省	市	县及自筹	合计
省完补	通村	46			46
市政两费	通村		22.6		22.6
养路费	通村		20.6	42.21	62.81
支农公路	通村		3		3
合计		46	46.2	42.21	134.41

表 9 - 9　宁化县交通局专项资金统计表（2001）（万元）

项目名称	项目内容	资金来源			
		省	市	县及自筹	合计
省完补	通村	30			30
市政两费	通村		40.65		40.65
养路费	通村		15.45	58.87	74.32
交通厅	通村	6			3
水毁	通村	20			20
渡船金	船舶		2		2
合计		56	58.1	58.87	172.97

表 9 – 10　宁化县交通局专项资金统计表（2002）（万元）

项目名称	项目内容	资金来源			
		省	市	县及自筹	合计
市政两费	通村		27		27
养路费	通村		20.59	41.63	62.22
交通厅	通村	20			20
水毁	通村	20	85		105
渡船金	船舶		13.5		13.5
支农公路	通村		8		8
	合计	40	154.09	41.63	235.72

表 9 – 11　宁化县交通局专项资金统计表（2003）（万元）

项目名称	项目内容	资金来源			
		省	市	县及自筹	合计
市政两费	通村		89.04		89.04
养路费	通村		36.04	55.49	91.53
交通厅	通村	70			70
水毁	通村		30		30
渡船金	船舶		2.5		2.5
支农公路	通村		16.05		16.05
路网经费	通村	48.2			48.2
	合计	118.2	173.63	55.49	347.32

表 9 – 12　宁化县交通局专项资金统计表（2004）（万元）

项目名称	项目内容	资金来源			
		省	市	县及自筹	合计
市政两费	通村		60.82		60.82
养路费	通村		100.2	18.5	118.7
交通厅	通村	425			425
交通部	省道	180			180

项目名称	项目内容	资金来源			
		省	市	县及自筹	合计
先行工程	省道	370			370
财政	省道			270	270
渡船金	船舶		1.5		1.5
港航	船舶		0.3		0.3
公路通行费	通村		136.5		136.05
路网经费	通村	628.4			628.4
列养	通村		34.81		34.81
乡村道路	省道			43	43
治超经费	局经费		1		1
合计		1603.4	335.13	331.5	2270.03

注：省下拨项目包括省完补、交通厅、水毁、路网经费、交通厅、交通部、先行工程；市下拨项目包括市政两费、养路费（部分）、支农公路、渡船金、水毁、列养、港航、公路通行费；县自筹项目包括治超经费、财政、养路费（部分）、乡村道路。

　　比较以上诸表，宁化县交通局近几年来得到的专项资金有了较快增长，特别是在 2004 年，专项资金数额比 2003 年扩大了近七倍，这主要得益于省财政下拨的专项资金数额的快速增长，出现了很多前几年没有的新项目，如实现"村村通"的路网建设经费就高达 628.4 万元。同时，随着省下拨专项资金的快速增长，市县两级也相应地增加了对交通方面的投入，特别是县级财政在自身运转十分困难的情况下，拿出了较 2003 年 6 倍的资金用于交通方面的配套。这一方面反映了宁化县对于改善交通条件的重视，另一方面巨额的配套资金也对当地财政状况造成了极大的负担。正如县财政局长所说的那样，县里既想拉项目，又怕来项目。这一两难的困境状况在全国财政相对困难的县都普遍存在。

　　把上述表中的内容合计画成的图 9-5，则更加一目了然。

　　与南县、汉川两地的水利管理体制相比，宁化县的交通体制呈现出不同的特点，这也可能是交通服务的性质决定的。交通局的主要业务部门是运管所，而不是像农业、水利系统那样依靠设在乡镇的站所。交通的专项资金也更多一些，而且主要是来自省以上。这使得交通系统的运转与其他部门相比相对顺畅一些。其中比较大的问题在于"自筹"的那部分。

　　从我调查过的许多地区的农村来看，村庄小型道路的修建仍是一个重要

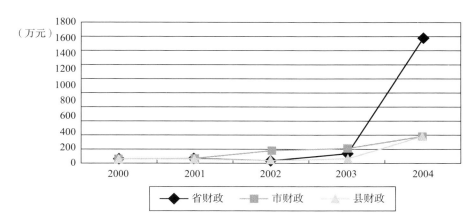

图 9 - 5　宁化县交通局专项资金来源图（2000—2004）

的问题。南方农村的居住模式比较分散，由于丘陵密布，修路的成本相对又高，在税费改革之后，许多地区的村庄都遇到了修路资金筹集难的问题。按照税费改革中"一事一议"的规定，靠村集体从农民中均摊修路费用变得非常困难。所以在实践中，各地政府也越来越依靠专项的方式。这种大的趋势变化，是与农业、水利一致的。

　　税费改革无疑对农村基层的公共服务产生了巨大的影响。这种影响首先表现在财政资金的流动和使用上。从分税制加剧县乡财政的困难到农民负担问题的出现和加剧，再到税费改革的出台，显示出政府政策在解决三农问题时的连贯性。税费改革后基层政权出现"悬浮"状态也是在农民负担问题得到基本解决后的一个必然结果。在这个宏观背景下，农村的基本公共服务问题就变得越来越突出。从本章的描述性分析来看，专项资金扮演了一个极为重要的角色。

　　但是，专项资金要通过政府层级一直下达到农村基层却是非常困难的。在最基层的乡镇一级，税费改革前已经积累了大量的冗员。这些人员普遍处于一种吃不饱的"半饥饿"状态，所以，下达的专项资金难免要被挤占、挪借作为"吃饭"之用。但是，如果没有这些基层人员，专项资金的实施和效率也难以得到保障。这种两难的处境构成了我们理解农村公共服务的基本背景。对于这些冗员而言，如果得不到专项，或者无事可做，就可能另立名目来搜刮当地的农民。但是如果对于专项资金不加以严格的管理和审计，这些资金就会被用于养人。从高层政府的政策设计来看，"专项化"和监督审计正在成为管理公共财政资金的重要特点。但这种趋向也存在着比较大的问题，在下一章，我将通过对于农村义务教育的分析来讨论专项资金本身的弊端。

第十章　专项资金在基层：农村义务教育

　　我国农村义务教育存在的主要问题是经费严重不足，这导致了教师工资拖欠、校舍危房面积不少、教学设备缺乏、学生辍学率高等现象。在税费改革之前，从一些实地的调查结果来看，农村义务教育的经费主要来自乡镇财政和农民集资，而乡镇财政的主要收入来源是农业四税，也是农民手里收取的收入，所以有些地区的农民将农村义务教育叫作"农民自办教育"。

　　自 2001 年以来，中央政府着力改变这种"农民自办教育"的状况，其中最主要的措施就是将农村义务教育投入的主体从乡级财政上划到县级财政，即实行"以县为主"的义务教育投入体制。由县级财政负责义务教育的主要投入，不但可以在一定程度上堵住乡镇政府通过教育向农民摊派收费的口子，确实减轻农民负担，而且可以防止乡镇政府挤占教师工资和教育资金的行为，保证农村义务教育的正常运转。那么，"以县为主"是否真正实现了"由农民办教育到政府办教育"的转变了呢？我主要以在黑龙江的实地调研材料来回答这个问题。

"以县为主"

　　从国家政策的角度来讲，我国农村义务教育的管理体制叫作"在国务院领导下，由地方政府负责、分级管理、以县为主"。从这个体制上看，各级政府对义务教育均有不同程度的投入，而以县级政府的投入力度最大。具体而言，农村义务教育的支出主要有三项内容，即中小学教师的工资支出、公用经费支出和校舍建设、危房改造支出。在中小学教师的工资支出中，还包括民办教师和代课教师的工资支出。在实行"以县为主"的管理体制以前，这三项支出的投入责任主体如下：

（1）工资支出中，公办教师的工资支出主要由县和乡两级财政从预算内的"教育事业费"支出中负责，而民办和代课教师的工资则主要由乡镇财政从非预算资金即"乡统筹"中的农村教育附加费中负责；

（2）公办教师的公用经费的责任主体与其工资支出一样，而民办和代课教师则通常没有专门的公用经费，其日常支出从学杂费和农村教育附加费中列支；

（3）校舍建设和危房改造的支出则是由从中央到地方五级政府以及村级自治组织均有不同程度的投入。一般而言，中央、省、市（地区）财政会配备一些专门用于校舍建设和危房改造的专项资金，而县乡两级政府负责资金的具体管理和使用，乡级政府作为最基层的执行单位，往往在校舍建设和危房改造中投入一定的人力和物力（包括农民的义务工），村级自治组织也主要参与其村内校舍的建设和维修。

这种义务教育的投入结构在 2001 和 2002 年经历了一个比较大的变化。2001 年 5 月的国务院 21 号文件《关于基础教育改革与发展的决定》明确了"在国务院领导下，由地方政府负责、分级管理、以县为主"的体制，并特别指出，"从 2001 年起，将农村中小学教师工资的管理上收到县"，"按规定设立'工资资金专户'，财政安排的教师工资性支出，由财政部门根据核定的编制和中央统一规定的工资项目和标准，通过银行直接拨入教师在银行开设的个人账户中"。而"乡镇人民政府要承担相应的农村义务教育的办学责任，根据国家规定筹措教育经费，改善办学条件，提高教师待遇"。对于公用经费，"除从学校按规定收取的杂费中开支外，其余不足部分由县、乡两级人民政府予以安排"。对于校舍建设和危房改造的资金则没有特别明确的规定，只提到"提倡农民通过义务劳动支持农村中小学危房改造"。一年之后，国务院又颁布了 28 号文件《国务院办公厅关于完善农村义务教育管理体制的通知》。这个文件再次强调了县级财政将中小学教职工工资"通过银行按时足额直接拨到在银行开设的教职工个人工资账户中"。对于公用经费，文件精神仍然与 2001 年的 21 号文件一致，规定"除学校按规定向学生收取的杂费外，其余部分由县、乡两级人民政府预算安排"。这个文件与 21 号文件的不同之处在于明确了校舍建设和危房改造的责任主体，规定"县级人民政府要将新增危房的改造列入本级事业发展计划，多渠道筹措经费，确保及时消除新增危房。农村中小学进一步发展所需的校舍建设项目，由县级人民政府列入基础设施建设统一规划，经省级人民政府审批后，由省、地（市）、县级人民政府多渠道筹措建设资金。农村中小学购置教学仪器设备和图书资料所需经费，由县级人民政府安排。"

总结这两个文件的精神，所谓"以县为主"的教育管理体制的加强主要表现在教育投入的第一项和第三项上，即公办教师工资由县财政统一发放，校舍建设和危房改造工作由县级人民政府统一安排。而公用经费部分并没有"以县为主"，而是由"县乡两级人民政府安排"。另外，民办和代课教师的工资也由乡级政府从教育费附加中支出。

2002年开始的税费改革就是取消了乡统筹、村提留和农村义务工等收费和摊派项目，只对农民收取较原来税率有所提高的农业税和农业税附加（分别占常年亩产的7％和1.4％），此后到2005年又将农业税取消。农村的建设性集资收费采取由村民大会通过的"一事一议"制度。这次改革对农村义务教育体制影响最大的就是取消了原来包含在"乡统筹"中的农村教育费附加，造成的教育经费缺口由中央安排的税费改革转移支付来填补。这项资金"源头"的变化使得"以县为主"的内容实际上发生了重要改变。

对比2002年先后由国务院办公厅发出的两个文件就可以看出税费改革对"以县为主"的义务教育体制的影响。一个文件是上面提到的28号文件《国务院办公厅关于完善农村义务教育管理体制的通知》，另一个是稍早一些的25号文件《国务院办公厅关于做好2002年扩大农村税费改革试点工作的通知》。在28号文件中，农村义务教育的公用经费由"县乡两级人民政府预算安排"，但是在25号文件中，指出"县级财政要按规定的标准安排农村中小学教师的工资和公用经费"。实际上，在2001年颁布的5号文件《国务院关于进一步做好农村税费改革试点工作的通知》中，对公用经费的问题态度更加明确："各省级政府要参照改革前农村中小学的实际公用经费，核定本地区标准和定额，扣除学校适当收取的杂费，其余部分由县级地方财政在预算中予以安排"。可见税费改革的文件和义务教育的文件在"公用经费"的投入主体上是有明显差别的。这个差别表明，一旦税费改革实行之后，公用经费的安排实际上也会由"县乡两级"变成完全由县级政府安排。也就是说，税费改革解除了乡级政府安排公用经费的责任。另外，由于税费改革取消了农村教育费附加，乡政府也就同时没有了安排民办和代课教师工资的责任。实际上，作为农村税费改革的配套措施，到2002年，全国大部分地区的民办和代课教师已经被清退干净。没有了这些教师，乡政府自然没有了这部分的支出责任。

我们因此可以看出，税费改革实际上推动了"以县为主"的教育体制的建立，"公用经费"也完全成为县政府的支出责任，而乡政府除了不承担公办教师工资的发放之外，也不再承担公用经费和民办代课教师的工资。那么，税费改革后，乡政府对农村义务教育还有哪些责任呢？

对于乡级政府在税改后对义务教育的责任问题，国务院在2000、2001和

2002 三年连续发布的三个税费改革文件中①都没有明确的说明。只是在 2001 年的 5 号文件中提到 "农村税费改革必须相应改革农村义务教育管理体制，由过去的乡级政府和当地农民集资办学，改为由县级政府举办和管理农村义务教育"。这些文字的隐含意义是，农村校舍建设和危房改造的投入和管理似乎也应该上收到县级政府。这样一来，乡级政府在义务教育的投入上就没有支出责任了。但是这里含义始终不够明确，因为这个文件在谈到税费改革转移支付资金时又指出，"县、乡两级政府在安排中央和省两级财政转移支付和本级财政支出时，要首先用于发放公务员和教师等人员工资，保证农村中小学校正常运转所需的公用经费"，"乡级政府" 赫然在列。按照这段话进行理解，则用于弥补农村教育附加缺口的转移支付部分（原来乡统筹中的 "乡村两级办学经费"）也应该发到乡级政府，那么乡级政府在义务教育投入上也不是全无责任了，至少它要负责这部分转移支付资金的管理和使用。文件中的这种矛盾的模糊含义使得地方政府会按自己的理解去安排税费改革后教育投入的责任主体。

黑龙江的义务教育体制

从黑龙江省人民政府颁行的关于义务教育和税费改革的系列文件来看，其基本精神和中央、国务院是基本一致的，只是在经费安排问题上更加具体，因此税改前后县、乡两级政府对教育投入的责任变化也显得更加明确。

税费改革之前，国务院义务教育的 "以县为主" 的含义也体现在黑龙江人民政府的文件中。2001 年黑龙江省人民政府《关于贯彻落实国务院关于基础教育改革与发展决定的实施意见》中，就明确了县级政府统一发放教师工资的支出责任。但是对于公用经费和校舍建设、危改资金，则明确地倾向于以乡级政府作为投入主体。《意见》中指出，公用经费 "首先由乡（镇）政府在农村教育费附加中予以安排，仍有缺口的由乡（镇）财政预算中安排"，"乡（镇）因财力确有困难，尽最大努力后仍不足的，由县级财政给予补足"。可见，在黑龙江，义务教育的第二项即公用经费的投入实行的是 "以乡为主" 的投入体制。另外，"乡（镇）政府要承担相应的农村义务教育的办学责任，根据国家和省有关规定筹措教育经费，改善办学条件，提高教师待遇。" 这些文字强调了乡级政府在校舍建设和危改支出方面的责任。

---

① 这三个文件除了文中提到的 2001 年 5 号文件和 2002 年 25 号文件外，还有 2000 年的 7 号文件《中共中央、国务院关于进行农村税费改革试点工作的通知》。

税费改革使得这种责任主体结构发生了明显的变化。在 2002 年颁布的黑龙江省人民政府《黑龙江省农村税费改革试点实施方案》中，指出要"实现农村义务教育的投入主要由农民承担转到主要由政府承担，政府对农村义务教育的责任从以乡镇为主转到以县（市）为主的两个转变"，这里的含义是明确的，税费改革前黑龙江省实行的实际上是"以乡为主"的义务教育投入体制。而只有在税费改革以后，才"由县级政府举办和管理农村义务教育，农村中小学教师工资和经常性教育经费纳入县级财政开支，乡镇财政和村级组织不再承担经常性的办学开支。"这里有两层值得注意的含义：

1）《实施方案》中实行"两个转变"表明，在税改以前，黑龙江省的教育体制仍然是"以乡为主"，只有税费改革后才开始"以县为主"。事实上，在我们调查的两个县（肇东和绥棱），2002 年实行税费改革，2003 年才将教师工资上划到县级财政，说明"以县为主"实际上是在税费改革后实现的；

2）与国务院义务教育和税费改革的文件精神相比，黑龙江省的"以县为主"的转变更加彻底。除了教师工资和公用经费由县级财政负担以外，中央税改转移支付中用于弥补农村教育附加缺口部分的资金也不再发放到乡级政府。在 2002 年税费改革的配套文件《黑龙江省关于将原由乡统筹费开支的"五项事业支出"分别纳入县（市）、乡（镇）财政预算管理的意见》中，乡村义务教育费"列入县（市）财政一般预算支出中的'教育事业费'支出科目，主要用于教师工资及乡村义务教育经常性经费"。这部分资金"和预算内安排的教育支出统筹使用，实行县级综合财政预算管理"（见 2002 年黑龙江省人民政府 31 号文件《黑龙江省农村税费改革转移支付资金管理办法》）。由此可见，在国务院文件中并没有特别明确税改的义务教育转移支付资金是由县还是由乡级政府支出，但是在黑龙江完全列入了县级财政的支出科目。至此，乡级政府对于义务教育的投入是没有任何支出责任了。

税费改革前后的乡镇财力

为了深入说明基层政府的运作情况，这里以黑龙江的肇东市（县级市）和绥棱县为例来进行分析。税费改革前，肇东实施的县乡财政体制是自 1996 开始的，这种财政体制是分税和包干混合的一种财政体制。乡财政将农业税全部上划到县财政，而将全部工商税收和契税、农业特产税、行政性收费等财政收入留下；支出部分则实行包干制，即按照 1996 年划定的支出数作为基数包干，在 1996—2002 年的财政年度里，县财政按照这个固定的基数划拨乡财政作为支出。简而言之，就是"工商税收全留、农业税全上交、支出缺口由县财政定额补助"的"收入分税、支出包干"的体制。以 2001 年的肇东的宏德乡为例，农业税 90 万，工商税收 126 万，上级体制补助收入为 183 万，由于农业税全部上交，则其可支配财力为 126 + 183 = 309 万。

这部分可支配财力无法负担宏德乡财政的财政支出，主要的原因有以下两个：

预算内的工资支出占掉了绝大部分财政支出，日常运转和公共建设的资金严重不足。2001 年宏德乡的全额财政供养人员为 324 人，工资支出总额为 303 万，占其可支配财力的 98%，剩余的财力只有 6 万元，连乡政府的日常办公经费也远远不能满足，其入不敷出的状况非常严重。

更加严重的情况是，这 309 万的可支配财力实际上含有水分。由于乡财政完成工商税收有任务指标，如果达不到指标，县财政的定额补助则不能全额拨付，所以乡财政不得不上报虚假的工商税收完成情况。以宏德乡为例，2001 年的实际工商税收只有 60 多万，而上报数为 126 万，水分高达 50%。如果挤掉这部分水分，则宏德乡 2001 年实际的可支配财力只有 249 万，连发工资都不够了。

这种入不敷出的严重情况造成了财政供养人员的工资也无法全额发放。乡财政通常的解决办法，是调入非预算资金如乡统筹款到预算内充当工商税收以完成任务指标，或者通过银行借款、农民摊款、民间高利贷等办法来维持日常运转、搞一些必需的公共建设。可以想见，对义务教育而言，正是这种入不敷出和靠借贷运转的体制造成了教师工资发放不足、拖欠以及校舍建设、危改资金的挤占和挪用。

2002 年肇东实行了税费改革，我们仍以宏德乡的财政收入为例：农业税为 203 万（税费改革使得农业税大幅度增加），工商税收 98 万，上级体制补助 151 万，另外还有增资补助和税收返还补助 49 万和 22 万。由于农业税仍然全额上交，宏德乡 2002 年的可支配财力为 98 + 151 + 49 + 22 = 320 万；同时中央财政的税费改革转移支付补助为 141 万，所以宏德乡 2002 年的可支配财力为 461 万。

对比宏德乡税改前后的可支配财力，我们发现，在其工商税收有所减少的情况下，可支配财力反而大大增加了。其中的原因在于除了增资和税收返还补助之外，中央财政的税费改革转移支付补助是一个决定因素。那么，这是不是说，如果县乡财政体制不发生变化的话，税费改革会使得乡财政的可支配财力增加呢？

答案不是肯定的。实际上，在税改前，乡政府除了预算内的可支配财力之外，还有一笔比较大的预算外资金收入，即乡统筹收入。2001 年宏德乡的这笔收入有 105.5 万元；除了乡统筹之外，乡政府还会收取一些以修路、校舍建设为名的一些非规范性收费,而这些钱的数量我们无法进行估计。这样如果将规范性和非规范性的收费也算作乡政府的实际可支配财力的话,那么税改显然没有能够使乡政府的可支配财力增加,而且由于取消了非规范性收费,很可能使得乡政府的财力有所减少。我们可以以宏德乡为例画一个图(图 10 - 1)来对比税改前后的情况便会一目了然。

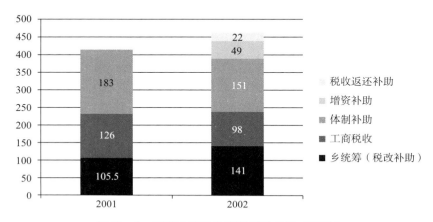

图 10 - 1　宏德乡税改前后的财政状况 (万元)

显然,税改改革对乡镇财政的状况会产生这样一些潜在的影响:

1) 乡统筹费转换成了税费改革转移支付。如果只从总量上来看,转移支付和乡统筹数量相当甚至稍多于统筹,但是乡政府宁可要数量少一些的乡统筹也不愿意要转移支付。因为第一,税费改革转移支付资金属于预算内资金而且每一项都规定了明确的用途,有些类似于专项资金的使用。乡政府用起这笔钱来远没有乡统筹灵活。用一个乡干部的话来说,这笔钱不但"不好花",而且"花起来都想哭";第二,由于转移支付是预算内资金,且由上级财政拨付下来,所以乡政府无法用来充抵完不成任务的"工商税收",即无法用来进行"空转"。这给乡财政的日常运转造成了更大的困难。

2) 税费改革将一些摊派的公共建设收费(如修路和校舍建设资金)变成了必须经过村民大会通过的"一事一议"收费制度,这就彻底堵住了乡镇政府非规范性收费的渠道。乡镇政府既然没有权利再从农民手里收费,要进行民间高利贷的借款也立刻变得非常困难,因为民间资本把乡政府收费的权利看作是乡政府作为债务人的"信用"①。

---

① 我们调查的一位乡党委书记告诉我们,税费改革后,他手头一点"活钱"都借不到了。因为那些有钱的老板觉得乡政府不能收费,便没有能力还钱。极端的例子是,他现在连从乡政府门口的小卖部买烟都不能"赊账"了,用他的话来说,现在是一点"信用"都没有了。

教师工资统发：财政资金"专项化"的滥觞

税费改革在没有改变县乡财政体制的情况下，加大了乡镇财政运转的困难，这当然也会严重影响到教育的投入情况。

首先，税费改革促进了民办教师和代课教师的清退工作。由于这些非公办教师的工资来自于乡统筹中的农村教育费附加，税费改革取消了这笔收费之后，非公办教师的工资来源便没有着落。新拨付的税费改革转移支付资金属于预算内资金，只能用来补发公办教师的工资，不能用于这些非财政供养人员的工资支出。在我们调查的两个县，民办教师和代课教师都是在税费改革的前一年（2001）就已经清退干净。

其次，税费改革并没有使教师工资拖欠的问题得到解决。从我们上一节的分析得知，工资拖欠的主要原因是入不敷出和虚假收入，而税费改革并没有解决乡镇财政的收入问题，反而通过杜绝收费，使得乡镇财政的日子更加难过。在这种情况下，教师工资的拖欠问题必然是更加严重了。

再次，税费改革使得公用经费和校舍建设资金成为乡镇财政无法解决的问题。在税改以前，公用经费就非常不足，这是由于乡镇财政预算内收入本身不足的缘故。而校舍建设和危房改造的部分资金则来自乡镇财政的收费、集资、借款和欠款。税改之后，这些非规范收费的路被堵死，学校的经费自然就更加没有着落。

从2003年开始，这两个县将教师工资全部上划到县，公用经费也由县财政预算中支出。用于补偿农村教育费附加的税费改革转移支付部分也不再发放到乡财政，而是由县财政用于预算中统一支付教师工资和公用经费。对于预算外的学杂费，实行列收列支的"收支两条线"的管理办法，由学校从乡镇财政的预算外专户中支出。按照黑龙江省的文件精神，自2003年起，乡镇政府不再负担义务教育的支出责任。

随着"以县为主"教育体制的实行，县乡财政体制也作出了改变。肇东县新的财政体制与原来的体制非常不同：工商税收全部上划到县财政，契税、农业特产税、罚没收入和行政性收费等财政收入留归乡镇，农业税按支出基数留给乡镇后，超出部分上解县财政。

"以县为主"体制的实行必然带来县乡财政体制的重新制定，因为教师工资作为乡镇财政的最大开支部分上划之后，乡镇的开支负担大大减少而县财政的开支规模迅速增大。在这种情况下，县财政必然要将原来用于乡镇教师工资开支的收入划归自己，否则无法承受"以县为主"教育体制的巨大压力。

由于缺乏 2003 年的数据，我们仍然以宏德乡为例，以 2002 年的情况来推断这种新体制带来的利益分配格局。

乡财政留下的只有工资（不包括教师）和部分转移支付（教育除外），由于实际的工商税收完不成上报的指标，乡财政在将工商税收上解时必须填补上这个缺口。我们以 2002 年的情况来看，非教师工资部分 144 万（假如这部分为县财政核定的支出基数，由县财政作为定额补助拨付乡财政），除教育外的转移支付为 93 万，那么这两部分加上零散的财政收入（契税、农业特产税、罚没收入和行政性收费，按 2002 年来算，这部分有 38 万包括在"工商税收 98 万"之中）就是乡镇可支配财力 144 + 93 + 38 = 275 万。但是由于要拿出 40 万（2002 年工商税收的水分）填补上解的工商税收，所以乡镇财政的实际可支配财力只有 235 万，这使得乡镇财政在甩掉教师工资这块开支负担的同时，还是处于一种比较紧张的财力状况之下。

在新的县乡财政体制下，与 2002 年的体制相比，县财政从宏德乡多集中了 60 万工商税收、22 万税收返还、49 万增资补助（这些都不用下拨到乡财政）和用于教育的税费改革转移支付（48 万），共 179 万，2002 年宏德乡中小学教师的工资开支为 216 万，所以显然还不够。但是我们注意到，在新体制下，农业税除了扣除乡镇支出基数外也全部上划县里，所以就宏德乡而言，203 万的农业税扣除了 144 万支出基数之外，还有 59 万剩余上划到县里，所以肇东县财政从宏德乡得到的总上划收入和中央下达、没有转付给宏德乡的转移支付部分加起来共 238 万，足够用于中小学教师的工资了。

这里的一个问题是，在假设县乡两级收入没有增加的情况下，为什么教师工资由乡里发就不够、导致拖欠，而由县里发放就够了呢？在我们分析中，我们并没有假设县里因为教师工资上划而挤掉别的支出以满足教师工资。其中的关键因素在哪里呢？

以宏德乡的情况而言，我们注意到，在新体制下，乡里实际上"补贴"了 40 万"虚收"的工商税收给县财政。2003 年前，工商税收算作乡级财政收入，乡镇政府借用了其他资金来充当这部分税收，虽然完成了税收任务，但是并不能拿这笔钱作为预算内的实际财政支出，借了的钱要通过财政支出还给债主，所以才导致了工资拖欠。而 2003 年以后，这部分虚收的税收被当作县级财政收入上划，县级财政便用来直接作为预算内的工资支出。因此，"以县为主"导致的工商税收上划实际上是乡财政"筹来"了一笔虚假的工商税收划到县里给教师发工资了。我们因此可以说，"以县为主"在减轻乡镇支出负担的同时，也"汲取"了一部分乡镇"收入"①。

2）最重要的因素还是在于税费改革使得县级财政的收入实际上增加了。为什么这么说呢？税费改革减收的部分（乡统筹）实际上由中央财政以税费改革转移支付的形式补上了，而税费改革还有一部分增收，即农业税税率的提高带来的增收。2001 年宏德乡的农业税为 90 万，而 2002 年农业税为 203 万，提高了 113 万。由于农业税属于地方税收，无须上解到中央财政，而且由于肇东的财政体制中农业税作为县级财政收入，所以这 113 万实际上使得县级财政收入大大增加了。就全县而言，2001 年农业税收入是 1951 万，而税费改革后的 2002 年全县农业税收入是 3934 万，提高了 100%。由上面的分析可知，县财政正是靠将这部分增收的农业税用于教师工资支出才使得教师工资上划不至出现缺口。

至此我们的答案就明确了。"以县为主"之所以能够保证教师工资的足额发放，主要由于两个方面的原因。一个是部分"挤占"了乡镇财政的"水分收入"，这部分"收入"如果是由乡财政来发，只能用于"空转"或者"还债"，是无法用来发工资的，另一个原因在于利用了税费改革导致的县级财政收入中农业税的增加。而农业税之所以能够增加，是由于"并费入税"，实际上是将原来乡镇政府的一部分收费算在其中。所以说，解决教师工资拖欠问题，并不是县财政拿出了另外的财力，也并非由于上级增加的转移支付，而是属于"羊毛出在羊身上"，实际上是将一部分乡镇财政的"虚假收入"和一部分改革前的乡镇收费集中上来，统一发放了教师工资，直接由县财政将工资付到教师个人的银行账户之上，一举解决了教师工资拖欠问题。从财政资金运行的意义上说，这实际上就是将一部分财政资金通过由县财政设立了一笔统一、直接发放的"工资专项资金"，绕过了乡财政，但是有意思的是，这笔资金的真正来源还是乡财政。这种根据支出用途、利用上级财政直接以类似于专项资金的支配方式使用财政资金的方式，正是此后各类财政资金"专项化"的滥觞。

至此，税费改革和"以县为主"的关系就更加明确了：税费改革不但促进了"以县为主"体制的实行，而且也能够保证县级财政有比较足够的财力来发放教师工资。换句话说，"以县为主"紧跟在税费改革之后实行，实际上是把税费改革带来的县级财政增收给了教育。

总结以上的分析，我们可以看出，正是税费改革导致的农业税增收和县乡财政体制的调整是实行"以县为主"教育体制的关键。假如没有税费改革，

---

① 这部分收入其实是乡镇借来的款项，如果工商税收仍算作乡级收入，那么乡财政可以在支出时还款，但是一旦被作为县级收入支出的话，乡财政便须另外再筹款还债，或者干脆不还了。

将教师工资上划到县就必然还要挤掉部分县级其他部门或建设的支出。总的来说，"以县为主"既通过上划到县改变了县乡财政的支出结构，保证了教师工资及时发放，又因为税费改革使得县乡财政收入总量增加，从而能够保证县财政不因为上划工资支出而捉襟见肘。

公用经费的"专项化"：从"L"模式到"Seven"模式

"以县为主"解决了义务教育教师工资的问题，但是并没有解决好公用经费和学校建设的资金问题。按照黑龙江省"以县为主"的改革办法，公用经费和校舍建设资金都由县财政解决，而乡财政对教育投入不再承担支出责任。这就是说，黑龙江在将教师工资上划的同时，也自然而然地将公用经费也"上划"了。

我们先来看"以县为主"改革前的公用经费的支出责任情况。

在黑龙江的两个县，县财政都表示实际上没有资金来发放义务教育的公用经费，绥棱县干脆不在县财政支出中列入公用经费，而肇东市表示，虽然在预算中会列出公用经费，但是实际上是没有这笔支出的。也就是说，在实行"以县为主"的体制前，公用经费除学杂费外，不足的部分名义上虽然由县、乡两级政府解决，但实际上是由乡财政解决的。

更进一步而言，所谓"解决"，也并不是说乡财政开支中会列出或者支出一笔"公用经费"给中小学学校，而是采用"填缺补漏"的办法，哪里有窟窿哪里填补。

对于中小学而言，日常的办公费用、学校运转所需的费用有两个基本的来源，一个是从学生手中收取的杂费，收费标准比较严格且总额较少，勉强可以满足书本、体检、水电等开支，而学校的教学设备，从粉笔到课桌板凳、从开运动会到体育器械，都需要从财政的公用经费中列支，这是学校运转的另一个经费来源。在我们调查的这两个县，第二部分经费来源并没有列入乡财政的预算内开支。学杂费不够的部分，要靠中小学校长找乡政府去"要"。

一般而言，一个乡内有一个初中，还有许多小学，坐落于乡镇政府驻地的小学是乡中心小学。乡镇政府通常设有一个教学办公室，主任一般由中学或者中心小学校长兼任。当一个学校的学杂费不够开支，而有些开支又确实必须时（例如学校开运动会需要两车沙子填沙坑，或者学校需要配置新的桌椅），小学校长就会去找乡教办主任，乡教办主任会去找乡长或乡党委书记。如果校长和某位乡长比较熟悉，也可能直接去找这位乡长。在这种情况下，乡长会批一笔钱（通常采用写条子的方式）给学校，也可能只批一部分或者干脆不批。乡长还可能不批钱而安排专人去买一车沙子给学校运去，也可能派人去修理学校的旧桌椅而不会给学校批钱去买新桌椅。我们发现，乡政府和村委会在维持学校运转方面存在着一定的分工，一般是乡政府出钱出物，村委会出人出力。这就是为什么我们在乡镇财政一级普遍看不到由财政专门列支的公用经费的原因。

在财力十分紧张的基层财政，这种靠关系和实际需要要求资金的办法非常普遍，也能够解决很多实际的小问题。但这并不是说，乡政府会在财力紧张的时候将有限的资金使用得很有效率。根据我们的调查，乡政府的效率并非来自于乡政府的官员本身，而是来自于其治下各学校校长以及教办主任的积极争取和对乡政府资金使用的某种程度的监督。"积极争取"的程度有赖于校长们将自己的经费需求表达得多么迫切，和真实的实际情况有多么严重。因为乡长和村长通常对真实情况一清二楚。"某种程度的监督"则是说校长们和教办主任通常会在一定程度上监督乡长和村长对人、财、物的使用。之所以说是"某种程度"，是因为他们在人事上归乡长管，工资要靠乡里发，能否"争取"到钱要看和乡长的关系，所以要做到真正的监督是不可能的。与其说是"监督"，不如说是"督促"更为确切。

总而言之，在实行"以县为主"之前，农村义务教育的公用经费实际上是乡政府负担，并且负担的方式也不是按"预算支出"的方式，而是将其和乡政府控制的其他日常运转的经费合在一起使用。这种做法的问题是缺乏预算来保证每个学校得到一定量的公用经费，也无法有效防止乡政府将钱用在其他地方；但是这种做法首先是一种在乡政府财力紧张的情况下不得已的办法，其次为了保证教育的日常运转，乡政府常常在一定程度上会挤掉其他资金来满足教育的一些急迫性的投入；再者，乡政府和村委会对教育的这些投入并不一定是经费的投入，他们往往利用权力来动员、支配其他部门对学校进行人力、物力的帮助，例如开运动会用的沙子就是乡政府协调其他部门解决，修厕所需要用砖、修课桌需要用木头的时候，乡政府和村委会比较方便地协调其他部门解决。

这种基层财政的运作方式虽然不够规范和透明，但是由于政府与基层社会接触密切，信息沟通充分，能够解决很多实际出现的问题。实际上，这也正是乡镇一级财政存在并能发挥作用的意义所在。而随着"以县为主"和"税费改革"的展开，这种局面也彻底改变了。

"以县为主"的教育体制几乎完全取消了乡政府对教育的投入责任，当然包括公用经费。根据我们上面的分析，县财政没有足够的财力发放公用经费。而乡政府又没有了支出责任，农村中小学的公用经费如何解决呢？

按照《黑龙江省农村税费改革试点实施方案》，公用经费由县财政负担，并且从中央税费改革转移支付中用于农村教育的经费中列出"中小学教师工资"和"公用经费"两个部分。而在 2003 年肇东和绥棱实行的"以县为主"的教育体制中，转移支付中用于教育的部分完全由县级财政使用，这样"公用经费"就完全由县级财政负担。因此这两个县义务教育的公用经费就成了由县到学校的"专项资金"，我们可以称之为"公用经费专项化"的体制。

所谓"公用经费专项化"的体制，就是指本来应该按照教师人数分配的公用经费没有分配到乡财政，也没有分配到各学校，而是控制在县教育局和财政局那里，按照申报——批复的"专项资金"的分配原则进行分配。我们对比"以县为主"前后的体制，这种差别就很明显了。见图 10 – 2。

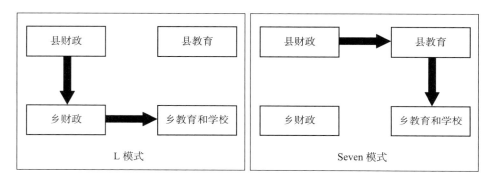

图 10 – 2 "L"模式和"Seven"模式

我们将改革前的支出责任模式形象地称之为"L"模式，乡财政是关键；将改革后的模式称之为"Seven"模式，公用经费的使用途径构成了阿拉伯数字 7 的形状。可以看出，改革后是由乡教办甚至各学校直接面对县教育局的体制，在这种体制下，乡政府不再对公用经费负有任何支出责任。公用经费专项化的逻辑是和教师工资上划的逻辑一模一样的，目的就是防止乡政府对公用经费的挤占和挪用。这种逻辑认为，改革前乡政府对各学校的公用经费"能不发就不发"、"谁来要就给谁"的做法和挤占、拖欠教师工资的做法一样，是应该通过公用经费的支出责任上划来解决的。

值得注意的是，公用经费支出责任的上划是"纯粹"的上划，因为这些由县级财政支出的公用经费并没有按照公用经费的按人头配置的分配原则分配到各个学校去，而是通过"上划"将公用经费的分配原则"专项化"了。

实际上，如果公用经费充足的话，公用经费完全可以和教师工资一样，直接列入预算支出按照教师人头配置下去，至少按学校直接分配下去。但实际上，这些公用经费几乎全部变成了由县教育局负责拨付的"专项资金"，谁使用谁申请。

我们现在就以一个乡初中在实行"以县为主"后的收支情况来说明这些问题。

表 10 – 1 绥棱县两合乡公用经费收支预算情况明细（2003）

收入项目	元	支出项目	元
学杂费	72000	办公费	25000
校田地	7000	差旅费	16000
宿费	9600	取暖费	21000
		水电费	10000
		刊物费	5000
		电话费	15000
		其他（教师活动）	7000
		业务费	
		（1）教师用书	2800
		（2）教具	1200
		（3）参考书	1600
		（4）挂图	800
		（5）科研	1500
		设备购置	
		（1）教师办公桌椅	6400
		（2）实验设备	5000
		（3）音体美器材	3000
		（4）学生桌椅	5000
		购图书	8000
		教师培训	20000
		校舍简单维修	14000
		福利费	1560
		工会经费	1560
		更夫、炊事员、锅炉工	14760
		购置微机（35台）	175000
		需新建校舍（800平方米）	520000
收入合计	88600	支出合计	867680

这是绥棱县两合乡初中在 2003 年的收支预算明细表。从表中可以看出，学杂费加上额外的地租和宿费只有 88600 元，而这个中学的开支预算是867680 元。如果我们将校舍建设的费用（52 万）去掉，公用经费的开支是361180 元，收入只相当于支出的 25%，缺口是 272580 元，现在这 27 万元要

靠县财政来解决了。

从这个简单的预算中，我们可以看出"公用经费专项化"在以县为主的体制下存在四个大的问题：

1）经费使用手续繁杂，容易误事。由于"公用经费专项化"，每个学校便要将其日常开支作出上报的预算向县里申请。常规的程序是，各乡的中小学向乡教办申请，乡教办再向县教育局申请，县教育局和财政局批复后，由县财政局按照支出项目直接付款到供货单位。例如学校如果购置办公桌椅或者教学器材，是由财政局选定（通过招标）某供货单位直接供货到学校。这是地地道道的专项资金的使用方法。专项资金使用的最大特点就是严格而且繁复的申请和批复手续。我们从上表可以看出，学校日常的开支琐碎而复杂，这种繁复的批复手续必然会导致时间上的延误。

2）浪费现象严重，使得本来紧张的公用经费更加显得杯水车薪。公用经费由乡政府负责时，由于乡政府对各学校的情况比较了解，清楚各项开支的轻重缓急，所以虽然公用经费的开支经常处于"吃不饱"的状态，但也算是乡政府在"量力而行"。但是在"以县为主"和"公用经费专项化"以后，由于县政府不清楚各乡各学校日常开支的具体情况，要靠报预算开支来决定，这样必然导致两个方面的浪费：①各乡各学校在上报时都是本着"多报"和"不报白不报"的原则做大预算开支。根据我的实地调研，上表中的两合乡在2001年、2002年实际的公用经费支出分别只有4.8万、7.1万元，而到了2003年"以县为主"时竟然上报了27万元（上表中总支出减掉校舍建设和收入），立刻表现出鲜明的"软预算"特征；②县财政局在资金使用中（包括招标、供货）也必然存在一定的浪费现象，这是由于县财政并不了解各学校的具体情况，而只能按照一般的标准进行"政府采购"，这样也很难做到像乡政府那样的"省吃俭用"。

3）寻租盛行，教育资源分配严重不均。专项资金分配中的一个最大的问题就是寻租，"公用经费专项化"也难以避免。按照一些校长和乡教办主任的说法，去县教育局询问可分配资金的总量和使用各种办法争取这些资金就成了以后面临的最重要的任务。寻租的盛行必然导致这些公用经费资金分配不均，"会哭的孩子有奶吃"。专项资金管理本来是为了专款专用，避免地方财政的挪用和挤占，使得资金使用更加规范和透明，但是如果将各种财政资金都"专项化"管理，反而会使拉关系、请客送礼等现象成为必然。

4）县教育部门不胜其烦。"公用经费专项化"导致县教育部门成为各学校争取费用的焦点。我们从表10-1中可以看出，每个学校的日常开支实际上项目繁多，而无论巨细均要列入预算，以类似于专项的形式报批。肇东市的教育局长反映，在2003年1月到7月的半年中，各乡各学校上报的此类经费申请报告已经超过 150 份，几乎每天都有申请报告上交。而教育局并无能力对每项报告是否符合实际情况进行考察。情况可想而知：如果这些报告每天一份的话，县教育局怎么可能专门派人对某个小学的桌椅或者门窗的损坏情况进行考察呢？

校舍建设资金：从"东拼西凑"到"县乡合办"

"以县为主"的教育体制除了在公用经费的分配和使用上会造成比较大的问题之外，校舍建设资金和学校的危房改造资金也将面临比较大的困难。

通过以上两个部分的分析，我们知道，"以县为主"的体制之所以能够保证中小学教师工资的及时发放，主要是因为中央税费改革转移支付（补偿乡统筹中的农村教育附加）和农业税造成的增收因素的作用。但是，在实行税费改革之前，乡统筹除了用于发放民办和代课教师的工资之外，还有一部分支援农村中小学的校舍建设和危房改造。根据黑龙江的情况，校舍建设和危房改造的资金主要是由乡村两级负担的。见下表 10 - 2。

表 10 - 2 绥棱县四乡和肇东市四乡校舍建设资金的投入情况（1996—2002）

		（1） 总投资（万元）	（2） 其中：来自县及以上	（2）／（1）
绥棱县	两合乡	140	4.5	3%
	高山乡	119	30	25%
	前头乡	145	38	26%
	银河乡	150	90	60%
肇东市	宏德乡	296	30	10%
	照冬镇	220	10	45%
	蒋家镇	324	0	0
	江城乡	26	0	0

从表中可以看出，八个乡中有两个乡七年间没有得到县级及以上财政的校舍建设资金，平均下来，在总的校舍建设资金中，来自县及以上的资金只占 16%，是很小的一部分，其余的钱大部分来自乡统筹费、村提留、义务工

和集资,不够的部分形成对工程队的欠款。但是,这些乡统筹、村提留、义务工和集资各占多少却不太容易调查清楚。因为在实际的校舍建设过程中,许多费用来自于东拼西凑,例如乡政府出建筑用砖、村委会出木材,而集资的钱用来请工程队。下面以几个乡的校舍建设实例来说明这种"东拼西凑"的办学方法。

肇东蒋家镇于 1998 年和 1999 年分别建了两个中学,一个是蒋家一中,一个是蒋家三中,分别花费 210 万和 60 万元。蒋家一中的投入中有 120 万元靠农民按人头集资,分三年完成;旧的蒋家一中卖了 10 万元,乡政府又借了 60 万元,剩下的所有建筑用砖都是由镇政府出,因为镇上有一个镇办的砖厂。蒋家三中是靠镇上出建筑用砖,而其余的材料都是欠工程队的款项,在建校完成之后分四年由镇政府用砖向工程队顶替欠款。蒋家镇在九五期间建了两个村级小学,一个叫作中山小学,一个叫作双安小学。中山小学是靠一些外出挣了钱的村民出资,而双安小学则是靠村民集资一部分,村委会"借"一部分镇政府的砖建成的。

照冬镇在 1996 到 2002 年间共建了三个小学:展望小学(150 万)、新民小学(30 万)和建华小学(40 万)。展望小学的建设是县里给 3 万,乡里用乡统筹给 30 万,原来的旧校舍因为靠近城区卖了 30 万,村委会旧办公室卖了 30 万,剩下的资金全靠村里卖地(征地)的收入填补;新民小学的 30 万中有 20 万靠乡统筹,其余靠旧校舍卖掉的收入;建华小学县里给了 7 万,其余的钱是靠村上卖掉了 3000 多棵树。

以上两个镇的案例基本比较全面地展示了目前义务教育校舍建设的情况。概括而言,乡村校建无非有这样几个"东拼西凑"的来源:

县级以上投资,这只占很小的一部分。

乡统筹。这是主要的一部分,但是值得注意的是,乡政府对义务教育校舍建设的投入在许多情况下并非投入资金,而是物力和人力。

村级集体经济和集体资产。卖地、卖树都成为义务教育校舍建设资金的来源。

村民集资和有钱人的捐款。

对工程队的欠款。这构成了农村校舍建设的很重要的一个部分,欠款常常无限期地欠下去,实际上成了工程队对农村义务教育的实际投入。

在这些"东拼西凑"的校舍建设过程中,乡镇政府形成了许多惯例性的做法,例如拖欠工程队工程款、批准不规范的集资行为、批准村委会变卖树木等集体资产、挤占和挪用其他部门的资产,比如无偿使用砖厂的砖。

这种基层组织"东拼西凑"的校舍建设办法是实行"以县为主"教育体制前的主要形式。就连中央、省拨下的专项校舍建设和危房改造资金的使用过程中也往往需要"东拼西凑"。例如肇东县宏德乡建宏德一中，使用的是来自国家专项的危房改造资金30万。这笔钱直接由县财政拨到工程队，由工程队施工。但是由于专项中没有包括修厕所的资金，厕所就没有着落，所以乡政府就要到处去找钱盖厕所，也免不了"东拼西凑"。

虽然来自县及县以上的校舍建设和危房改造资金只占很小部分，但是对于我们理解"专项化"非常重要，现在来具体考察一下。表10-3是这两个县在2002年得到的专项教育资金的总量和使用情况。

表10-3 肇东、绥棱两县的中央和省专项教育资金及分配情况（2002）（万元）

	专项资金数量			其中用于农村教育：		
	肇东	绥棱	合计1	初中	小学	合计2
农村中小学布局调整专项经费		60	60	20	30	50
职业技术教育专项补助经费	10		10			
特殊教育专项补助经费	19	5	24			
农村中小学危房改造经费	183	92	275		143	143
黑龙江省农村学校基建专项		7	7		7	7
合计	212	164	376	20	180	200

从表中的最后一行可以看出，这两个县的专项教育资金的总量是376万元，对作为中部地区的黑龙江而言，中央和省对农村义务教育总量并不大，两个县合起来也只有不到400万元；而用于农村义务教育的只有200万元，占专项教育资金总量的53%。

县级财政预算内本身既无单独列出的基建经费支出，也没有预算外单列的基建支出。实际上，我们在上一节考察乡镇政府的校舍建设资金投入时，也没有看到县级财政本身对农村校舍建设的独立投入。根据我们对肇东、绥棱两县教育局长的访谈，在校舍建设问题上，县乡财政之间存在比较明确的分工，即县财政只负责县直属中学和小学的校舍建设投入，而农村中小学的校舍建设则是乡政府村委会的责任。这是2003年实行"以县为主"体制之前的情况，那么在2003年实行新体制之后情况如何呢？

按照我们对"以县为主"体制的详细分析，校舍建设和危房改造明确无误地变成了县级财政的责任，这无疑对县级财政而言是一项巨大的支出负担。那么在2003年"以县为主"体制实行的半年里，校舍建设和危房改造资金实际上是如何解决的呢？

由于这个体制刚刚实行，相关的统计资料几近于无，所以在本小节的分析中，我将以一个案例为主来回答这个问题。

我们来看绥棱县教育局于 2003 年 6 月 2 日向县政府及财政局上交的一份申请报告：

关于上集、银河两所中学校舍急需维修所需资金的请示：
县委、县政府、财政局：

上集、克音两所中学房盖分别于 5 月 11 日和 5 月 23 日被龙卷风刮破、卷走，致使学校无法正常上课。灾情发生后，教育局、财政局有关领导及时到现场视察，并指导学校采取临时安全措施，保证师生教学安全。上集、克音两所学校把紧急维修校舍报告报到财政局、教育局，两所学校都因建校时间长，校舍破旧，彻底维修校舍需要资金 109 万元。财政、教育有关同志将受灾情况汇报给孙县长，孙县长听后，考虑财力情况，指示教科文股根据实际需要核算维修资金，所有破旧校舍不能全部维修，只能维修受灾严重的校舍，能使用的可以用、确实需要维修的要算好账。财政局赵局长同教科文股同志，带来县建工站预算员亲自到受灾学校核查，通过预算员准确计算，维修上集镇中学受灾校舍 982 平方米，需要维修资金 247，337.60 元；维修克音中学受灾校舍 700 平方米，需要维修资金 131，192.12 元，两校合计需要资金 378，529.72 元。

以上请示妥否，望领导批示。

绥棱县教育局
2003 年 6 月 2 日

主管县长批示：

财政：按此资金数额由县财政解决 50%，其他由有关乡镇自筹解决。要保证安全，维修后再不许出现安全方面的问题。县长签名，6 月 9 日。

与"以县为主"体制实行前相对比，我们可以发现这样两点：

第一，县财政开始负担危房改造和维修的主要责任。在此案例中，两所乡办中学直接将校舍维修报告报到教育局和财政局，而乡政府和乡财政没有任何参与。整个资金申请的程序报告中写得很清楚：中学→财政局、教育局→孙县长→财政局长、财政局教科文股、县建工站预算员实地核查→财政局作出核算报告→由教育局向县委、县府、财政局递交申请报告→县长批复。这是一个标准的财政资金流动中所谓"两上两下"的程序，与以前乡政府"东拼西凑"式的校舍建设模式大不相同。这种标准程序反映出了校舍建设支出责任主体的重大变化。

第二，在"两上两下"程序的最后——县长的批复中，突然出现了乡镇政府的角色。批复要求县、乡各解决所需资金的50%。乡镇政府在整个过程中虽然置身事外，但是最后却被要求筹集50%的维修资金。

这两个发现说明，虽然"以县为主"在名义上和审批程序上完全是学校和县政府的责任，但是最终却是由县、乡两级合作解决，而且各负担50%的比例也体现不出"以县为主"。

由于这是绥棱县实行"以县为主"体制以来最大的一笔校舍建设资金批复，很可能被援引成为惯例，所以这个案例有一定的代表性。它说明，"以县为主"的体制在校舍建设资金问题上，实际上是由以前乡政府"东拼西凑"的模式变成了"县、乡合办"的模式。但这种模式由此引出了两个问题：

1）资金到底从什么地方来？在这个案例中，县财政负担18.9万元，乡政府自筹18.9万元。对于县财政而言，由于其预算内并无明确的校舍建设开支支出，我们只能推测这笔资金是由县财政从预算内或预算外的机动资金中调拨而来。但是，乡政府的资金从何"筹集"呢？根据前面的分析，乡政府已经没有任何与义务教育相关的事权和财权，那么乡政府要拿出这笔资金，只有挤占其他资金或者借款。

2）乡政府在"以县为主"的体制中地位尴尬。按照"以县为主"的规定，乡镇政府的领导们都异常轻松，在我们的访谈中，他们在谈到以后教育问题时，都表现出一副"事不关己、高高挂起"的姿态，但是在实际的执行过程中，他们又无法作壁上观。

造成这种尴尬局面的根本原因，还是在于县级财力的紧张状况。根据我们的分析，县级财政借助税费改革的增收因素勉强可以负担农村中小学教师的工资支出，对于公用经费已是捉襟见肘，对于需求更大、更加急迫的校舍建设和维修开支更是束手无策。在这种情况下，县政府只能把一部分支出责任"下压"到乡镇政府，将"以县为主"变成了"县乡合办"。可以预见的是，在县乡财力没有迅速增加、县乡财力持续紧张的情况下，"以县为主"的体制很可能又回到以前"以乡为主"的"东拼西凑"的老路上去。

反哺农村：专项资金的利与弊

分税制以来，中央收入在总财政收入中的比重大为提高，而中央财政在调控区域差异的能力方面也随之增强。到目前为止，西部地区的大部分县市，上级补助收入在当地财政支出中的比重已经达到60%～90%，而中部地区的县也已超过50%。也就是说，中西部地区的大部分县主要靠上级的转移支付来发放工资、维持运转和提供农村地区的公共服务。这些转移支付大致可以分成两类：一类是用于保工资、保运转的财力性转移支付；另一类是用于保服务、保建设的专项转移支付，包括一些用于部门的事业费、专项补助、扶贫款、农业综合开发资金、国债项目资金等等。按照一般县级财政部门的说法，这两类的分工是"吃饭靠财政，服务、建设靠专项"。即第一类转移支付加上当地政府的自身财政收入用于"吃饭财政"，而专项转移支付用于提供公共服务和公共建设。

在总的向下流动的财政资金中，专项资金的比重是不断提高的。专项资金的比重不断提高说明，在向下的转移支付中，有越来越多的部分是用于"保建设"、"保服务"的目的，因为这些专项资金都是"戴帽下达"的，不允许被用于"保吃饭"和"保运转"。同时，专项资金也有利于资金的集中使用，"集中力量打歼灭战"而不是"撒胡椒面"。从这个意义上，专项资金起着重要的作用，但是在分配和使用方面都存在许多问题。

首先是分配。与财力性转移支付的分配机制不同，专项资金的分配主要是靠项目申请、评估和批复来进行的。随着专项资金数量和种类的迅速增加，层层上报、审批成了地方政府最为主要的工作之一，也成为地方政府获得上级资金的主要管道之一。有的地方官员说，地方干部最主要的考核目标是"招商引资"，这四个字实际上是两件事，"招商"是指从发达地区招揽企业和投资，而"引资"就是去上级部门跑资金、跑项目。而跑资金、跑项目最重要的是靠"门路"和"关系"。一个村的项目和财政资金多少主要不是和这个村的需求有关，而是和村领导的跑项目的"能力"有关。我们的调查也表明，村里、乡里如果有人在上级部门做官，则更容易得到专项资金。而地方官员跑来项目，除了被认为是"能员"之外，也会得到奖励甚至是回扣。这种风气和做法使得专项资金的分配流向那些能找会跑、能哭会叫的地区，而最需要的地区却往往得不到足够的专项补助。另外更加严重的是，这种做法会加重设租寻租、找熟人拉关系的不正之风，对政府内部的行为模式会造成严重的危害。

其次是使用效率。只要项目的分配不尽合理，一般都会带来严重的使用效率问题。效率问题主要表现在这样几个方面。一是违规使用。我们在调查中发现，除了扶贫款、救灾款等少数几项被称为"高压线"的专项资金之外，拖延、截留、挪用、挤占专项资金的现象非常普遍；二是"一女多嫁"。搞一个农田水利项目可以以多个项目的名义从财政、水利、扶贫等部门套取多笔专项资金；三是"假配套"。由于专项资金一般要求地方政府各级配套下达，而地方政府又无能力进行配套，所以在专项之间腾挪借用搞"假配套"的现象屡见不鲜。这些问题给专项资金带来了高昂的监督成本。上级审计部门往往会派出阵容庞大的审计组到下级财政单位进行专项审计，工作烦杂、时间拉得很长，但是找出的许多问题都是"证据俱在，责任不清"。

与专项资金相比，一般性的财力补助虽然在使用上不"戴帽"，但是按财力补助的办法更有利于资金的合理分配。要保证这些不戴帽的资金用得合理，关键在于规范和调整县乡的财政体制。如果地方的财政体制能够为基层政府留出一些机动财力，严格控制机构和人员的增长，加上一些简单有效的监督制度，就能够使反哺农村的财政资金分配更加合理，使用更加有效。

第十一章　发达地区的基层财政

　　与中西部地区相比，沿海工业化地区的地方财政无疑要好得多。但是，沿海地区的地方财政好在何处？如果我们判断中西部地区的财政是"吃饭财政"，那么沿海地区的财政是否可以称得上真正意义上的"公共财政"呢？地方政府用了多大的努力为地方提供公共物品和公共服务呢？

　　在本章中，我将在 2003 年调查过的广东南海市作为发达地区的一个案例来进行考察。通过详细分析南海市的市、镇、村三级财政和财务的收入和支出状况，我将努力展示出工业化地区地方财政的运作模式和公共财政的建设情况。

市级财政的运行状况

　　改革开放以后，南海市的经济和社会发展取得了巨大的成就，其中心内容就是发展迅速的工业化。在工业化高速发展、财富大量累积的情况下，财富在国家、集体和农民间的分配状况就变得意义重大，而这个再分配的过程就是地方财政的中心内容。

　　我们先来看南海市的财政收支情况。2000 年南海市的地方财政收入（不包括上缴中央财政和省级财政部分）为 18.049 亿元，这 18 个亿的简明构成情况如下。

表 11 - 1   南海市地方财政收入构成情况（2000）（万元）

收入构成		决算数	百分比
工商税收	企业税收	114028	63.18%
	其他税收	29726	16.47%
农业税收		20013	11.09%
其他收入		16721	9.26%
总计		180488	100.00%

在工商税收中，与企业相关的税收主要是三个税种：增值税、营业税和企业所得税，我们看到这些税收占了地方财政总收入的 63%（表 11 - 1 第二行），如果加上其他商业税种（个人所得税、资源税、城建税、房产税、印花税、车船使用税等），工商税收就占了地方财政总收入的 80%。而农业四税（屠宰税、农业税、农业特产税、耕地占用税）加上契税只有 11%。所以从税收结构来看，南海与中西部不发达地区的主要差别是工商企业是支撑整个地方财政的主要支柱，而在中西部地区，农业税收的比重普遍较大。

下面我们来看南海的财政支出情况，仍然以 2000 年的数据为例。为了便于分析，我们将财政支出分成三个大类，第一类是政府和各行政事业部门的事业费，其中主要是工资开支，包括部分的日常办公和部门运转费用，也就是所谓"吃饭财政"的费用；第二类是公共财政开支，包括基建、支农、卫生、社会保障、治安、城市环境建设等公共品开支；第三类是其他支出。

从表 11 - 2 可以看出，工资开支、公共开支和其他支出三部分的比例大约是 52:32:16（表中"小计"栏目）。有一半的支出是用于我们通常意义上的"吃饭财政"开支，而用来"办事"的即公共财政开支在三分之一左右。这个比重明显显示出南海这种发达地区财政支出的特点：公共财政开支的比重较大而"吃饭财政"的比重相对较小。

教育事业的开支在总支出中占 15%，占"吃饭财政"的约 29%，这个比重与其他地区尤其是中西部地区 70% 的比重相比明显较低，但是由于南海的财政开支总量很大，所以教育的总经费依然充足。在南海，教师的平均工资为每月 2300 元，公费医疗补贴每月 60 元，这不包括各村委会发给教师的各种额外补贴。这个现象说明，一旦财政的收入增加或总量加大，教育开支的比重会逐步减小，而不会与财政支出的总量同步增长。

在公共财政开支中，企业挖潜改造资金和城市维护费所占比重最大。所谓企业挖潜改造资金，主要是指对改制的国有企业下岗的职工进行补贴、遣散的费用，也包括清理企业长期拖欠的一些历史债务。城市维护费则是用于市区的道路、绿化和环境建设，是典型的公共财政开支内容。

表 11 - 2　南海市地方财政支出构成情况（2000）（万元）

	项目	决算数	百分比
工资支出和运转费用	农林水利气象部门事业费	9608	4.6%
	工业交通部门事业费	834	0.4%
	文体广播事业费	4013	1.9%
	教育事业费	31647	15.3%
	科学事业费	6208	3.0%
	税务等部门事业费	17165	8.3%
	行政使用单位离退休经费	3769	1.8%
	行政管理费	9446	4.6%
	公检法司支出	24519	11.8%
小计		107209	51.7%
公共财政开支	基本建设支出	1295	0.6%
	企业挖潜改造资金	21878	10.6%
	科技三项费用	1877	0.9%
	支援农村生产支出	2842	1.4%
	卫生经费	8078	3.9%
	抚恤和社会福利救济费	2276	1.1%
	社会保障补助支出	2328	1.1%
	武装警察部队支出	375	0.2%
	城市维护费	24275	11.7%
	政策性补贴支出	1764	0.9%
小计		66988	32.3%
其他支出	支援不发达地区支出	2190	1.1%
	专项支出	3921	1.9%
	其他支出	26921	13.0%
小计		33032	15.9%
总计		207229	100%

自 1994 年开始的分税制对发达和不发达地区的影响非常不同。根据我们对中西部地区的调查，自实行分税制以来，由于增量上解部分的增长超过了地方税收收入的增长速度，使得这些地区的地方财政越来越困难，沦为"吃饭财政"和"要饭财政"。但是在那些经济发展迅速、税收增长快的地区，"分税制"对地方的影响是否也是如此呢？下面我们看南海的情况。

表 11 – 3　南海市财政与中央和省级财政的关系（1997—2001）（万元）

	1997		1998		1999		2000		2001	
	收入	%	收入	%	收入	%	收入	%	收入	%
中央收入	181461	58.77%	195525	56.10%	303602	60.47%	423649	62.67%	425933	53.40%
省级收入	30989	10.04%	38586	11.07%	44936	8.95%	58296	8.62%	94556	11.86%
市级收入	96312	31.19%	111388	32.83%	153556	30.58%	194017	28.70%	277109	34.74%
	308762	100%	348556	100%	502094	100%	675962	100%	797598	100%

表 11 – 3 列出了自 1997 年以来南海的财政总收入在中央、省和市之间的分配情况，表中统计的中央收入主要是消费税、增值税的 75% 部分以及海关收入。中央收入在 1999 年和 2000 年所占比重较大，但 2001 年在三级财政收入中的比重又呈下降的趋势，与不发达地区相比，我们看不出一个中央财政收入比例持续增长的趋势。

这个趋势在一定程度上证实了分税制以来形成的中央和地方关系的新特点，即不发达地区感到的财政压力巨大而发达地区的财政压力则相对小一些。这种情况实际上和分税制的初衷并无冲突，因为与以往的财政包干制度相比，分税制更注重效率而非地区间的绝对平均，所需要引起关注的只是如何加强和完善配套的转移支付制度而已。

镇区财政的运行状况

具体到更加基本的层次——乡镇财政一级，财政收入在中央和地方政府间的流向关系更加明确一些。南海市镇区的财政分配情况反映出国家和地方各级财政间的关系。我们来看表 11 – 4，这个表反映了 1999—2001 三个年度间，一个镇区政府财政总收入的分配情况。

表 11 - 4   南海大沥区财政收入的分配情况（1999—2001）（万元）

	1999		2000		2001	
上交国家财政	6094	27.96%	7591	25.94%	7782	20.60%
上交市财政	8039	36.88%	10757	36.76%	17452	46.20%
区可支配财力	7666	35.16%	10916	37.30%	12542	33.20%
其中：市财政返还	6752	30.97%	9708	33.17%	11457	30.33%
地方自筹	914	4.19%	1208	4.13%	1085	2.87%
财政总收入	21799	100.00%	29264	100.00%	37776	100.00%

就镇区财政而言，三个财政年度间，在总的财政收入中上交国家财政收入的比重逐年减少，从 1999 年的 28% 下降到 2001 年的 20%；同一时期，截留在市财政的比重从 1999 年的 37% 上升到 2001 年的 46%；而留在镇区本级的财政收入的比重则在 30% ~33% 之间波动。

从财政收入的增长速度来看，总财政收入在三个年度间增长了 73.3%，而其中上交中央财政的收入只增长了 27.7%，但同一时期，镇区上交市财政的收入则增长了 117%。这三者的关系显示一个值得探讨的现象：在上缴中央财政比例减少的同时，截留于市财政的比重在逐年增加。换句话说，中央财政少拿走的部分并没有留在镇区财政而是留在了市财政。

之所以出现这种情况，是因为南海市与其所辖各区镇实行的并非分税制而是"财政包干制"。简单而言，就是"核定收支基数、超收分成、支出包干"。这个体制对镇区财政的影响关键在"超收分成"的分成部分。按照南海市政府 1996 年的有关文件的规定，超出环比递增 13% 的镇区，超收部分可按 30% 的比例分给地方。这个体制与全国以前许多地区的四六、倒四六分成的体制相比可以说是一个"劫富济贫"的体制。对于那些经济发展和税源增长迅速的镇的激励作用相对较小。我们将大沥区 1999—2001 年上交市财政和市财政返还的部分做了比较，列在表 11 - 5 中。从中可以看出，2000 年市和区的分配比例变化不大，但是在财政收入增长幅度巨大（总财政收入比上年增长了 29%）的 2001 年度，市财政所占的分配比例从 1.1：1 增加到 1.5：1。

表 11 - 5   南海大沥区市区分配的地方财政收入（1999—2001）（万元）

	1999	2000	2001
上交市财政	8039	10757	17452
市财政返还	6752	9708	11457
上交部分：返还部分	1.2：1	1.1：1	1.5：1

从以上的分析可以看出，在南海一个镇区的迅速工业化中迅速增长出来的税收收入，区自己留下了三分之一，国家拿走了五分之一，剩下的将近一半都被市财政拿走（当中还包括市与省分享的部分）。

与其他地区尤其是中西部地区县乡两级财政争夺地税分配相比，南海的地税分配呈现"一边倒"的态势。由前面的分析看出，在 2001 年度，大沥区约五分之三的地税收入属于"净流出"，被市财政拿走。如果算上国税收入的话，大沥区的税收"净上解"三分之二。这种财政体制明显对镇区财政不公，因为市财政除了能得到全市 20 个镇区地税的五分之三之外，自己还有本级的地税收入。而对一个镇区而言，三分之二的税收收入上解到上级财政单位之后，剩下的税收收入用于政府工作人员的工资支出、办公费用以及一些其他的杂项开支。如果地方的财政运转只限于此，那么这种乡镇财政也只能算作吃饭财政而已。拥有雄厚经济实力的镇区政府为什么讨价还价的能力如此之弱呢？

问题的答案在于，在南海这样的发达地区，乡镇财政还有另外一块大的内容，就是预算外财政。如果说预算内的财政是受到市财政部门核定支出、严格控制的"吃饭财政"，那么预算外的财政收支才是真正体现乡镇政府的公共财政功能、提供服务和搞建设的乡镇财政，我们可以将其称为"办事财政"，这也是发达地区区别于不发达地区的一个最重要的方面之一。有了收入丰厚的"办事财政"，乡镇财政不但对"吃饭财政"的财政权限上收不会反对，反而会积极完成这部分税收的上解以及相关的财政责任，以换取市财政的默许，将"办事财政"的财政权限留在镇区一级。

那么这部分"办事财政"的总量有多大呢？以南海大沥区为例，2001 年预算内的财政收入为 11457 万元，另外乡镇自筹资金为 1085 万元（这块在财政统计中也算作预算内的非税收入），预算外收入为 6916 万元，所以大沥区总的收入（预算内＋预算外）共 19458 万元。上述三项的比重分别为 59%、5.5% 和 35.5%。也就是说，"吃饭财政"和"办事财政"的总量之比约为六比四。

"办事财政"和保运转的"吃饭财政"有两个大的不同。首先，这部分财政的收入都是非税收入，不需要与中央、省、市分享；其次，上级财政部门尤其是市财政局对这部分财政的运作尤其是支出分配没有明确具体的限制，也就是说，财政权限被保留在乡镇财政一级。

表 11 – 6　南海大沥区预算外资金收入（2001）（万元）

一、专项预算外资金收入	219
计生办	47
区专项资金	172
二、一般预算外资金收入	6663
公安分局	633
司法法庭	354
城建办	562
国土分局	862
环保办	111
民政办	137
农林水办	149
综治办	34
武装部	22
计生办	452
文化站	84
体委	61
广播站	866
教育办	1343
市政办	1077
各治安队	173
水厂	82
三、乡统筹收入	0
四、其他收入	34
利息收入	34
合计	6916

　　我们下面就对办事财政的收入情况做一个具体的考察，仍以大沥区为例。表 11 – 6 列出了大沥区 2001 年预算外资金收入的细目，这是原始的财政报表情况，比较琐碎繁杂。我们按照其主要来源将其重新整理，给出分析其收入来源的另一个表格，见表 11 – 7。

表 11 - 7   南海大沥区预算外资金收入构成（2001）（万元）

与土地相关收入	2612	37.77%
与教育相关收入	1343	19.42%
与文体相关收入	1148	16.60%
与治安相关收入	1131	16.35%
与计生相关收入	499	7.22%
与农业相关收入	149	2.15%
利息收入	34	0.49%
合计	6916	100.00%

在办事财政中，最大的一块收入就是与土地相关的收入，占了预算外总收入的近40%。其中包括区城建办562万元的土地有偿使用费、区国土分局从城区办事处征来的土地转换用途的862万元的收费，还有市政办收取的对非农用地的绿化、路灯、除"四害"等的市政建设费1077万元和111万元的环保费用（细目见表11-6）。这些统统都是土地变为非农用地以后镇区政府得到的相关收入。与治安相关的收入则是土地转换用途和工业化以后，大量涌入的外来工人给地方财政提供的间接收入，其中包括"三统一"（统一劳动管理、计生管理、公安管理）、综合治理等各项对民工和居民的收费，经济的发展使得这些收费标准也相应增高，总量超过了1000万元。除了治安以外，文体、教育和计生的收费也都"水涨船高"，例如超生罚款就比其他经济不发达的地区高出甚多，每超生一个孩子罚3万元。总而言之，办事财政中，与土地直接相关的收入占到近四成，其他除不到3%的农业和利息收入外，也全部都是因土地升值而水涨船高的收入，所以说整个预算外收入可以说是以"土地为中心"的财政，乡镇的办事财政实际上就是一个"土地财政"。

从以上的分析来看，在南海的土地非农化和工业化的浪潮中，市级财政得到了迅速增长的地税收入，乡镇财政得到了围绕土地开发而来的各种直接和间接的收入，而村级集体组织则是直接坐收地租，对于村级组织和农民对土地收益的分配我将在下一节中进行专门分析。

在南海的财政体制中，镇区财政不设国库，所有的预算内财政支出都是由上级财政部门"按需核拨"，这种受到严格控制的财政支出虽然和不发达地区一样，以编制内人员工资和办公费用为主，但其支出结构也明显反映了经济发达、财力充裕地区的特点，主要有以下两个：

1、教育支出所占比重明显小于不发达地区。大沥区1999到2001三年的教育经费支出占区总财政支出（预算内）的40%、37%和45%，虽然其在大量拨款普及高中教育，但还是远低于不发达地区教育支出占总支出

70%～80%的水平。

治安费用、行政管理费用的支出各占总支出的12%，这个水平远高于不发达地区。

但是，在存在数额庞大的"办事财政"的情况下，只观察其预算内财政支出远远不能看出乡镇财政真实的财政功能，我们还要细致考察其预算外财政的支出情况，来看看乡镇财政究竟办了哪些事。

如上一节所分析的那样，由于所有预算外财政的收入主要是以土地为中心，所以乡镇财政不像不发达地区那样实行"列收列支"的预算外资金管理办法，因为没有需要鼓励各收费部门自己创收来养活自己。相反，南海的乡镇财政普遍实行对预算外资金统一调控和管理的办法，将财政权限统一到乡级财政中。其具体的预算外财政支出情况如下：

表 11–8　南海大沥区财政支出（2001）（万元）

公安分局	548
司法法庭	35
城建办	658
国土分局	0
环保办	64
民政办	318
农林水办	130
综治办	21
武装部	0
计生办	815
文化站	106
体委	49
广播站	788
教育办	1074
市政办	956
各治安队	187
区专项基金	23
其他部门	950
合计	6721

对照表11–6，我们可以看出乡镇财政强大的调控功能，各部门的收支是不对应的。由于此表细碎复杂，我们重新整理成表11–9。

在办事财政的支出中，人员经费占到五分之一，其中又以教育和治安队伍的人员经费为主。在1405万元的人员经费中，超过一半是公安分局、各治安队的人员经费。这反映了发达地区财政支出的一个突出特点，即地方政府要花费大量资金养活一大批治安队伍，称为"地方警"，我们在分析市级财政的时候已有介绍。教育的人员经费主要用于教师补贴，其中绝大部分是乡镇政府发给其教师的年终奖金（175 万元）。我们可以看到，在办事财政中，有相当一部分支出是用于维护治安和社会秩序，以保证这种"以土地为中心"的财政体制的正常运作，同时也解决了一批当地居民的非农就业。而教师由于其比较特殊的地位，也以年终奖金的形式从土地财政中得以分一杯羹。

表 11 - 9　南海大沥区预算外资金支出（2001）（万元）

人员经费	1405	20.90%
其中：治安	741	
教育	265	
其他	399	
建设经费	2054	30.56%
公用经费	3262	48.53%
合计	6721	100.00%

建设经费和公用经费的划拨反映了乡镇财政搞建设和提供各种公共服务品的职能。在建设经费中，主要是民政"福安园"的建设（310 万元）、城区道路建设（570 万元）和计生服务所的建设等等。支出结构基本处于一种良性态势。

由以上的分析，我们可以看出南海的乡镇财政与不发达地区的"吃饭财政"和"要饭财政"相比，具有这样几个鲜明的特点：

首先，其预算内财政也是"吃饭财政"。虽然与不发达地区相比，南海乡镇预算内财政的总量很大，但是大部分都上缴到上级财政单位尤其是市级财政使用，所以留在乡镇一级的财政收入仍然主要用于工资和日常运转支出。

其次，"吃饭"的开支和"办事"的开支在财政体制上是分开的。在不发达地区，我们看到非常严重的预算资金的互相"挤占"的情况，通常是"吃饭"的钱挤掉了"办事"的钱，而某些不得不办的"大事"如校舍修建、道路建设又反过来挤占"吃饭"的钱或者是干脆举债或从农民手里收钱，加重农民负担。但是在南海这种"挤占"现象不存在，因为办事（各种公共财政开支）的钱都是从预算外财政里出，这也是我们将这部分财政称为"办事财政"的原因。这种做法可以消除挤占现象，保证公共建设的开支，当然也有潜在的问题。正如我们前面的分析所言，在市和镇的财政关系中，乡镇财政通过把大部分地税收入的财政权限交给市级财政而得到了对预算外也就是"办事财政"的财政权限，市级财政对"办事财政"的支出并无控制和干预，所以在某种程度上，乡镇财政的"办事财政"实际上也是一个"独立财政"，缺乏上级部门的控制和监管。随着工业化的深入和经济的发展，我们有理由相信这一块独立财政会迅速膨胀，而乡镇政府也有这样的动力。

再次，用于"办事"的钱主要来自土地的非农化。国家作为一个利益主体，虽然没有得到由土地非农化带来的直接收益，但是通过征收企业的增值税等国税税种也参与这种"以土地为中心"的工业化收益的分配。只不过向其纳税的这些企业都是一些没有办理国家征地手续的"空中工厂"而已。市级政府不是土地的所有者，不能分享地租这种工业化的土地直接收益，但是通过汲取大量乡镇一级的地方税收，而最大化地参与了工业化间接收益的分配。但是这种分配是以与乡镇政府的妥协为代价的，妥协的结果就是乡镇政府可以建立起一块以土地的直接和间接收益为中心的"土地财政"，并且对其具有完全的财政权限。在这部分财政里，既有土地带来的直接收益（地租或土地有偿使用费），也有土地非农化带来的间接收益（治安、教育、文化的各种收费）。随着这部分财政独立性的增强，必然迅速膨胀开来，其经济和社会的影响有待进一步的考察和分析。

村级财务的运行状况

农村的村级财务无论在政策研究部门还是在学术界都是一块甚少涉及的领域。其中的主要原因是大部分地区尤其是中西部地区的村级财务除了农民上交的提留款之外，基本没有其他收入，内容比较简单；而东部地区的村级收入虽然较多，但由于管理不够规范，透明度太低，所以研究起来有比较大的困难。本节力图通过对广东南海市三个村的财务分析，对目前发达地区村财务的状况及其面临的问题作一个初步的描述，为以后更深入的研究打好基础。为了使得分析简明易读，将先以一个村为例作详细说明，并结合其他两个村子的情况进行分析。

柏村的财务收入

先将柏村 2001 年的财务收入情况列成一个表，然后根据表来进行分析。

柏村没有从农户手中收取提留款，也没有进行任何村办企业类的经营性投资，其几乎所有的收入都来自"发包及上交收入"，这部分收入实际上就是最为直接的土地收入。在总额高达 558.7 万元的土地收入中，只有 4 万元是发包鱼塘、果园等的承包费收入，而其他全部是租给企业的地租和厂房租金，也就是土地收入。

表 11－10　柏村的收入构成（2001）（万元）

	2001	%
发包及上交收入	558.7	89.25%
其中：农业承包收入	4	0.64%
提留收入		
投资收益		
福利费收入	49	7.83%
其中：合作医疗		
计划生育	0.4	
幼儿园	6.4	
治安	16.8	
路灯、清洁卫生	16.5	
其他福利性收费	9	
其他收入	18	2.88%
总收入	626	100.00%

1. 土地收入。这些土地收入主要由以下两个部分组成：

（1）企业占地以后对农地的"补偿费"和土地租金。这些费用按照合同规定的额度每年由企业付给村委会下属的"柏村企业集团农业发展公司"。租期一般为 50 年，补偿费是一个固定的数额，而租金则按照一定的速度每年增长。以 XX 陶瓷厂为例，这个陶瓷厂占地 28.54 亩，2000 年补偿费为 19.8 万元，土地租金每亩每年 0.5 万元，共计 29.65 万元。以后每年的补偿费保持19.8 万元不变，但亩均租金以每年增加 150 元的速度增长，到 2049 年为12350 元/亩。在整个柏村占地的企业有 62 家，共占地约 800—900 亩，企业随签约年份的不同所付的租金也不同，大约每亩年租金在 5000—12000 元之间。这样粗略计算，但企业的占地租金和补偿费一项柏村每年就会有五百万左右的收入。

（2）村里对企业的承包或租赁收入。柏村原有一些村办企业，除了卖掉的以外，全部租赁给私人经营。我们对此没有完整的统计，只能举例说明。1999 年柏村企业集团将一家占地 62 亩的瓷砖厂租给私人经营，租赁费一年有200 万元，其中包括纯承包费 166.8 万，60 亩地的地租为每年每亩 2000 元，共 12 万元，管理费每年 43 万元，国家土地使用税每亩 2700 元共 16.2 万元，拉瓦渣费每月 1 万元，每年 12 万元。除去税和拉瓦渣的 28 万元，柏村单从出租这个企业就得到 172 万的租金。

2. 服务收费。除了土地收入外，柏村还像级别更高的乡、县政府一样，对某些提供服务的项目向村民或企业收费。这有些像县乡政府的预算外基金收入，只不过没有这类名称罢了。在柏村，这类收入被称为福利费收入。这笔收入有这样几个组成部分：

（1）计划生育收费。这是一项常规收费，在其他地区也能见到，主要是对育龄妇女的服务性收费以及超生罚款收入，其数量很少，只有 4000 多元。

（2）幼儿园收费。因为村里提供幼儿照顾服务，所以向那些有幼儿入托的家庭收费。值得注意的是，由于此地外来人口较多，所以对外来人口的孩子入托也有收费规定。两类家庭的收费标准很不一样，外来人口的孩子收费是本村人口的两倍，明显看出幼儿服务是柏村的一项福利（见表 11 - 11）。

表 11 - 11　柏村幼儿园收费标准

二岁每月收幼费 95 元，外地户口 185 元

三岁每月收幼费 80 元，外地户口 160 元

四岁每月收幼费 70 元，外地户口 140 元

五岁每月收幼费 65 元，外地户口 130 元

伙食每人每月 50 元

（3）治安收费。在像南海这样的发达地区，治安和对偷窃、抢劫行为的防范非常重要，因此各村都有相应的治安收费。有意思的是，虽然外来人口、本地人口和企业共同接受治安服务，而收费的对象却不包括本地人口。柏村每年约 17 万元的治安收费中，主要是由对外来人口收取的"外来工户口费"和对企业收取的"治安管理费"组成。治安管理费的收取标准见表 11 - 12：

表 11 - 12　柏村的治安收费

收费部门	收费项目	收费标准
柏村治安队	治安管理费	
	大厂	100 元/季度
	小厂	50 元/季度
	店铺	30 元/季度

（4）清洁收费。这是对企业的收费。主要是支持整个村落的清洁卫生工作。收费标准见表 11 – 13。

表 11 – 13　柏村的清洁收费

收费部门	收费项目	收费标准
柏村环卫队	卫生清洁费	
	大厂	100 元/月
	小厂	50 元/月
	饮食店	10 元/月
	士多	6 元/月

综览以上的项目，我们明显可以看出，柏村 90% 的收入都来自于土地和厂房租金，剩下的 10% 则是各种各样的收费。

柏村的财务支出

表 11 – 14 列出了柏村的财务开支。其中的管理费用主要是村干部的工资和奖金，这笔开支非常庞大，占了总开支的五分之一。其他支出指的是一些难以列入的或者不太规范的集体支出项目如招待费等，占十分之一左右。公积金是按照可分配收益的比例提取，用于自有积累和集体事业的发展，也占了五分之一强。总的来说，这三类用于村集体支出的资金达 340.7 万，占了总支出的 55%。公益金加上福利费收入部分一起用于公共福利开支，包括兴建学校、医疗站、福利院、幼儿园等等，共 169 万。剩下的 116 万用作股金分红，约占总支出的 18.6%。股金分红，指的是农户以土地入股的土地股份合作制的股红，是农民土地使用权所得的报酬，因为另有分报告对此作详细分析，本文在此不作赘述。

表 11 – 14　柏村的财务支出（2001）（万元）

项目	金额	百分比
管理费用	132.9	21.23%
其中：干部工资及奖金	44.8	
后勤人员工资及奖金	60.1	
办公费用	27	
其他	1.1	

续表

项目	金额	百分比
其他支出	67.8	10.83%
公积金	140	22.36%
公益金及福利费支出	169	27.00%
股红分配	116.2	18.56%
合计	625.9	100%

村级的支出实际上是村级财务的收入分配，值得进行一些分析和讨论，在此主要讨论以下两个问题：

1. 支出的结构。在通常的情况下，村提留是村集体向农民收取的管理和公共开支费用，也是目前农村土地所有权和使用权分离、集体拥有土地所有权的体现形式。税费改革前，村提留占农民纯收入的2.5%，因此我们可以理解为管理费用和公共开支如果由农民来负担的话，应该维持在2.5%的水平。而我们来看柏村，假设农民的大部分收入都是依靠土地的话，那么土地收入的55%用于管理费用，27%用于公共福利开支，而农民能够从土地上得到的纯收入也就是股红只占19%。当然，在土地转变用途、工业化展开的情况下，土地和村庄的管理费用必然会上升，但维持在一个什么程度还是一个有待研究的问题。

对待农地非农化以后的利益分配问题，理论界和政策研究部门还没有形成比较一致的结论。但是有一点可以肯定的是，我们不能以非农化以前农民的收入水平作为农民对目前的利益分配格局是否满意的标准。这好比非农化以前土地的收益是一粒芝麻，而非农化以后农民得到了一个苹果，我们不能以此推断农民会一定满意，因为非农化使土地收益变成了一个西瓜那么大。

2. 公共品的提供。在柏村，公共品的开支占总支出水平的27%，主要是用于医疗、计划生育、五保、治安、清洁和教育。与全国大部分地区相比，这里的公共服务水平很高。另外值得注意的一点是，这里村委会开始发挥公共财政的职能，而非像大部分地区一样进行单纯的收费—服务。我们来看表11-15。

表 11 – 15　柏村的公共服务（2001）（万元）

	收入	支出	支出%
合作医疗		38.2	17.77%
计划生育	0.4	5	2.33%
五保困难户、军烈属		3.9	1.81%
学校		25.3	11.77%
幼儿园	6.4	16.2	7.53%
治安	16.8	36.1	16.79%
丧葬费补助		1.2	0.56%
老人退休补助		23.7	11.02%
征兵、青年民兵		4.8	2.23%
路灯、清洁卫生	16.5	51.6	24.00%
其他福利性	9	9	4.19%
合计	49	215	100.00%

在收入一栏中，如我们前面介绍过的，对本村村民收费的实际上只有计划生育和幼儿园两项。因为这两个项目并非完全意义上的公共服务，只是部分村民使用这些公共品。而这两项也是象征性的收费，因为我们可以看到，这两项的支出远远大于收入的数量。其他治安和清洁收入的收取对象都是外来人口和企业，用于本地的公共支出。在公共支出中，比重最大的是路灯、清洁卫生支出，这是标准的公共支出项目，可见在南海，村级组织正开始在一定程度上展开公共服务。

村级财务和村组关系

柏村代表了土地非农化程度较高、经济实力雄厚的村庄类型。那么是不是其他村庄的收支结构也和柏村类似呢？从另外两个村庄的考察来看，答案是否定的。我们发现，在南海市，村财务的收支尤其是分配即支出部分，实际上村际差别很大，这说明对如此巨大的土地收益，其上级的政府或财务部门并没有作出统一的管理或者相应的规定，村庄的自主性很大。

乐民村的规模要比柏村大得多，因此财力也较前者雄厚。有意思的是，乐民村村本部与其下属的村小组的财务是分开核算的。所以，村本部并没有企业付给的租金收入，因为土地都在小组一级。而村里的收入的绝大部分是靠一个村办企业——乐民印染厂的利润上交。2001年乐民村本部收入453万,其中330万（73%）来自企业的利润上交,其他大部分都是靠村本部街面的店铺租金收入、计划生育罚款和乡里下拨的少量补助款。在这些项目里,330万的企业利润上交并非真实的数字,因为这个企业的效益并不好,330万元里面实际上包含了村小组土地收入中的一部分。

乐民村有18个村民小组,2001年700多万元的土地和厂房租金大都留在村小组的账面上,这些村小组的土地收入从1万多元到100多万元不等。我们来看村小组的财务收入分配情况。

表 11 – 16　乐民村各村民小组收入分配情况（万元）

项目	金额
总收入	717.2
总支出	176.4
纯收入	540.9
公积金	63.7
公益金	39.3
应付福利费	58.9
可分配收益总额	384.2

值得注意的是,"可分配收益总额"亦即股金分红达384万,全村共有土地股13000股,但从访谈中,我们得知去年的分配标准是200元每股,总额为260万元,也就是说,还有124万元没有当作农民的股红来进行分配,是否被当作集体股红留在小组或者上交村本部,对此村干部语焉不详。按照260万的股金分红来计算,农户从土地上得到的股红收入占土地总收入的36%,远高于柏村的比重。

按照《乐民村委会财务管理实施细则》,公益金和应付福利费两个部分是用于公共服务和公共福利亦即公共品的提供,这两项的总额为98万,占土地总收入的14%,这个比重又小于柏村了。

乐民和柏村的分配制度如此不同,其中一个重要的原因是两个村的村组建制关系不同。柏村实行统一的村财务制度,各小组的土地收入都汇集到一起核算,村委会拥有完全的决定和支配权力。在这种情况下,我们看到,其用于管理和公共开支的比重较大,而直接分配到农户的股红则占比重较小。而相比之下,乐民村的村委会和村民小组是两级核算单位,管理和公共服务开支都是以公积金和公益金、应付福利费等名义从村小组的账面上提留出来,所以留在村小组、用于农户股红分配的比重就相对较多。

但这种情况似乎正在发生变化，按照乐民村 1999 年制定的《乐民村委会财务管理实施细则》，村小组虽然是一级核算单位，但是已经没有独立的财会人员，村民小组的资金集中到村委会管理。每个小组除了小组长以外，只有一个临时出纳（当地称为"驳脚出纳"，即非正式出纳之意），小组长只有权审批 1000 元以下的非生产性支出，村民小组的年终分配方案是由村会计站做好、经村委会领导审批之后即可实施，村民小组长竟不参与其中。

这两个村的村组建制关系给我们提出一个问题：是否随着村庄财产的快速增长，对财产的占有和分配权力会逐渐上移，越来越集中到村委会一级手里？我们下面来看一个经济实力相对薄弱的村子，来试图对这个问题给予一个肯定的回答。

同仁村是南海市唯一没有实行股份合作制的村子，原因是土地非农化的程度很低，农户也大都不愿实行股份合作。同仁村的地理位置比较偏僻，在主要靠土地非农收入的南海，算是比较贫穷的村子了。2001 年同仁村村本级的收入只有 35.3 万元，除了 8.5 万元从农户手中收取的治安、征兵费外，还有 21.2 万元的"企业上缴利润"，实际是一些街面店铺的租金收入。这个水平和柏村、乐民村都相差太远。

表 11 – 17   同仁村各小组财务收入（万元）

村小组	财务收入
孔北	1.6
岭头	11.7
鹿鸣	13.1
原屋边	17.1
共南	− 0.5
共东	1.6
孔东	3.8
孔南	28.2
孔西	2.5
合计	79.1

同时，与前面两个村相比，同仁村也是村组两级核算，但村小组的独立性很强。与乐民村形成鲜明对比的是，村小组不但有独立的会计，而且村本级的会计对村小组的账目只是留存副本，连汇总的工作都不做，更谈不上管理和审批了。与其他村子相比，村小组的财务规模也很小，所有的村民小组

加起来，收入也只有近 80 万元（见表 11－17），而且这些收入大都是农业发包的收入。在同仁村，也没有在前面两个村已经显露苗头的村级公共财政的行为，而是单纯的收费和相应服务。主要的公共开支就是学校和治安，是靠向农户收费来维持。

由以上三个村的情况看来，我们可以得出一个初步的结论，即土地非农化程度越高、经济实力越雄厚的村庄，其对财务的控制和分配权越集中到村一级，而财力薄弱的村庄的基本核算和运作单位仍是村民小组。

村庄和企业的关系

探讨村庄和企业的关系，实际上就是探讨村庄和其收入来源的关系。如在分析乡镇财政时所指出的那样，南海市通过将土地非农化的收益留在地方（乡村基层），而造就了一个繁荣的、生机勃勃的农村景象。与八九十年代的"苏南模式"不同，村庄和企业之间没有直接的管理和被管理的关系，村庄也对企业的产权没有任何干涉；但是与企业和村委会没有什么关系的"温州模式"也不同，在南海，村庄和企业之间有着极为微妙的"间接"关系。

简单地说，这种关系类似于房东和房客的关系，是以直接的租金关系为纽带将二者联系在一起的。企业来此落户，每年给村庄交付一笔土地和厂房租金。但进一步而言，这种关系又是一种非正式的、互相依赖的共生关系。

之所以说是非正式的关系，是因为村庄并没有办理国家规定的农地转换用途的正式征地手续，这些企业的占地在国家正式法规中仍然是农业用地。一旦双方发生争执而使第三方介入，将会是两败俱伤的局面。这种关系形成的主要原因还是办理国家农地转换用途的成本太高，一个村长告诉我们，办这个手续要每亩 9 万元。这笔费用村庄显然负担不起，如果要企业来负担，那么企业来此落户的成本就急剧升高，企业家就不肯来此办厂了。

显而易见，不办理农地转换用途的手续对双方都有利，因为企业既可以得到便宜的土地，村庄也可以将全部土地非农化的收益留下，但村庄、村委会承担着巨大的风险，而企业也间接承担了这样做的风险。因为企业的投资都是一些难以撤换的投资，一旦这种交易被宣布为不合规定，企业除了接受处罚以外别无他法。这种风险使得企业和村庄之间的关系变得彼此小心翼翼，一团和气。

首先，村庄和企业之间签署了非常详尽的租地协议。协议中将各年的租金一一详细列出。我们可以理解，如此详尽明确的协议是为了避免以后可能产生的纠纷，以导致第三者介入而使这种"共生"的交易关系破裂，那样就是一种两败俱伤而不是现在这种"双赢"的局面了。

其次，这些私营企业对村委会表示出一种非常友好的姿态，如果在其他地区这种现象比较难以理解。举例来说，柏村的村委会大楼落成的时候，村内几乎所有的企业都来祝贺，而且都送交"贺金"。共49家企业送来礼金21.5万元。通俗一点说，这种行为有点像房东生了孩子，众房客给房东送礼。那么房东能为房客做点什么呢？

再次，村委会帮助企业担保和抵押贷款，以解决企业的流动资金不足造成的困境。村委会凭借什么可以进行担保和抵押贷款呢？很简单，就是土地。对于企业来说，自己无法用所占用的土地和厂房作为抵押向金融机构贷款，原因有二：（1）这些土地和厂房是租借的；（2）这些土地和厂房在正式的国土管理中根本还是养鱼种粮的农地，根本就是些"空中楼阁"，如何可以做抵押、担保之用？而村委会管理的"经联社"则不同。一方面，这个经济组织本身就拥有规模巨大的土地租金收入，从前面的分析我们得知，这些收入分配到户的部分比重很小；另一方面，借款的金融机构或者民间组织深知这些集体土地有巨大的潜力，也敢于和愿意为这些土地的所有者——经联社提供贷款。

小结一下，我们对村级财务探讨的主要发现有这样几点：

1. 村级财政收入的主要来源是土地和厂房的租金。这些收入的分配主要分成三个大的部分：管理费用和集体积累、公共服务和股红。由于南海实行了土地的股份合作制，土地的所有权和控制权都留在集体手里，所以管理费用和集体积累成为土地收入分配中的最主要部分，占一半以上。公共品的提供和公共服务开始具有公共财政的特点，而不是单纯的收费性服务。农民的股红分配占总收入的多少完全决定于村集体制定的分配方案，在这种情况下，农民能够从土地非农化中得到的收入实际上非常有限。

2. 村级的财务收入越庞大，则村委会就越倾向于将对土地的收入从小组一级上收到村一级。三个村的对比清楚地表明了这个特点。这种财务的向上集中有其合理性存在，因为便于统一规范管理，但是这种集中的另一个效应是使得农民通过股红直接得到的收入会相应减少，也就是说，集体对收入的管理权越大，则收入中用于管理开支和集体积累的份额也就越大。

3. 南海市的私营企业和村庄之间表现出一种独特的"共生"关系，这种关系主要与土地"非正式"的非农化有关。这种"双赢"的局面实际上蕴含着比较大的风险，一旦村庄和企业之间由于土地和劳力的使用产生纠纷的话，也就是说一旦有第三方介入的话，这种"非正式"关系的弊端就会暴露出来，结果极有可能是两败俱伤。

探讨南海市的财政收支情况，一个最为引人瞩目的现象就是市、镇、村三级公共财政和公共服务体系的迅速发展。在市级财政，我们看到有超过三分之一的预算内财政用于公共建设，这还没有包括南海市政府大力发展的信息化建设。这些巨额的公共建设投入为南海市的持续繁荣创造了极好的环境和条件。在乡镇一级财政，南海市一个突出的现象是"吃饭财政"和"办事财政"的分离。这种分离使得镇区一级政府有雄厚的公共建设力量和比较独立的财政权限，乡镇财政摆脱了"养人吃饭"的尴尬境地，而预算外财政也摆脱了"列收列支"的鼓励部门收费的状况，而是将预算外财政统一管理调控，真正将这部分财政变成了"办事财政"。在村级财务方面，公共服务体系也发挥了愈来愈强大的功能。

　　南海市的公共财政之所以得到如此迅速的发展，财政收支结构处于良性状态，关键的原因还是整个财政体制较好的调整了市、镇、村各级的利益关系，初步做到了三方"共赢"的局面。我们看到，地税的分配、预算内和预算外财政的财政权限的分配有效地调整了各级政府间的利益关系，基本兼顾了财政分配的效率与公平。

　　当然，南海市的财政体制和财政关系中也存在着一些问题，例如市级财政对乡镇财政的管理权限尤其是对预算外财政的管理权限是否过小，村级财务中政府管理费用的开支是否过大和农民的分配所得是否过小，这些都需要进一步的研究和探讨。

第十二章　土地征用和政府的土地收入

从中央—地方关系的角度看，分税制改革到底属于"集权"还是"分权"式的改革实际上存在着很大的争论。从财政收入分配的角度看，分税制无疑是"集权"改革，因为作为地方政府税收主体的增值税增量的 75% 都被集中到中央政府，而且分税制之后中央和地方财政收入由"倒三七"变为"正三七"也鲜明地说明了财政收入集中的力度。但是，如果从财政支出的角度看，中央的财政支出和地方财政支出的格局并没有因为分税制而发生巨大的改变，而且还一直沿袭着上升的势头。从收入角度看还是从支出角度看都是引起争议的最主要的原因。由于分税制只集中了地方的预算收入，而没有改变中央和地方政府的支出格局，所以中央集中的收入仍然需要通过转移支付由地方政府支出，这在本书前面的许多章节中都有体现。需要注意的是，经过这种"一上一下"的过程，地方政府可以自由支配的财政收入份额大为减少，但地方的支出压力并没有减轻，而且还有上升的趋势，这就是学界通常所说的分税制"财权层层上收、事权层层下移"的效应。

这种制度压力使得地方政府开始寻求新的地方财政收入增长的源泉。作为财政包干制下形成的追求财政收入增长的利益主体，在分税制后，地方政府的这种利益主体意识非但没有削弱，反而在支出压力下被大大加强了。对于地方政府而言，急迫的问题是如何寻求新的、可以自主支配的财政收入来缓解支出的压力。

在新世纪，随着大批国外投资的涌入和中西部劳动力的大规模迁移，沿海地区的工业化和城市化带来了城市建设用地的短缺，城市用地制度和农地征用制度的改革为地方政府大规模征用、开发和出让土地提供了经济需求和制度保障。

土地征用

目前我国土地的所有权有两种形式：全民所有制和集体所有制。全民所有制即国有土地，我国所有的城市土地均为国有，按照 1982 年的宪法修正案规定，"城市的土地属于国家所有"（第 10 条）；集体土地所有权则属于农村集体。

土地征用是国家依照法律规定的条件和程序，将集体所有的农村土地收归国有的一种措施。在城市化过程中，如果需要进行建设而使用土地，其产权性质必须是"国有土地"而不能为"集体土地"，这里的国有土地"包括国家所有的土地和国家征收的原属于农民集体所有的土地（第 43 条）"。这就意味着，在城市建设中，如果需要使用原有的集体土地，必须通过征地改变集体土地原有的产权性质。首先将集体土地转变为国有土地，然后才可以在土地市场上通过出让、划拨、租赁和转让等不同形式将土地转让给土地使用者。土地从农村集体所有转变为城市国有的过程，就是土地征用过程，这通常是由地方政府完成的。

农村地区的土地集体所有制，在 2002 年《农村土地承包法》之后，虽然名义上仍然是集体所有，但作为发包方的村集体一般在长时段内无权终止、收回、调整农户的承包权；而农户的承包权，不仅可以获得相应的收益，而且还可以在农村自由转让。可以说，在 2002 年之后，农户承包地的转让权得到了承认和清晰的界定：土地转让权属于承包方（承包农户）而非发包方（集体）；转让权不受任何组织或个人的强迫或阻碍；转让形式可以包括转包、出租、互换等多种形式；转让权的价格由当事人决定；转让权的收益由承包方所得。但是，这种对于农民土地转让权的保护，仅仅限于"土地的农业用途"，而一旦土地用于非农业用途，《土地承包法》则失去了效力。

农业用地转变为非农业建设用地，依据的法律为《土地管理法》。按照 1998 年的《土地管理法》，"国家为了公共利益的需要，可以依法对土地实行征收或者征用（第 2 条）"。"对土地实行征收"的权力是被国家垄断的。土地征用的主体是国家，土地征用是一种政府行政行为。在特定的地域范围内，地方政府代表国家行使征地的权力，地方政府代表国家垄断土地资源，而土地征用这种以法律形式固定下来的政策，成为国家以强制性力量占有和取得农村资源的一个重要手段。

土地征用并非无偿，而是需要给予原所有者（集体）与使用者（农户）一定的补偿，其补偿的核心原则是按照"被征收土地的原有用途"。以耕地为例，对征收土地的补偿一般包括下面几个部分：（1）土地补偿费，即耕地被征用前三年的平均农业产值的6—10倍；（2）安置补偿费，即需要安置的农业人口数×耕地被征用前三年的平均农业产值的4—6倍（注：需要安置的农业人口数＝被征收的耕地数量/征前被征收单位人均耕地占有量）；（3）地上附着物和青苗补偿费，这部分由地方政府规定。

在政府将集体农业土地通过"土地征用"这一过程转化为"国有土地"之后，"单位和个人"因为进行建设而需要使用土地的，就可以"依法申请使用国有土地（第43条）"了。这是我国城市化过程中用地的主要来源。国有土地的出让权力，垄断在国家手中，除了国家之外，"任何单位和个人不得侵占、买卖或者以其他形式非法转让土地"（第2条）。

土地使用方并非无偿获得土地使用权。使用国有土地的建设单位需要向政府缴纳"土地出让金"。在这一过程中，我国使用的是"国有土地有偿使用制度（第2条）"。除去一些"公益事业"用地可以通过"划拨"方式获得之外，建设单位使用国有土地，主要需要通过"有偿使用方式"获得。"以出让等有偿使用方式获得国有土地使用权的建设单位，……缴纳土地使用权出让金等土地有偿使用费和其他费用后，方可使用土地（第55条）"。

政府的土地收入

在讨论政府的土地收入时，一般往往将其视为土地使用权出让的土地出让金，而忽略掉其他收入。所以我们在此先对政府的"土地收入"作一个明确的界定：土地收入是指政府通过征税、收费或者经营形式获得的、与土地征用和出让有关的收入。其中既包括了通过土地出让得到的土地出让金，也包括了各种与土地有关的税费收入。严格来说，土地出让金并非政府的财政收入，而是通过土地开发和出让得到的"准经营"式的收入，是土地使用方"一揽子"向政府缴纳的整个使用权期限内的租金。至于税费收入部分，在当前的税收制度下，很少专门针对土地征用、出让的主体税种和收费，政府与土地有关的各种收入分散在各种零散的税种和收费之中，也缺乏系统而专门的统计，因此我们的分析必须将这些收入从政府的税费中"过滤"出来。由于受到资料的细致程度的限制，此处进行的只是一个大致准确的分析。税费部分种类繁多、地区差别巨大，土地出让金部分则比较整齐并且数量巨大，所以我们会进行单独的专门讨论。

土地税费

地方政府与土地相关的税费收入可以分为三个大的部分：

（1）与土地直接有关的税收：这包括城镇土地使用税、土地增值税（这两种由地税系统征收）；耕地占用税、契税（这两种由财政系统征收）；

（2）还有一些与土地征用以及房地产业有关的税费，我们可以称之为"土地间接税收"。对于土地间接税收并没有统一严格的定义，我们此处将其理解为由于土地征用、出让所直接带动的产业所产生的税收，这些产业主要是建筑业和房地产业。当然，建筑业和房地产业的收入中也有一些与土地征用和出让没有关系，而其他产业如第三产业也有许多收入与土地征用和出让有关，在此我们无法将它们严格地区分出来。所以这里的土地间接税收是一个粗略的估计，用来评估土地征用和出让为地方政府带来的间接性收益。这些收入包括涉及土地转让收入的营业税、房地产税、建筑企业的上缴税收等等。

（3）部门收费项目：耕地开垦费、新增城镇建设用地有偿使用费等等（土地主管部门征收）。这是与土地直接有关的收费。另外还有政府的各部门在土地征用、出让、房地产开发过程中收取的种类繁多、内容复杂的收费项目。

可以用下图来表示：

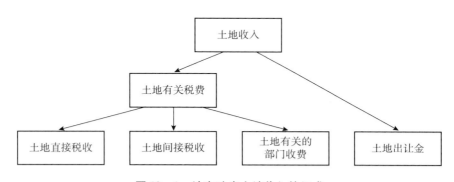

图 12 - 1　地方政府土地收入的组成

1）土地直接税收

土地直接的税收有四个税种，包括地方税务系统征收的城镇土地使用税、土地增值税和地方财政系统征收的耕地占用税和契税。

按照1988年国务院颁布的《中华人民共和国城镇土地使用税暂行条例》，

土地使用税是以纳税人实际占用的土地面积为计税依据，依照规定税额计算征收。而税额是按照面积而不是土地的实际价值计算的。土地使用税每平方米年税额如下：大城市五角至十元；中等城市四角至八元；小城市三角至六元；县城、建制镇、工矿区二角至四元。按照这个计算标准，土地使用税无法体现土地的增值和级差地租，同时1988年的条例规定了绝对的税额限度，与当前的实际情况也颇有脱节之处。根据我们在2004年对浙江的调查，土地使用税的总量是非常少的，2003年浙江省城镇土地使用税只有1.6亿元，占当年浙江省地方财政收入的0.29%；2003年绍兴县的城镇土地使用税233.7万，占当年地方财政收入的0.17%。

土地增值税是国家为了规范土地和房地产交易秩序，调节土地增值收益而采取的一项税收调节措施。我国于1994年颁布了《土地增值税暂行条例》（以下简称《条例》），之后又出台了《土地增值税暂行条例实施细则》。《土地增值税暂行条例实施细则》对征收土地增值税的办法有具体规定[1]。国家征收土地增值税，主要目的是为调节房地产开发市场的秩序，抑制房地产开发、转让的暴利行为。因此，这一税种的征收，最主要受到影响的还是房地产开发企业，特别是开发别墅、公寓、写字楼等高档项目的开发商，以及炒卖楼花的个人买卖行为。因为《条例》规定：纳税人建造普通标准住宅出售，增值额未超过扣除项目金额（开发成本及税费）20%的，国家免征土地增值税。因此从这点来说，个人购买房屋如果购买的是普通标准住宅，而且是用于自己居住的，一般不会受土地增值税影响。而如果购买的是高档次规格的房产，由于开发商的利润率（增值额）许多都超过了土地增值税开征的最低限额，这部分开发商必然要缴纳一定比例的土地增值税，这样开发商的开发收益就会相对减少。

与城镇土地使用税相比，土地增值税在一定程度上能够体现土地级差地租和增值收益。最近几年，土地增值税正在成为土地直接税收中的主要部分。

耕地占用税，是指国家对占用耕地建房或者从事其他非农业建设的单位和个人，依其占用耕地的面积征收的一种税。1987年，国务院发布《中华人民共和国耕地占用税暂行条例》规定，耕地占用税以纳税人实际占用的耕地面积计税，按照规定税额一次性征收。征收范围包括国家所有和集体所有的

---

[1] 　其中包括：房产增值额是指房屋产权人转让房产时所得收入，减去原房产购入时所花的费用；个人因工作调动或改善居住条件而转让原自住房屋的，居住满5年或5年以上的免于征收土地增值税，居住满3年未满5年的，减半征收土地增值税，居住未满3年的，按规定计征土地增值税。土地增值税的征收采用的是四级超额累进税率。计税的大致办法是：增值额未超过原购入房产价50%的，税率为增值收入的30%；增值额超过原房产购入价50%，但未超过100%的，税率为增值收入的40%；增值额超过100%，未超过200%的，税率为增值收入的50%；增值额超过200%，税率为增值收入的60%。

耕地①。农村居民占用耕地新建住宅,按标准税额减半征收。经济特区、经济技术开发区和经济发达、人均耕地特别少的地区,适用税额可以适当提高,但是最高不得超过标准税额的50%。由于与土地使用税相似,耕地占用税也是按照面积而非价值征收的,并且是一次性征收的,所以耕地占用税不能全面地反映土地增值收益,但是由于这是一次性税种,所以可以从侧面反映出土地征用和转让的面积的增长变化情况。浙江省2002年的耕地占用税12.3亿元,占地方财政收入的2.17%;绍兴县2003年的耕地占用税7739万元,占当年地方财政收入的5.7%。

契税是以所有权发生转移变动的不动产为征税对象,向产权承受人征收的一种财产税。现行契税是1997年7月7日重新颁布的《中华人民共和国契税暂行条例》,于1997年10月1日起实施进行征收的,契税的征收范围主要包括土地和房产两类②。从契税的税基和税率来看,与其他的土地税收相比,契税相对比较能够反映土地的级差收益。在所有的土地直接税收中,契税也是最大的一个税种。浙江省2002年的契税有30.16亿元,占当年地方财政收入的5.32%。绍兴县2003年的契税为11027万元,占当年地方财政收入的8.2%。下面我们以绍兴县为例总结一下土地直接税收的变化情况。

表 12 - 1　绍兴县土地税收的增长变化情况（万元）

	2000	2001	2002	2003
耕地占用税	1971	8064	4755	7739
契税	3059	2983	6016	11027
城镇土地使用税	–	75	219	234
土地增值税	–	–	–	–

从表中来看,耕地占用税与契税的增长速度都相当快。与耕地占用税相比,契税的增长速度增长得更快且稳定,反映出绍兴土地的级差收益的增长

---

① 税额的计算标准分成四类:(一)以县为单位(以下同),人均耕地在1亩以下(含1亩)的地区,每平方米为2元至10元;(二)人均耕地在1亩至2亩(含2亩)的地区,每平方米为1.6元至8元;(三)人均耕地在2亩至3亩(含3亩)的地区,每平方米为1.3元至6.5元;(四)人均耕地在3亩以上的地区,每平方米为1元至5元。

② 具体而言,包括国有土地使用权出让;土地使用权转让,包括出售、赠与和交换,不包括农村集体土地承包经营权的转移;房屋买卖;房屋赠与;房屋交换。契税的税率为3%~5%,税基为:国有土地使用权出让、土地使用权出售、房屋买卖的成交价格;土地使用权赠与、房屋赠与,由征收机关参照土地使用权出售、房屋买卖核定的市场价格;土地使用权交换、房屋交换,为所交换的土地使用权、房屋的价格的差额。

情况。就土地直接税收的总量而言，从浙江省的情况来看，土地的直接税收占到全口径财政总收入（包括中央税收）的3.1%，占到地方财政总收入的约6.3%；从绍兴县的情况来看，这两个比重分别约为6.2%和14%。值得说明的是，按照目前的分税制框架，上述土地税收全部属于地方财政收入，可见虽然土地税收的总量不大，但是对于地方政府的财政收入来说也是非常重要的，因为土地税收每增加一分钱都是100%归地方财政所有。

从这四种税收的内部结构来看，其重要性又有所不同。由于土地使用税和耕地占用税都是按土地面积和固定税额进行征税，难以反映土地的增值情况，所以其自身的"成长性"比较差，但相对能够反映出地方政府征用土地的面积和规模的变化情况。土地增值税和契税相对能够反映出土地价值的变化，但是增值税基本没有开征，所以契税是四种税里相对规模最大、"成长性"最好、对地方政府来说最重要的税种。

2）土地间接税收

虽然土地直接税收在地方财政收入中的比重较小（5%～15%），但是经营土地对地方财政收入的贡献并不只限于这些直接税收，土地收入还应该包括一些与土地征用和出让有关的间接税收。这些间接税收主要包括：

①与土地转让有关的营业税。这包括一些地方政府经营的土地开发公司的营业税。2003年，浙江省涉及土地转让收入的营业税约11亿元，占到地方财政收入的2%左右。

②建筑业和房地产业的营业税和企业所得税。由于建筑业和房地产业的业绩与土地转让、城市土地开发联系密切，所以这块营业税的大小能间接地反映出土地开发对地方财政收入的贡献。2003年，绍兴县建筑业的营业税1.4亿元，房地产业的营业税0.9亿元，合计2.3亿元，占当年地方财政收入的17%。两个产业的企业所得税（地方税收部分）合计约0.38亿元，占当年地方财政收入的2.8%。

③房产和城市房地产税。2003年，这个税种总计0.61亿元，占地方财政收入的4.5%。

合计以上三项，粗略估计土地开发的间接税收占到地方财政收入的26%左右。需要指出的是，这些间接收入并不能涵盖所有政府因土地开发获得的间接税收，上述的数字是一个保守的估计。

间接税收是比较容易受到研究忽略的部分。我们发现，虽然土地直接税收的比重较小，但是间接税收的比重较大。也就是说，土地开发间接推动了地方财政收入的迅速增长。

由于土地的直接税收和间接税收大部分都是地方税收而非中央税收，所以土地开发带来的直接和间接的财政税收大部分为地方财政获得（中央政府可以分享企业所得税的60%，按照建筑业和房地产业算下来，绍兴县2003年上缴中央的两个行业的企业所得税约0.57亿元，仅占当年上缴中央财政收入的3.3%）。从地方政府的角度来看，财政上依赖于间接税收比依赖于直接税收更加"保险"，因为按照近年来财政改革的思路，直接税收如果增长过快，很可能被划分或者部分划分为中央税收。

土地税收作为财政收入的重要组成部分，难以在统计和管理上准确地"离析"出来，这是旧有税制不能适应地方经济结构变化的结果。在当前的税制结构下，土地税收显得混乱而分散，其呈现形式也非常多样化，并且土地本身的直接收入主要依靠一次性税收，而间接收入又主要依靠建筑业，这都会在一定程度上激励地方政府扩大征地范围、铺张建筑摊子，而忽视经济发展和税源的可持续性增长。

3）土地收费

土地上的收费按照部门可以分成以下三类：

①土地管理部门的收费：根据绍兴县的调查，土地部门的收费包括规费三种：2003年耕地开垦费（1259万元）、管理费（913万元）、业务费（3849万元）共计6011万元；专门收费四种：登报费（18万元）、房屋拆迁费（3019万元）、拆抵指标费（5350万元）、收回国有土地补偿费（2258万元）共计10645万元；另外收取新增建设用地有偿使用费①（3110万元）等等。这三块收入在总地价中约占到10%。

②财政部门的收费：土地出让金下面单独论述。许多地区有向企业征收的土地使用费和土地租金。这是地方政府自己的规定（由地方性法规规定的）。

③其他部门收费：从土地征用到土地出让过程中许多部门都有收费项目，例如农业部门、房产部门、水利、交通、邮电、文物、人防、林业等。这些收费项目大多由省级政府自行制定标准。

因为第②和第③块收费不太清楚，所以我们无法估计土地收费的总规模有多大。但是从土管部门的收费来看，土地部门的收费将近2亿元。如果加上第②和第③块的收费，这个规模就会远大于土地直接的税收收入（绍兴2003年为1.8亿元）。可见土地的"费重税轻"是一个事实。从绍兴的情况粗略估计，如果除去土地出让金不算，则土地直接税、间接税和收费的关系

---

① 1999年，财政部会同国土资源部印发了《新增建设用地土地有偿使用费收缴使用管理办法》，从2000年起开征新增建设用地土地有偿使用费，30%上缴中央财政、70%留归地方财政、专项用于耕地开发。2000年，共征收37.03亿元，缴入中央财政11.11亿元；2002年，共征收134.47亿元，缴入中央财政40.34亿元。截至2003年5月底，新增建设用地土地有偿使用费累计共征收310.56亿元，其中缴入中央财政93.13亿元，留归地方财政217.39亿元。

约 1∶2∶1.5 左右。

土地出让金

　　土地出让金不是税费，而是政府出让土地得到的租金。这笔租金实际上是一笔支付的多年租金，从资金性质上来看，是用地企业的预付资金。为了方便起见，我们用"土地出让金"来指代土地出让的总收入（按交易地价算出），用"土地出让金净收益"来指扣除土地出让成本之后的收益。那么，土地出让金就是指土地以拍卖、协议等方式出让之后地方政府的总所得。全国土地出让金的总量，据笔者所见的一篇报道，自 1992 年到 2003 年，全国土地出让金收入 1 万多亿元，而这些几乎全部是在 2001—2003 年的三年里取得的，这三年中土地出让金的总收入是 9100 多亿元①，其中土地出让金净收益约为四分之一。2009 年，根据中国指数研究院的报告，全国土地出让金达到 15000 亿元，其中大城市是增长的主力，全国 70 城市土地出让金收入同比增加超过 100%，其中，北京、上海、杭州土地出让金收入位居前三甲，上海土地出让金高达 821 亿元，位居各大城市之首。排在前 20 的城市土地出让金总额高达 6210 亿元，同比增加 108%②。2010 年，根据国土资源部部长徐绍史的说法，全年土地出让金总额达到了 27000 亿元，几乎比 2009 年多了一倍③。

　　土地出让成本由以下几个部分组成：

　　1）出让土地交纳税费：这一部分实际上已包括在了上面所说的税费中。但也有一些不包括在其中，因为政府还会有一些以土地为基础的收费和基金，比如农发基金、社保基金等。

　　2）土地补偿费用：包括土地补偿费、安置补偿、青苗补偿、地上附属物拆迁补偿等等；这主要是补给农民和村集体的部分。关于土地补偿，我们会在第三部分详细论述。

　　3）土地开发费用：指各土地级别宗地红线外达到"五通"（通路、通上水、通电、通下水、通讯）或"四通"（通路、通上水、通电、通讯）和宗地内达到"一平"的开发水平的平均开发费用，此项费用由于各地区的经济发展程度不同而存在差异。

---

　　① 2004 年 06 月 25 日《云南日报》，并参见 http：//news. sina. com. cn/c/2004 – 06 – 25/12212906924s. shtml。

　　② 中国指数研究院发布《2009 年中国及主要城市土地市场监测报告》，见 http：//fdc. soufun. com/news/zt/200911/crj. html。

　　③ 这是根据新华社 2010 年 1 月 7 日的电讯报道。

4）土地出让业务费：扣除土地出让税费后，按2%－5%从出让金中提取作为土地管理部门的业务费。

扣除土地出让成本后，得到净收益。在我们调查的浙江三个地区，只有金华市可以比较精确地算出土地出让金的净收益。

表12－2　金华市土地出让金的成本和净收益

	2001		2002		2003		总的比重
	万元	%	万元	%	万元	%	
土地出让金总额	51386	100	137982	100	207745	100	100%
土地税费	1858	3.6	8078	5.9	20372	9.8	7.6%
土地补偿费用	29658	57.7	79543	57.6	97690	47.0	52.1%
土地开发费用	6628	12.9	33030	23.9	50489	24.3	22.7%
土地出让业务费	1028	2.0	2760	2.0	4144	2.0	2%
净收益	12213	23.8	14571	10.6	35049	16.9	15.6%

表12－2给出了金华市土地出让金的构成情况。我们可以看出，土地出让金的净收益在三个年度的时间里有所不同，这是因为土地征用和出让的时间经常是跨年度的，而且也因为随着征地和出让土地类型的不同，净收益会有很大的不同。金华市三年的土地出让金总额分别约5亿、13亿和20亿元，而此市的预算内财政收入三年中一般在10亿—11亿元左右，所以到2003年，土地出让金已经远高于当地的财政收入。我们按照三年总的情况来计算土地出让金的净收益，可以得到表中最后一列。四类成本的比重约在84.4%，而净收益约为15.6%。

绍兴县（2003）土地出让金总收入（总地价）19.2亿元，也远高于其当年的预算收入（13亿元）。在土地出让金中，税费（主要是费，财政性税收大多没有包括在内）1.28亿元，土地补偿费用8000万元，土地出让业务费3850万元，分别占6.7%、4.2%、2%，土地开发费用并没有单独列出，而是将包括土地开发费用在内的剩余资金算作净收益，共16.8亿元。

我们注意到金华市和绍兴县的土地净收益的算法不同，绍兴县之所以将土地开发费用也包括在"净收益"之内，是因为在土地收入的管理体制和分配体制上与金华市很不相同。金华市财政对土地收入的使用进行统筹管理，而绍兴县则是县、开发区、镇、村共享土地"净收益"。土地部门直接将包括开发费用在内的"净收益"进行分配。在这些净收益中，约有11.7亿元（占

"净收益"的 70%）留在县里，其余的部分返镇返村。

如果我们参考金华市的情况，按照 25% 来扣除开发费用的话，则绍兴县净收益的规模约在 12.6 亿元。按照同样的方法估算留在县里的净收益，留在县财政的净收益约在 9 亿元，这和我们与财政局的访谈结果不太一致，后一个数据是 6 亿元左右。如果这是估计准确的话，则绍兴县的土地出让金的净收益约占其土地出让金总额的 31%。

总结一下调研地区的情况，我们可以得到一个大致土地出让金成本和收益的估计。这三个地区 2003 年土地出让金的总额都是在 20 亿元左右，而净收益占 15%～30% 不等。如果我们据此推论浙江省其他地区的情况的话，20% 的净收益应该是一个适中的估计。对于地方政府来说，这无疑是一笔巨大的收入。

我们下面来小结一下这个部分，看一下政府土地收入的几个特点。

首先，土地收入的规模巨大。如果我们将土地收入的四个部分（直接税收、间接税收、收费以及土地出让金净收益）加总起来，可以得到政府土地收入的总规模。据我们的粗略估算，这个总规模在 2003 年的绍兴县接近 14 亿元，在其他两个地区应该差得不多。这个规模恰恰相当于绍兴县 2003 年地方财政收入的水平。这是按照土地出让金的净收益计算的。如果按照土地出让金总额计算，则土地收入达到 27 亿元，相当于地方财政收入的两倍。通过以上对政府的土地收入四个大的组成部分的分析，我们基本可以得出对这四个部分的规模的初步估计。土地直接税收、间接税收、部门收费和土地出让金的净收益的比大约是 1:2:1.5:2.5。如果我们将所有的政府土地收入看作 100% 的话，这四块的比重大约分别是 14%、29%、21%、36%。当然需要说明的是，这只是我们从浙江的三个地区得出的结论，在其他地区的情况可能非常不同。

其次，税费项目杂乱、难以体现级差收益。从土地税费的总体情况来看，税种和收费项目繁多而混乱是其最主要的特点之一。虽然只有四个税种是土地直接税收，但是这些税收中有两个是按面积征税，还有一个基本处于停征状态，难以体现土地级差收益。间接税收以建筑业和房地产业的营业税为主，主要来自投资和建设规模，而不是来自地方经济的可持续发展。收费项目多如牛毛，列举清楚都非常困难。

再次，税费管理混乱，收费项目多出自地方性法规。土地的收入几乎全部都是地方政府收入，这使得各地政府在有关土地税费的征收上有比较大的自由度。许多部门收费项目是出自地方政府之手，土地出让金的成本核算也是高度分权、透明度非常低。在土地收入成长迅速、成为东部地区政府的最主要收入来源的时候，对土地税、费的管理和使用效率的监督仍处于一个极为滞后的状态。

第十三章　土地财政

　　既然土地收入规模如此巨大，那么土地收入与当地政府财政的关系如何？土地收入对政府财政来说具有何种重要意义？这种局面是如何形成的？在本章中，我将通过浙江绍兴县和陕西西安市长安区的两个调研的案例来说明土地财政的基本特征。

　　一般认为，土地收入对地方财政的意义重大，主要是培植了另外一个政府财政体系，与政府预算收入财政相比，可以称之为"第二财政"。所谓"第二财政"，是指地方政府在一般预算财政以外，发展出了另一个资金规模巨大、完全由地方政府自己掌控的、以土地收入为中心的财政收支体系，所以又可以叫作"土地财政"。地方政府流行的说法"第一财政靠工业、第二财政靠土地"说明了二元财政的收入来源，"吃饭靠第一财政、建设靠第二财政"，则说明了二元财政的支出。这比较简洁而鲜明地说出了土地财政对于地方政府的意义。通过我们的调查来看，这个观点只有一部分是正确的。因为不但第二财政靠土地，第一财政也在越来越依靠土地而不是工业。

长安的收入结构与土地开发的关系

　　长安县自西汉而设，是古代几个朝代的京畿之地，其城区离西安市中心仅8.7公里。于2002年9月撤县设区，成为西安城市新区，其中韦曲、郭杜为两大新建的开发区，以科技和大学区为主。进入新世纪以来，长安区被规划为西安大学城的所在地，展开了大规模的土地开发。

　　我们下面来看长安区的财政收入结构和增长情况，来寻找地方政府精心培育、着重发展的"收入增长点"，从而概括出当地的发展模式。

表 13 - 1   长安区政府收入结构及变化情况（1999—2003）（万元）

	预算内收入		财政基金收入		预算外收入		总计
1999	9056	46.0%	2318	11.8%	8305	42.2%	19679
2000	10055	52.4%	1204	6.3%	7937	41.3%	19196
2001	11760	57.0%	1916	9.3%	6963	33.7%	20639
2002	17080	68.2%	274	1.1%	7685	30.7%	25039
2003	21131	61.7%	2564	7.5%	10530	30.8%	34225

一般而言，地方政府的本级收入由三个部分组成，即预算内收入、财政基金收入和预算外收入。从表 13 - 1 看来，在 1999—2003 五年的时间里，长安区政府的收入结构出现了比较明显的变化，即预算内的比重逐渐增大而预算外收入的比重逐渐缩小。具体表现在：

1）政府的收入结构由依靠基金和预算外收入变为主要依靠预算内收入。预算内收入占总收入的比重由 1999 年的 46% 上升到了 2003 年的 62%，而预算外收入的比重由 42% 下降到了 31%。

2）预算内收入出现了飞快的增长速度。从表中可以看出，长安区政府的预算内收入在 2002 年和 2003 年有着高速增长，分别比上一年增长了 45% 和 24%，分别远远高于同期 GDP18.5% 和 13% 的增长速度。

为什么会有这样的变化呢？我们进一步来看各类预算内收入的构成情况。

表 13 - 2   长安区预算内收入的结构（1999—2003）（万元）

	收入合计	增值税	营业税	个人所得税	城市建设税	农业五税	企业所得税	其他各项收入
1999	9056	1186	2816	474	195	1662	276	2447
2000	10055	991	3572	494	239	1946	393	2420
2001	11760	1129	4927	754	255	1844	552	2229
2002	17080	1270	8471	194	371	3492	124	3158
2003	21131	1448	11926	155	535	3795	173	3099
年均增长率 *	33%	5.5%	81%	– 17%	44%	32%	– 9%	6.7%

* 以 1999 年为基数

此表列出了长安区 1999—2003 年间预算内收入增长的明细情况。从表中可以看出以下几点：

五年间财政收入的结构发生了巨大的变化。1999 年，长安区的最主要的三种税收增值税、营业税和农业五税占预算收入的比重分别是 13%、31%、18%；到 2003 年这三种税收的比重分别是 7%、56%、18%。农业税的比重几乎没有变化，但是增值税下降了 6%，而同期营业税的比重增加了 25%，单此一项税收已经超过了总预算收入的一半。

如果以 1999 年为基数，则营业税的年均增长率高达 81%，城市建设税的年均增长率 44%，都超过了地方预算收入的增长率（33%）（见表 13 - 2 中最后一行）。从下面的图中可以看出各种税收增长巨大的不平衡性。

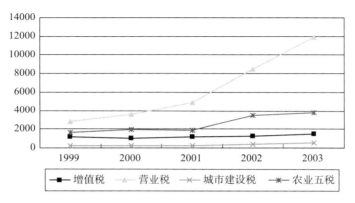

图 13 - 1　增值税、营业税、城市建设税和农业税增长情况
（1999—2003）（万元）

从上述分析中，我们可以看出两类税种的鲜明对比，即营业税的快速增长和增值税以及企业所得税的缓慢增长甚至负增长。增值税和企业所得税的缓慢增长，从一定程度上说明长安区工业化发展速度的缓慢。因为在第二产业中，只有建筑业交纳营业税，所以我们可以初步判断，推动财政收入增长的主要动力来自建筑业和第三产业。

下面我们再按行业观察税收收入的增长情况。

按国家税收部门的标准产业分类，第二产业分为采矿业、制造业、电力燃气等能源业和建筑业；第三产业分为交通运输、批发零售、金融、信息产业、租赁及商业、房地产业及其他行业。在上述 11 个产业分类中，1999 年长安区对地方税收贡献最大的行业分别是建筑业 34%、批发零售业 23%、金融业 15%；2003 年前三名分别是建筑业 61%、房地产业 11%、交通运输业 7%。见表 13 - 3。

表 13 – 3　按行业分类的税收增长情况（1999—2003）（万元）

	第二产业		第三产业		
	制造业、采矿及能源	建筑业	房地产业	其他	合计
1999	187	1482	79	2561	4309
2000	313	2059	54	2801	5227
2001	495	2984	185	3354	7018
2002	269	5563	969	3778	10579
2003	322	8730	1526	3762	14340

此表表现出行业税收的两个显著的特点：

财政税收越来越依赖于建筑业和房地产业。与 1999 年相比，2003 年的建筑业的税收增长了 5 倍，将近 1999 年基数的 6 倍，而相比之下，第二产业的所有其他部门在 5 年间的增长连一倍都不到。房地产业是地方预算收入增长中的另一支后起之秀，2003 年产生的税收是 1999 年的 20 倍。

2）结构性的变化主要发生在 2002 年和 2003 年。从表中可以看出，建筑业和房地产业的快速增长主要是在这两年得以实现的。

建筑业和房地产业成为地方税收的主要来源这个现象显示出长安区的经济发展特点。表 13 – 3 最后一列清楚地显示出，2003 年的税收合计比 2001 年翻了一番，在增加的税收总量中，建筑业和房地产业的税收增量占了 96.7%。这个现象表明，长安区的工业化和大部分第三产业的增长都比较微弱，而城市建设的规模以及房地产业的发展是最为主要的推动力。从税收结构的变化上，我们可以初步判断，长安区的经济增长主要不是依靠工业化、也不完全是靠以第三产业增长为主要标志的城市化，而是靠以征地、拆迁为中心的建设规模的扩大取得的，在这种发展模式中，土地必然扮演一个极为主要的角色。

这个模式在税收结构上，除了表现为建筑业营业税的飞速增长以外，还表现为各种土地直接税收和间接税收的快速增长。表 13 – 4 列出了土地直接税收的增长情况。

我们将税收分为与土地直接有关的税收和间接相关的税收。表 13 – 4 列出了直接税收。

表 13 - 4　土地的直接税收（万元）

	城镇土地使用税	耕地占用税	契税	合计	占财政收入的%
1999	83	201	27	311	3.4
2000	102	600	30	732	7.3
2001	132	609	80	821	7.0
2002	116	1124	300	1540	9.0
2003	144	1375	500	2019	9.6

土地的直接税收从 1999 年只占地方预算收入的 3.4% 上升到了 2003 年的 9.6%。表 13 - 5 是与土地有关的间接税收情况。

表 13 - 5　土地的间接税收（万元）

	营业税		企业所得税		房地产税	合计	占财政收入的%
	建筑业	房地产业	建筑业	房地产业			
1999	1420	77	19		231	1747	19.3
2000	1986	54	32		209	2281	22.7
2001	2842	184	37		304	3367	28.6
2002	5404	952	104	1	266	6727	39.4
2003	8014	1472	427	15	195	10123	47.9

土地的间接税收同样表现出快速的增长，在 2002 和 2003 年尤其明显，其中最明显的仍然是建筑业和房地产业的营业税。

如果我们将表 13 - 4 和表 13 - 5 合并，就可以得到所有土地税收占总财政收入的比重，这个比重在 1999 年是 22.7%，到 2003 年已经高达 57.5%。到此为止，我们可以断定，土地以及土地所产生的直接和间接的税收对长安区的预算内财政收入的增长可以说是性命攸关的。

以上分析的是以税收为主的预算收入，下面我们来看基金和预算外收入。

对于长安区而言，基金和预算外收入在总的政府收入中的比重是下降的。1999 年占 54%，到 2003 年只占 38%（详见表 13 - 1）。这些收入都是一些非税收入。按照我们分析土地收入的目的，我们可以将这些收入分成三类，即（A）土地出让金、（B）与土地有关的收费以及（C）与土地无关的收费。其中第一类比较明确，而第二类和第三类的区分难度很大，这是因为与土地有关的收费种类繁多、涉及部门较多，同时有些收费种类处于两者之间。

（A）土地出让金的总量不大，增长情况也在年度之间有比较大的变化，见下表：

表13-6　长安区的土地出让金及其在非税收入中的比重（万元）

	土地出让金	非税收入总量	占非税收入的%
2001	790	8879	8.9
2002	55	7959	0.7
2003	2459	13094	18.8

（B）与土地有关的收费项目复杂，我们无从得知，但是可以从中理出一点线索。

地方政府的"预算外资金收入"一般分为四个部分，即行政事业性收费、政府性基金、乡镇自筹统筹收入和主管部门集中收入。其中乡镇自筹统筹收入在2002年的税费改革中已经取消，而主管部门集中收入很少列入财政统计中，所以最主要的项目是行政事业性收费与政府性基金收入。在长安区，政府性基金收入主要包括三个部分，即公路养路费、城市教育费附加与城市建设配套费。在这三项收入中，城市建设配套费是与土地开发直接相关的收费。长安区政府将这块资金当作城市开发建设的主要资金来源渠道之一，凡在城市规划区内的所有规划项目都按规定足额收取配套费，这成为三项政府性基金中规模最大的一部分。由于养路费和城市教育费已经纳入预算内管理，算作预算内收入，所以在统计中，政府性基金的主要内容就是城市建设配套费。这项收费在2001年是904万元，2002年是1488万元，2003年2772万元，三年的时间里征收了5000万元。

各行政事业单位的服务性收费部门种类繁多，我们无法从中分出哪些是与土地开发有关的、哪些是无关的收入。所以，实际上在长安区（B）和（C）两类收费我们无法分开。

表13-7是将"土地出让金"和"城市建设配套费"合并起来之后的情况：

表13-7　土地收费及其在非税收入中的比重（万元）

	土地出让金	城市配套费	合计	占非税收入的%
2001	790	904	1694	19.1
2002	55	1488	1543	19.4
2003	2459	2772	5237	40.0

表 13-7 中最后一列是两项土地收入在总的非税收入中的比重。虽然这不包括部门的杂项土地收费，但比重已经非常之大，2002 年以前占总的非税收入的 20%，2003 年占到了 40%。

最后我们对政府的土地收入做一个保守的估计。之所以说我们作出的是保守估计，是因为无从计算各行政事业部门在土地开发和建设过程中的各种收费。但即使是保守的估计，我们也可以看出土地开发对政府的重要意义。

表 13-8 土地收入在政府收入中的比重（万元）

	1999 年	2000 年	2001 年	2002 年	2003 年
预算内收入	9056	10055	11760	17080	21131
其中与土地有关	2058	3013	4188	8267	12142
%	23%	30%	36%	48%	57%
非税收入	10623	9141	8879	7959	13094
其中与土地有关			1694	1543	5237
%			19%	19%	40%
总的政府收入	19679	19196	20639	25039	34225
其中与土地有关	2058	3013	5882	9810	17379
%	10%	16%	28%	39%	51%

与土地有关的收入超过了全部政府收入 50%，而预算内的土地收入更加重要。

通过以上的分析，我们现在来总结长安区财政收入的几个特点：

第一，预算内收入也就是税收收入比非税收入更加重要。在过去五年的时间里，税收收入的比重由 40% 上升到 60%，而非税收入的比重由 60% 下降到了 40%。

第二，税收收入的快速增长并非靠工业化以及城市化带动的第三产业的发展所带来的，而是由土地开发、城市拆迁和建设规模的扩大而带来的。这表现在（1）工业税收没有增长，这说明工业化缓慢；（2）第三产业的税收（除房地产业以外）增长缓慢，这说明人口城市化的速度缓慢；（3）95% 的税收增长依靠建筑业和房地产业的税收，这说明土地开发是此地经济发展的全部动力。按照这样的发现推测，我们观察到的是一个既缺乏工业化、也缺乏人口城市化的经济增长模式，但是却有着发达的土地城市化。

第三，土地开发带来的是土地税费的快速增长，而作为政府经营土地的直接收益——土地出让金的规模却很小。在过去的三年里，土地出让金只有

790万、55万和2459万，分别只占政府全部收入的3.8%、0.2%和7.1%。

绍兴县的土地财政

绍兴县是绍兴市下属的一个县，是绍兴经济最发达的地区，多年位居全国百强县中的前十位，是我国东部地区发达县市的代表。

表13-9列出了绍兴县2001—2003年的预算内收入结构。土地的间接税收与直接税收在地方预算内收入中的比重从2001年的30.5%增长到2003年的38.4%。可见绍兴县的预算内财力中有超过1/3是来自土地的税收。

表13-9　绍兴县土地收入的增长（万元）

			2001年	2002年	2003年
	营业税	建筑业	4824	10351	13989
		房地产业	3398	6124	9025
（1）土地间接税收	企业所得税	建筑业	3418	2144	1576
		房地产业	4515	1450	2285
	房地产税		2611	6158	6109
	城镇土地使用税		75	219	234
（2）土地直接税收	契税		2983	6016	7739
	耕地占用税		8064	4755	11027
（3）两项小计			29888	37217	51984
（4）地方预算内收入			98019	105022	135362
（3）／（4）×100%			30.5%	35.4%	38.4%

值得注意的是，这些税种的增长速度远远超出其他税种的增长速度，是地方财政收入增长的最主要的动力。从表13-10可以看出，建筑业和房地产业的所得税虽然出现下降和停滞，但是营业税却表现出极其快速的增长（2002和2003年度的增速分别是100%和40%），房地产税的增长速度也很快。这种现象是比较奇怪的，因为如果房地产业和建筑业在这三个年度里增长迅速的话，营业税和所得税都应该有快速的增长才对。所得税之所以增长得缓慢，主要是两个因素导致的：

（1）中央政府在2002年开始与地方进行所得税分成，中央得60%，地方得40%。表13－10反映的只是地方所得的40%部分。如果我们按照100%计算，则2002年度和2003年度的建筑业、房地产业所得税增幅分别是13.3%与7.4%，虽然有增长，但是远远及不上这个行业营业税的增长速度。

（2）营业税是100%归地方政府所有，所得税40%归地方政府所有。这个差别严重影响到地方政府征收所得税的积极性。

表13－10　绍兴县土地税收的增长速度（万元）

			2001 年	2002 年	2003 年
土地间接税收	营业税	建筑业	4824	10351	13989
		房地产业	3398	6124	9025
	小计		8222	16475	23014
	增长速度（％）			100.40%	39.70%
	企业所得税	建筑业	3418	2144	1576
		房地产业	4515	1450	2285
	小计		7933	3594	3861
	增长速度（％）			－54.60%	7.40%
土地直接税收	房地产税		2611	6158	6109
	增长速度（％）			136.85%	－0.8%
	城镇土地使用税		75	219	234
	契税		2983	6016	7739
	耕地占用税		8064	4755	11027
	小计		11122	10990	19000
	增长速度（％）			－1.20%	72.90%

我们除了考察土地税收在总收入中的比重之外，更重要的是要考察土地税收对总收入增长的贡献率如何，也就是说，土地税收在近几年地方财政收入的增长中扮演了什么样的角色。表13－11列出了几种主要税收的对地方财政收入增长的贡献率。

表 13-11　土地收入对地方预算收入的贡献

	2002 年增长量		2003 年增长量	
	万元	%	万元	%
地方预算内总收入	+7003	7.1%	+30340	+28.1%
土地直接税收	3782		14816	
土地间接税收（营业税）	8253		6539	
土地间接税收（所得税）	-4339		267	
	7696	+28.2%	21622	+69.6%
贡献率	109.9%		71.3%	

从表 13-11 可以看出，地方财政收入增长的速度分别是 7.1% 和 28.1%；但是土地税收的增长速度分别是 28.2% 和 69.6%；其增幅远远高于总收入的增长速度。在总收入的增量部分中，土地税收的贡献率分别是 109.9% 和 71.3%，即地方财政收入的增长主要是靠土地收入的增长带动的，这与我们前面讨论的长安区的情况如出一辙，不同的是预算外的情况。

预算外财政的收入来源主要包括土地出让金和部门收费（其中有土地管理部门的收入、其他部门与土地有关的收费、与土地没有关系的收费几个部分）。从我们调查的情况来看，与土地有关的收入在预算外财政中占了主要的部分。

表 13-12 展示了绍兴县预算外收入的基本结构。行政事业性收费中有些是基于土地转让的收费项目，但是我们很难将其区分出来。政府性基金收入中占大头的农发和社保基金都是按照土地转让收入的比例提取的，所以也可以看作是土地收入的一部分。土地出让金是土地转让的总收入。所以基金和出让金两个部分基本上可以看作是政府从土地上取得的预算外收入（见表中黑体字标出的部分）。从表 13-12 看，土地收入能够占到预算外总收入的 80% 以上。

表 13-12　绍兴县的预算外收入构成（2003）

	亿元	%
行政事业性收费	4.8	16%
政府性基金	5.1	18%
土地出让金	19.2	66%
预算外总收入	29.1	100%

　　综合长安区和绍兴县的情况来看，土地收入无疑是地方财政的支柱。在绍兴，无论是预算内还是预算外土地收入都是最为重要的部分。为什么在这些地区会形成这种以土地收入为主的二元财政结构？对于地方政府而言，这种结构的形成有赖于外生和内生因素的共同作用。外生的因素就是当前的土地、财政和税收体制，而内生的因素是地方政府在当前体制下的谋利行为。分税制改革以来，中央将一般预算内的主体税种划分为中央收入，而将非主体税种划分为地方收入。同时，由于在1994—2002年间被划分为地方收入的企业所得税和个人所得税增长迅速，2002年中央又把这两个所得税划为中央地方共享收入。这种集中财力的努力给地方政府的收入行为带来了一种"挤压"效应，即迫使地方政府不断把增加地方财政收入的重心移向那些零散、量小、不重要的税种。在所得税变成中央共享税之后，我们看到自2002年以来，营业税的增长异常迅速，成为带动地方财政收入增长的最主要力量，这明显就是"挤压"效应的结果。表13－13展示了这个过程。

表13－13　绍兴县营业税的比重（2001—2003）（万元）

	2001 年	2002 年	2003 年
营业税	19220	30280	36575
地方财政收入	98019	105022	135362
营业税的比重	19.6%	28.8%	27%

　　中央伴随分税制改革的另一个努力在于预算制度改革。预算制度改革主要内容是将预算外的资金纳入预算内进行管理，同时推行国库集中支付制度和预算外资金的"收支两条线"的管理办法，力图使得地方政府的资金收支透明化、管理规范化。由于预算内资金的管理是相对集权化、透明化的，而预算外资金对于地方政府来说相对自由度较大，如果将预算外资金纳入预算内管理的话无疑限制了地方政府的支出权限。这就造成了第二个"挤压"效应：地方政府力图做大那部分没有纳入预算内管理的预算外收入，而其中最主要的就是以土地出让金为主的土地收入。

　　土地出让金是1989年颁布《城镇国有土地使用权出让和转让暂行条例》后开始征收的。条例规定，土地出让主管部门可从取得的土地出让金中提取2%～5%作为土地出让业务费。在提取业务费后，地方财政先留出20%作为城市土地开发建设费用，其余部分40%上缴中央财政，60%留归地方财政。不论上缴中央财政还是留归地方财政的部分，专项用于城市基础设施建设和土地开发。1990和1991年，土地出让规模不大，价格不高，全国范围内收取的土地出让金只有 10.5 亿元和 11.3 亿元。1992 年由于出让规模扩大,土地出让金增加到 525 亿元。为调动地方征收土地出让金的积极性,从 1994 年开始至今,土地出让金不再上缴中央财政,全部留归地方财政。1998 年以后,土地出让金持续增长,2002 年达到 2416.8 亿元。

上面这段论述描述可以显示出中央的财政政策对地方的"挤压"和激励效应。我们可以看出,在双重"挤压"效应之下,对于地方政府的财政来说,预算内财政增收的重点变成了营业税和土地税收,而预算外财政增收的重点就是土地出让金。正如上面的分析所示,这两个部分也是近些年来增长速度极快的部分。

如何维持这两个部分的快速和长期增长呢?这就要讨论地方政府的财政支出。遗憾的是,我们没有得到比较详细的财政支出数据,在此只能进行比较粗略的分析。预算内的财政支出部分保持的是常规的分配,我们不做详细讨论,在此重点讨论预算外尤其是土地出让金的使用办法。

预算外的土地出让金部分的主要使用途径有三个:

首先是用于土地开发和转让成本,这包括对农民的补偿和"三通一平""五通一平"的成本,正如我们在分析土地出让金的时候所指出的,这部分不包括在土地出让金的净收益中。土地出让金的净收益,主要用于两个方面。

一个是用于补充财政支出和土地征用的其他成本。土地出让金是政府手中的"活钱",缺少预算约束,这些资金虽然许多都是通过财政部门支出的,但与正规的财政资金支出制度完全不同。政府征用和出让的土地分成三大类,公益性、工业化和经营性,分别采取划拨出让、协议出让和招拍挂的出让方式。对于公益性土地出让(公路、水利、教育、卫生等等),政府的土地开发收入并不足以弥补土地开发的成本,所以这里政府一般要"倒贴",但是具体倒贴多少,倒贴的部分到底是从土地出让金中支出还是靠银行贷款,各地的情况并不相同,我们也缺少具体的数据。另外,对于工业性用地的开发,地方政府也一般无钱可赚,这是因为各地政府为了"招商引资",一般会限制地价。如下表所示,工业用地的价格并不像商住用地那样连年增长,而是保持在一个维持在开发成本的水平,在有些情况下,政府还要倒贴一部分。政府要通过土地征用和转让挣钱,主要靠商住用途的经营性用地。

表 13 – 14　绍兴县两类建设性用地出让情况（1999—2004）（亩、万元）

		1999 年	2000 年	2001 年	2002 年	2003 年	2004 年
工业用地	面积	909	2597	1215	4602	4220	N. A.
	地价	13	15	14	12	13	N. A.
	总价	12259	40377	17063	54076	53008	N. A.
商住用地	面积	214	196	392	268	3170	633
	地价	59	74	34	182	64	239
	总价	12510	14615	13620	47719	192454	138770

　　工业用地和商住用地的出让面积都增长迅速，但是工业用地的出让地价基本没有明显的变化，而商住用地则不同，其土地出让单价在 2002 年和 2004 年分别高达每亩 182 万元和 239 万元。2003 年以前，两类用地的出让总价基本类似，但是 2003 年商住用地的出让总价达到了 19.2 亿元，2004 年 13.9 亿元，而工业用地的出让总价在 2003 年也只有 5.3 亿元。一般而言，工业用地出让价和成本价差别不大，商住用地则是远高于成本价，其中的土地出让金净收益用部分用来补贴公益性土地的征地成本。

　　另一个是比较重要的和大头的支出，这就是土地出让金的大部分会作为基本资产来成立一些政府下属的开发和建设公司。一般的县级政府下面都会有几个这样的大的公司：城市投资开发有限公司、城市交通投资有限公司、城市水务集团、城中村改造有限公司等等，一般将这些公司称为“政府性公司”。这些公司性质属于国有投资公司，一般在 2000 年以后成立，都是由政府部门的领导出任董事长或总经理，除了交通公司之外大都属于非营利性质，其主要的功能是进行城市公益性基础设施的投资和建设。以绍兴县为例，城市投资开发公司（简称“城投”）的注册资金为 1.86 亿元（2000 年成立），主要部分是政府财政拨款（以土地出让金为主），2003 年和 2004 年又分别拨付 1.2 亿元和 3 亿元，都是依靠县财政控制的土地出让金部分投入。城市交通投资公司的注册资金 8000 万元，其中 5000 万元为政府的财政资金投入，其他水务和城中村改造有限公司大都如此。

　　这些资金表面上看起来都会被用于城市公共建设，但实际上却没有这么简单。这些资金和公司成立的另一大目的并非直接进行城市建设，而是要为城市建设进行融资。也就是说，政府注入公司的土地出让金并非直接用来进行开发建设，而是用来作为资本金，获取银行贷款。这些公司是政府性公司，也就是我们通常所说的“地方政府融资平台”。这是连接土地财政和土地金融的关键机构。

第十四章 土地金融和城市化：
"三位一体"的发展模式

    土地征用、开发和出让的目的和结果都指向大规模的城市建设，这正是新世纪以来高速发展的城市化的根本动力。由上一章的分析我们得知，政府通过土地征用、开发和出让建立了规模庞大的土地财政。从土地财政的支出用途来看，除一部分用于土地开发过程之外，还有一部分用来建立政府的"融资平台"。到 2009 年末，全国地方融资平台的负债余额接近 6 万亿元，其中新增贷款规模 3.8 万亿元。到 2010 年底，这个规模非常可能接近 10 万亿①。围绕土地建立起来的土地金融是一个比土地财政更加庞大的资金体系，不讨论其内部的运作机制，就难以搞清地方政府全力推动经济增长和城市化的根本动力。

    在本章中，我将利用调研的案例材料进一步探索土地金融和城市化的关系，并讨论这个将土地、财政和金融结合在一起的"三位一体"模式的最新变化。

绍兴县的土地金融

    城市建设的资金从何而来？我们先来看调研过的绍兴县和金华市城市基础设施建设的资金来源情况：

---

① 见 2010 年 4 月 6 日《东方早报》："年底地方融资平台负债总额或达到 10 万亿"。

表 14 - 1　绍兴县和金华市基础设施投资资金来源（亿元）

	项目类别	财政投入	土地出让金	融资	总计
绍兴县 2003	资金投入	2.48	19.2	38.32	60
	比例	4.31%	32%	63.87%	100%
金华市 1999—2003	资金投入	30	33.27	170	233.27
	比例	12.87%	14.26%	72.88%	100%

我们看到，政府资金投入（财政投入＋土地出让金）约占三分之一、金融投入占三分之二左右。可见在城市开发和建设中，真正的主角是金融资金而非财政资金。

一般说来，作为融资平台主体的政府性公司获得银行贷款的途径有三种：公司互保、财政担保和土地抵押。所谓公司互保就是几个大的政府性公司用资本金互相担保进行贷款，由于这些公司的资本金大部分来自于政府的财政投入，所以这些贷款基本属于政府用财政资金作保的贷款；财政担保则更为简单，实际上就是政府财政部门直接出面做担保主体，由财政局直接出具一份"承诺函"，其中写明贷款主体、担保主体以及各种细节。前两种其实没有太大区别，其担保资金都是政府的财政资金，第三种则是土地抵押贷款，这也是融资的主要方式。

要获得土地抵押贷款，则必须拥有土地使用权证。在我们调查的地区，虽然程序略有不同，但是政府一般将这些公司所要建设、开发项目用地的使用权划拨给公司。这些建设用地既包括公益性的建设用地，也包括部分非公益性的、用于经营性开发的商住用地。对于后者，政府性公司无权将其用招拍挂的形式出让，而是将其抵押给银行来获得土地抵押贷款。

表 14 - 2　绍兴县城市投资开发公司资金来源构成情况（2003 和 2004）（亿元）

	财政资金	金融资金		
	财政拨款	财政担保贷款	土地抵押贷款	合计
2003	4.2	2.47	2	8.67
2004 年 1—9 月	1	0.76	3.4	5.16
合计	5.3	3.23	5.4	13.93
比重	38%	23%	39%	100%

我们看到，财政注入的资金占到三分之一多一点，融资则接近三分之二。

在融资中，40%约为财政的担保贷款，60%约为土地抵押贷款。根据我们的调查，这几笔土地抵押的贷款的抵押价格大多在每亩150万元到300万元左右。按照国家有关土地抵押贷款的规定，贷款资金一般不得超过实际评估地价的70%。如果我们按70%计算，则这几笔土地抵押贷款的评估地价都在每亩200万元—300万元之间，可见这些政府性公司抵押给银行的都是一些地段好、价格高的商住性开发用地。

在土地开发和城市建设中，所谓的"以地养地"之法是常见的。其基本思路就是将一部分地理位置好的公益性用地作为经营性用地按招拍挂的形式出让，获得高额出让金之后用于补贴公益性建设的支出。例如将用于建设学校的1000亩土地中的200亩作为商住用地进行开发出让，这样所得的收入可以支付所有的学校征地、开发、建设成本之后还有富余。而政府性公司的土地抵押贷款实际上也是奉行的这样一套"以地养地"的思路，不过区别在于，那些用于"养地"的"好地"并没有真正进行经营性开发，而是高价抵押给了银行。相对于传统的"以地养地"之法而言，这可以说是"以地养地"的金融版本。

这种"以地养地"的金融版本不只是适用于政府性公司，也适用于政府其他的土地开发、城市建设和工业管理部门。土地金融的重要性在于，地方政府不但在城市开发、基础设施建设方面依靠融资，在土地征用、新区开发以及工业园区建设方面也主要依靠以土地抵押为主的融资手段。我们来看下面的表格：

表14-3　绍兴县土地使用权抵押登记情况表（2003—2004）

| 年份 | 项目 | 国有行政、企事业单位 | | | | 商业单位 |
		政府性公司	开发区	工业园区	土地储备中心	房地产公司
2003	抵押面积（亩）	417	237	5758	1842	1613
	抵押金额（万元）	32453	26886	53437	94318	99998
	抵押价格（万元）	78	113	9	51	62
2004	抵押面积（亩）	451	309	3878	1435	1454
	抵押金额（万元）	28000	8350	51546	120158	88762
	抵押价格（万元）	62	27	13	84	61

从这个表可以看出，政府性公司的土地抵押金额只占到银行发放的土地抵押贷款中的一小部分（10%左右），如果我们不计入纯商业经营性质的房地产公司，那么政府性公司的土地抵押贷款也只占15%左右。最大的土地抵押

客户实际上是政府土地部门下属的"土地储备中心"。在 2003 年，土地储备中心的抵押贷款 9.4 亿元，占国有单位贷款的 45%，而 2004 年则上升到 12 亿元，占 57%。在土地抵押价格方面，我们看到，除了工业园区的工业性建设用地的抵押价格比较低之外，其他几类单位的抵押几个都与房地产公司的商住性建设用地的抵押价格类似甚至更高一些。如果我们把工业园区的工业用地排除在外（因为这些土地是按照工业性用地而非商住性用地抵押的），则政府性公司、开发区和土地储备中心分别在 2003 年和 2004 年共抵押土地 2496 亩和 2195 亩，相当于同期房地产公司抵押土地面积的 1.5 倍。

这是绍兴县的情况，金华市的情况与此差不多。土地储备中心在 2003 年的土地抵押贷款为 11.7 亿元，2004 年 9 月增加到 13.09 亿元。

除了政府性公司之外，土地储备中心是各地政府以地生财的重要部门。土地储备制度，最初的用意是为了盘活面临改制的国有企业的土地存量资产，以解决下岗职工的生计出路的，也就是说土地储备的来源应以收购（回）存量国有土地为主的，但在调查中我们发现，政府储备的土地已远远超出了存量的内涵，早已延伸到以征用农民集体所有土地为主。

表 14 - 4　绍兴县土地储备中心储备土地来源构成和规模（亩）

年份	国有建设用地			集体建设用地			集体农地			合计	
	宗地数	面积	比重	宗地数	面积	比重	宗地数	面积	比重	宗地数	面积
1999	3	145.7	68.0	0	0.0	0	2	68.6	32.0	5	214.2
2000	4	107.7	54.7	0	0.0	0	2	89.0	45.3	6	196.65
2001	1	335.6	85.6	0	0.0	0	1	56.3	14.4	2	391.8
2002	2	31.2	11.7	1	8.6	3.2	4	228.0	85.1	7	267.75
2003	11	443.4	14.0	2	37.4	1.2	31	2688.8	84.8	44	3169.65
2004 年 1－9 月	8	120.0	19.0	2	28.5	4.5	10	484.8	76.5	20	633.3
合计	29	1183.7	24.3	5	74.6	1.5	50	3615.3	74.2	84	4873.5

从表中看出，1999 年到 2001 年，土地储备中心的储备土地是以回收国有建设用地为主，比重达到土地储备的 85%，但是在 2002 年到 2004 年 1—9 月份，土地储备则是以农村集体用地为主，比重达到了 80% 左右。另外一个特点是，土地储备的总量大幅度增长，在 2003 年一年就征用、收购土地 211 公顷（换算成亩），远远高出以前诸年储备土地的总额。

这些储备土地的用途则更彰显出政府储备土地的动机。公益性质的建设用地和工业用地，由于无利可图，不在土地储备中心的供地之列。政府储备的土地几乎全部用于住宅和商业经营目的，以实现土地收益的最大化。表14－5显示了土地储备中心的土地供应情况。

表14－5　绍兴县土地储备中心储备土地供应情况（亩、万元）

用途	项目	1999年	2000年	2001年	2002年	2003年	2004年1－9月	合计
住宅	宗地数	1	3	1	1	33	2	43
	储备面积	23	89	336	6	2743	35	3231
	出让面积	23	89	336	6	2609	35	3097
	成交总价	1550	8815	9020	138.9	167405	46135	233118.4
商业	宗地数	1	0	0	3	3	8	15
	储备面积	6	0	0	177	59	211	453
	出让面积	6	0	0	175	51	204	436
	成交总价	350	0	0	34230	6230	89430	197343
商住综合	宗地数	0	3	1	3	6	10	23
	储备面积	0	108	56	85	367	538	1154
	出让面积	0	108	54	80	330	486	1057
	成交总价	0	5800	4600	13350	18764	11670	500124.8
其他（加油站等）	宗地数	0	0	0	0	2	0	2
	储备面积	0	0	0	0	3	0	3
	出让面积	0	0	0	0	2	0	2
	成交总价	0	0	0	0	545	0	3619
合计	宗地数	5	6	2	7	44	20	84
	储备面积	27	197	392	268	3170	633	4873
	出让面积	27	197	390	261	2990	581	4632
	成交总价	1900	14615	13620	47719	192454	138770	419687

自1999年到2004年9月份，绍兴县政府一共储备土地4873亩，出让面积4632亩，成交总价达到42亿元。这里我们看到，土地储备中心的土地基本绝大部分都成功出让出去了，而且绝大部分都是经营性商住用地。结合我们上面分析的土地抵押贷款，我们在此可以看到另外一种土地金融和地方财

政的关系:银行不断地向土地储备中心发放土地抵押贷款,土地储备中心则不断进行征地——开发——出让以赚取土地出让收入,基本思路是用旧储土地的抵押贷款进行新一轮土地征收,然后用出让土地的收入还清抵押贷款,再用新征用的土地进行新一轮的土地抵押贷款。

这样一来,金融资金作为土地征用、开发、出让过程的"润滑剂",使得政府能够迅速扩大土地开发规模、积累起大量的土地出让收入。这些土地收入,正如我们上面的分析看到的,最终大部分都投入了城市化建设之中。在这个循环往复的过程之中,政府和银行的思路都非常明确:银行的土地抵押贷款以土地作为抵押,贷款一般在1—2年之内就可以收回;财政担保贷款虽然贷款期比较长,但是有不会破产的政府财政做担保,所以也可以放心放贷;政府的收入则来自两个方面,一个是土地出让收入,只要土地可以不断征用、出让,或者只要土地出让价格足够高,政府就可以取得巨额的土地出让收入;另一方面,只要财政和金融资金不断地投入城市建设、扩大基础设施建设的规模,尽管融资规模会不断扩大,但是根据我们在上一部分的分析,政府的地方税收尤其作为预算收入支柱的建筑业、房地产业的税收收入也会不断增长、财政实力会不断增强。进一步而言,政府收入的增长又会进一步扩大融资规模和征地规模,这无疑是一个"双赢"的局面。所以,我们可以看到,土地收入——银行贷款——城市建设——征地之间形成了一个不断滚动增长的循环过程。这个过程不但为地方政府带来了滚滚财源,也塑造了新世纪繁荣的工业化和城市景象,我将其叫作土地、财政和金融"三位一体"的发展模式。

"土地城市化"和三位一体的发展模式

这种三位一体的模式实际上就是新世纪以来城市化的主要内容,是与地方政府"经营城市"、"经营土地"的行为取向密不可分的。这个模式一方面推动了GDP和财政收入的高速持续增长,另一方面造就了繁荣的城市化过程。

这种新发展模式可以用图14-1来形象地表示:

此图展示出城市化的三个重要过程。第一个过程是土地圈的上半部分,农业用地经过土地征用之后进入了城市建设,为地方政府创造了大量的土地收入。这是我在第十二、十三章分析的中心。第二个过程是图中的右半部分。土地收入作为资本,通过地方政府的融资平台,撬动了规模巨大的金融资金进入土地开发和城市建设过程。这是本章前一节分析的中心。第三个过程是表示为此图的左半部分。大兴土木的城市建设对国有建设用地产生了大量的新需

土地征用、开发、出让与城市化

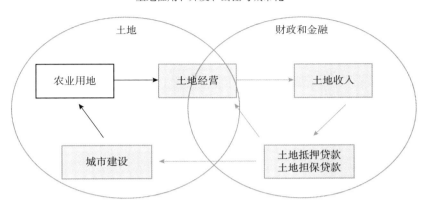

图14-1 "土地城市化模式"示意图

求,需要对城市内的未利用土地或"低效率"用地①以及城市之外的农业用地进行开发和征用,从而启动新一轮的土地——财政——金融的循环过程。

在这种模式下发展出来的轰轰烈烈的城市化实际上是以土地而非以产业和人口为中心的城市化,我将其称为"土地城市化"。这种"土地城市化"的发展模式有以下几个主要特点:

第一,土地城市化不以工业化为必然前提。当然这并不意味着工业化过程不重要,而是说工业化并非城市化的中心内容。从东部地区的城市化进程来看,土地城市化是与工业化紧密联系在一起的,没有大量的外向型工业企业的进入和繁荣,也不会产生这种三位一体的生财之道。但是各地发展的实践表明,城市化的关键在于房地产业,只要有大量的财政和金融支持,房地产业可以不依托于工业化而独立发展。各种房地产泡沫的形成正是财政和金融推动的一个结果。

这个阶段的城市扩张,主要特点表现在城市建设用地(主要是商住、公益用地)的大量扩张而非工业用地的大量扩张上。

表14-6 全国各类城市建设用地的结构(%)

	城市建设用地	居住用地	公共设施用地	工业用地	仓储用地	对外交通用地	道路广场用地	市政公用设施用地	绿地	特殊用地
1991	100	34.3	8.9	25.1	6	6.2	5.6	2.8	5.6	5.5
1992	100	32.9	10.8	24.9	5.9	6	6.1	3.1	6.1	4.3

―――――――――――

① 这部分主要是指城市中的"城中村"用地和一部分城郊的"城乡结合部"用地。

续表

	城市建设用地	居住用地	公共设施用地	工业用地	仓储用地	对外交通用地	道路广场用地	市政公用设施用地	绿地	特殊用地
1993	100	32.5	11.1	24.5	5.7	6	6.5	3.1	6.7	4
1994	100	33.7	10.3	23.9	5.3	5.2	7.8	3.6	6.5	3.6
1995	100	33.8	10.4	23.6	5.1	5.2	8.2	3.5	6.5	3.7
2000										
2001										
2002	100	32.3	11.6	21.5	4.2	6.3	8.8	3.7	8.6	3
2003	100	32	12.1	21.5	4	5.8	9.3	3.4	9.2	2.7
2004	100	31.6	12.3	21.8	3.9	5.6	9.7	3.4	9.3	2.5
2005	100									
2006	100	30.8	13.3	21.6	3.6	4.4	10.6	3.5	9.9	2.2
2007	100	30.9	13	22	3.3	4.4	10.8	3.4	10	2.1

从表 14 - 6 中可以看出，2002 年以后，城市建设用地中增长最快的是公共设施、道路广场和绿地占地，而工业用地和仓储用地的比例是下降的。我们对上表作一个粗略的汇总，将用地分为公益用地、居住用地、和工业用地（除掉特殊用地），见表 14 - 7、图 14 - 2：

表 14 - 7　城市建设用地中各类用地的比重（%）

	居住用地	工业用地	公共用地	特殊用地
1991	34.3	31.1	29.1	5.5
1992	32.9	30.8	32.1	4.3
1993	32.5	30.2	33.4	4
1994	33.7	29.2	33.4	3.6
1995	33.8	28.7	33.8	3.7
2000				
2001				
2002	32.3	25.7	39	3.0
2003	32.0	25.5	39.8	2.7
2004	31.6	25.7	40.3	2.5
2005				
2006	30.8	25.2	41.7	2.2
2007	30.9	25.3	41.6	2.1

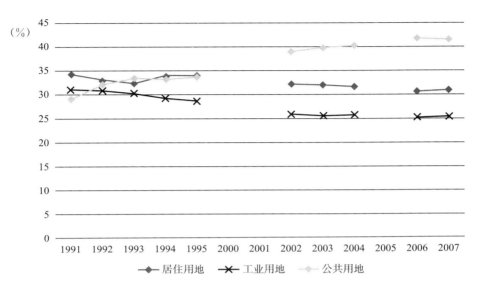

图 14 – 2　全国三类城市建设用地的比重变化（1991—2007）

　　从图中可以看出，居住用地和工业用地（包括工业用地和仓储用地）的比例一直在下降，公共用地的比重在上升，其中上升最快的正是资料缺失的 2000 年左右。

　　从上面的分析可以看出，支撑城市发展和扩张的基础正在由工业变为城市的房地产开发。只要城市的地价够高，银行就愿意出资贷款，地方政府就能够以财政和金融为主要手段全面推动城市经济的发展，这种经济发展模式主要靠政府对公共设施的投资为拉动力量，以土地征收、开发、出让为主要手段，以城市扩张为基本形态，以 GDP 和财政收入的增长为基本目标。在这个模式中，工业对于城市化的基础地位已经逐渐城市房地产业所替代了。

　　第二，土地城市化不以人口城市化为必要条件。在常规城市化的路径下，工业化为城市带来了资本积累，而工业化所需的劳动力及其家庭成员是城市发展的人口基础。这些人口基础的生产和消费构成城市运转的主体。但是在我国，城市化的路径有所不同，大量的劳动力及其家庭成员并没有成为城市居民。城市化发展到目前为止，这些劳动力仍然是没有城市户籍和市民身份的"农民工"，其家庭成员仍然居住在中西部地区的广大农村，这种城市化可以称其为"人口不落地"的"半城市化"，不但造就了收入差别巨大、社会地位悬殊的城市中二元的社会群体（城市居民和"农民工"），产生了上亿的流动人口，也割裂了这些群体的家庭，农民工常年与其父母甚至子女分离，长此以往，会出现许多新的社会问题。

形成这种局面至少有三个方面的原因。首先就是城乡分割的户籍制度。这是一个制度因素，在此毋庸多言。唯一需要指出的是，在当前城市房价高涨的情况下，即使户籍制度被取消，农民工仍然无法在城市"落地"，必然长期处于一个漂泊状态，所以说，在当前的形势下，户籍制度已经不是城市化的最关键问题了。其次，中国"劳动密集型"的外向型经济战略固然适合中国国情，利用了中国大量的过剩劳动力，但是在"劳动力无限供给"的经济学前提下，城市制造业工人即农民工主体的工资和各种待遇一直处于很低的水平，长期得不到提高。这些城市中的二等公民连城市的廉租房也没有资格申请，更没有经济实力付得起租金。再者，新世纪发展起来的城市化模式逐渐脱离了工业化的基础，而越来越依靠城市房地产业。在土地、财政和金融三者的共同作用下，城市地价、房价迅速攀升，城市的生活成本也迅速增加。这基本上完全排除了产业工人在城市落户、定居的可能性。

第三，土地城市化只需要三大要素的参与即可运转：即土地与财政、金融的结合。土地城市化的运转，会使得财政收入迅速增加、金融贷款运转活跃、城市建设日新月异，是相对于其他发展模式而言最易操作、成本最小、政绩最显著的发展模式。

土地城市化成为中西部地区的城市化模式：以成都为例

经过了东部以经营土地为主的城市化的探索之后，土地城市化与工业化、人口城市化的关系逐渐变得不那么密切，资本和土地的结合可以直接推动资本的积累和城市化的迅速发展。这可以解释中西部地区的城市化过程中工业化滞后的城市化、没有人口大量集中的城市化、但是有着高速发展的土地城市化的现象。

成都是一个比较典型的案例。从成都的财政收入结构而言，在过去几年中 GDP 和财政收入的增长主要靠土地城市化而非工业化。一方面，工业化并没有出现与城市化同步的发展，另一方面，人口也没有出现与城市化同步的增长，但是城市的扩张却非常明显。

成都市近年来的财政收入规模增长极快。从表 14－8 可以看出，2008 年的一般预算收入为 354 亿元，自 2003 年以来平均年递增 32％，远远高于全国财政收入的增长幅度。基金预算收入增长速度更快，平均年递增 71％。另外，来自中央和省的转移支付补助也增长很快，剔除 2008 年灾后重建转移支付大增的因素，2003—2007 年的年递增率 17.5％。这几个因素加在一起，使得成都市的财政总量迅速增长。

表 14 – 8　成都市的财政结构（万元）

	一般预算收入	基金预算收入	转移支付补助
2003	895752	187286	520907
2004	1080308	343820	586092
2005	1414541	548362	615475
2006	1867703	916155	771839
2007	2863772	2359951	982142
2008	3546938	2031435	2052325

在一般预算收入中，以 2008 年的口径，约 2/3（236 亿）是税收收入，1/3（118 亿）是非税收入。下面我们分别加以讨论。

税收收入的快速增长主要依靠营业税、企业所得税以及其他与土地开发和城市建设密切相关的税收。据对成都市财政局的访谈，2008 年 236 亿的税收收入中，有 111 亿是与土地直接或间接相关的税收，包括建筑业企业的营业税和企业所得税、房地产企业的企业所得税、契税、城市建设维护税、耕地占用税、土地使用税、印花税和土地增值税。这些税种约占到整个税收收入的一半（47%），而且还在迅速增长。这个比重与我们调研过的浙江和陕西的几个地区非常相似。

这些土地的直接或间接税收增长十分迅速，虽然在比重上只占到税收总量的一半，但是在税收增量中占到绝大部分比重。我们以 2005—2007 年三年情况为例，在地方税收最为主要的七项税收中（这些税收占到税收总量的 70% ~ 80%），营业税、企业所得税、城建税、耕地占用税和契税的增量在三个年度间分别为 27 亿元和 44 亿元，约占到这两个年度七大税收总增加量的 88% 和 86.5%，也就是说，成都市的税收总量每增加 100 元钱，约 88 元是这些土地的直接或间接税收带来的。我们看下面的表 14 – 9：

表 14 – 9　成都市七大税收的增长情况（万元）

	增值税	营业税	个人所得税	企业所得税	城建 + 耕占 + 契税
2005	160465	380483	52593	119748	259450
2006	183496	525190	65538	174581	330313
2007	225315	753361	91816	284071	432731

我们可以用图 14 – 3 直观表示：

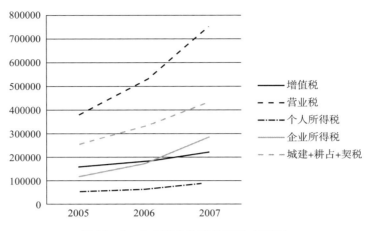

图 14 - 3　七大税收的增长情况（万元）

七大税收中，增长最慢的是增值税，其次是个人所得税，而其他几项税收，尤其是营业税和城建税、耕占税和契税增长很快，是地方财政收入增长的主要支柱。

从产业结构来看，存在着产业结构与财政收入结构不平衡的问题。2007年成都市三大产业占 GDP 的比重分别为 7.1%、45.2%、47.7%，对财政收入的贡献分别为 0.4%、39.1%、60.5%；2008 年三大产业占 GDP 的比重分别为 6.9%、46.6%、46.5%，对财政收入的贡献分别是 0.4%、39%、60.6%。可以看出，虽然二三产业占 GDP 比重大致相当，但是对财政收入的贡献却差别很大。而且在第二产业中，税收的主要贡献之一来自于建筑业企业的营业税和企业所得税。

在一般预算收入的 118 亿非税收入中，约有 50 亿是行政事业性收费，其余的是罚没、专项收入、国有资金收益等等。另外还包括 22 亿的城市基础设施建设配套费，成都市叫作报建费。这笔费用是政府各部门在土地开发和出让中的收费，并在一起，实行一站式收费，每平方米收 110 元。另外还有一部分是新增建设用地有偿使用费，成都市在 2008 年总量有 10 多亿，其中中央集中 30%、省集中 15%，剩下的部分归市里①。

土地出让金已经逐步纳入了基金预算进行管理。2003 年以前，土地出让金完全在国土部门管理，2003 年以后逐步纳入财政预算基金管理。最初是纳入土地出让金净收益，到 2007 年以后全价纳入基金预算收入，成本列入基金预算支出部分。

---

① 这两部分土地收费到底是计入一般预算的非税收入部分，还是计入基金预算收入部分尚不太清楚。

对于土地出让金，成都市采用的是分类管理办法。即中心城区的土地通过市级国土部门统一征收、开发和出让，征地由市土地储备中心操作，出让则由市土地拍卖中心操作。财政上使用收支两条线管理，但是也就是把收入列入预算，把支出列入基金预算支出而已，具体的成本核算由市国土部门进行。对于郊区县，则市级财政并不对土地出让收益进行集中和统筹，谁的土地出让收益完全归谁，与地税的划分办法基本相同。

表 14 - 10 是成都市财政局提供的 2003—2008 年的土地出让收益情况：

表 14 - 10　成都市中心城区土地出让收益情况（万元）

	2003 年	2004 年	2005 年	2006 年	2007 年	2008 年
土地出让收益	146696	273685	386094	683934	2210159	1868342

上表列出的是成都市级政府统一支配的土地出让收益。如果加上各区县的土地出让收益，则 2006—2008 年分别是 139 亿、332 亿和 307 亿。

从成都市总的财政收入的情况来看，我们可以大致做出这样的概括性小结：

税收收入、土地出让收益、非税收入、转移支付是财政收入的四大组成部分。以 2008 年为例，税收收入 236 亿、土地出让收益 307 亿（含成本）、非税收入 118 亿、转移支付 205 亿（含 50 亿灾后城建转移支付）。如果扣除土地出让收益的成本，则土地出让净收益约为 100 亿元。如果将灾后重建的转移支付资金扣除（这是临时性补助，不能算作常规财力），那么成都市总的政府可以支配的财政资金大约为 236 + 100 + 118 + 150 = 604 亿。在这块资金总量中，根据我们前面的估计，税收收入中 111 亿与土地开发和城建有关，非税收入中约有 30 亿—40 亿是土地相关的收费，则总量中与土地有关的收入约为 240 亿—250 亿左右，占到可用资金总量的 40%；如果我们扣除转移支付不算，只算成都市自己产生的财政收入总量的话，从土地开发和城建中产生的收入则占到 55%。由于非税收入中行政事业性收费有相当一部分也与土地有关而我们没有计算在内，所以 55% 算是一个保守的估计。

从成都市的财政收入结构可以间接看出这个西部大都市城市化的主要特点。虽然工业化有一定的发展，但是城市的扩张却主要不是依靠工业化，而是依靠土地、财政和金融"三驾马车"的互相拉动。

征地指标约束下的土地城市化：城乡一体化模式

对于地方政府以土地、金融和财政推动的城市化模式，中央政府并没有有效的制约办法。自 2005 年以来，国家对于征地的限制大大加强了，在城市化的三大要素中，最受约束的就是土地资源。

我国的基本国情和严峻的耕地保护形势决定了必须实行最严格的耕地保护制度。我国人均耕地少，2007 年人均耕地面积为 1.38 亩，不足世界平均水平的 40%。耕地保护的形势又很严峻，优质耕地流失速度惊人。到 2010 年和 2020 年，我国人口总量预期将分别达到 13.6 亿和 14.5 亿，2033 年前后达到高峰值 15 亿左右，所以保护耕地是国家粮食安全的基本前提。当前，我国正处于城镇化、工业化快速发展阶段，建设用地的供需矛盾突出。而工业化和城市化的地区大多是我国的粮油主产区，集中了大量的优质耕地。既要保护耕地，又需要面对建设用地的巨大需求，保护耕地和发展经济的矛盾非常突出。

1998 年新修订的《土地管理法》首次以立法形式确认了"十分珍惜、合理利用土地和切实保护耕地是我国的基本国策"，并以专门章节规定对耕地实行特殊保护。为落实新修订的《土地管理法》，国务院修订了《土地管理法实施条例》和《基本农田保护条例》，国土资源部仅在 1999 年就独自或参与发布了多项相关文件，如《关于切实做好耕地占补平衡工作的通知》等。在 2004 年、2005 年的中央 1 号文件都进一步明确指出各级政府要坚决落实最严格的耕地保护制度。2006 年中央 1 号文件在耕地占用税、土地出让金、新增建设用地有偿使用费征缴和使用方面做出了有力的规定，同年《政府工作报告》仍高调要求"切实保护耕地特别是基本农田"，该年国务院颁发的 31 号文《关于加强土地调控有关问题的通知》对土地政策产生了深远的影响。国土资源部也发布了《耕地占补平衡考核办法》等。2007 中央 1 号文件要求"强化和落实耕地保护责任制"，并继续强调提高耕地质量。同年《政府工作报告》则发出"一定要守住全国耕地不少于 18 亿亩这条红线"的最强音。2008 年中央 1 号文件和《政府工作报告》同样强调"坚持最严格的耕地保护制度，特别是加强基本农田保护"。同年，《中共中央关于推进农村改革发展若干重大问题的决定》明确提出，"坚持最严格的耕地保护制度，层层落实责任，坚决守住 18 亿亩耕地红线"。

在中央政府力图守住"18 亿亩红线"的前提条件之下，土地城市化的发展模式受到了重大的影响和限制。但是，2008 年以来全球性的金融危机可以说是为地方政府突破约束条件创造了机会。因为自 2008 年年底以来，中央政府出台了一系列史无前例的激进地扩大投资信贷规模、刺激经济的措施。在中国目前以城市化为发展主体的经济结构下，这些刺激经济的措施要真正发挥作用，只能是用于刺激以土地开发和出让为主的城市化。所以说，自 2008 年底以来，激进的投资政策和严格的土地红线政策形成了巨大而激烈的矛盾，这种矛盾促使地方政府形成了一系列的、令人眼花缭乱的制度创新。其中"城乡统筹"、"城乡一体化"模式就是这种制度创新的代表，也是我们理解新的经济条件下城市化和土地利用的关键所在。

下面我以成都土地制度综合改革试验区的做法为案例来说明这种模式是如何解决土地约束的。

2007 年，成都市正式成立了全国统筹城乡综合配套改革试验区，深化产权制度改革，探索农村土地管理的新机制，形成了一套具有成都特色的综合改革模式，即"大统筹、大集中、大流转"，开展了以土地整理、农民集中居住、农村产权制度改革为主要内容的综合改革。这个思路的中心内容，就是通过土地整理、集中居住来增加城乡建设用地，同时解决好农民集中居住以后所产生的诸如社会保障、就业、生活方式转变的各种问题。这个过程可以简单地用图 14 – 4 来表示。

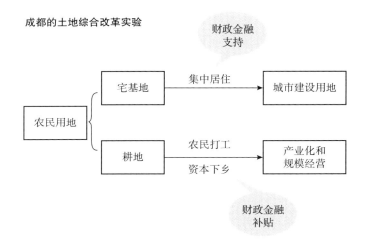

图 14 – 4　成都土地综合改革实验模式示意图

从上面的图示可以看出，城乡统筹对农民的重要影响可以集中概括为"农民上楼"和"资本下乡"两句话。"农民上楼"指的是村庄合并和集中居住，而"资本下乡"则是指农民上楼之后，原来的承包地因为距离太远而无法耕种，一般将其集中起来租给一些农业产业的企业和公司进行规模经营。这是一个由政府运用财政和金融手段推动的过程。

农民上楼之后空出来的宅基地被复垦为耕地，这样就可以在不突破国家耕地保护指标的前提下，产生一批额外的耕地。在成都土地制度综合改革实验区，这些耕地可以被征用为城市建设用地，并且在整个成都市的范围内进行城市建设用地指标的流转。这些新增的城市建设用地指标，除了当地的县可以留一部分之外，允许在"大成都"的范围内进行指标买卖和置换。这些新增的城乡建设用地被称为"增减挂钩"的"周转指标"。到 2009 年下半年，成都市第一批挂钩项目在郫县、双流、锦江、青白江区的 8 个试点项目区拆旧复垦工作完成，共拆除农民居民点用地 3230 亩，归还挂钩周转指标 2663 亩，检查了 12 个农民新居，项目区新增耕地 2601 亩①。在成都市的其他区县，这种工作也在大规模展开。

在我们调查的邛崃县，据当地的官员介绍，农民上楼的成本基本上完全是由政府财政负担的。据他的估计，平均每一亩新增建设用地的周转指标成本为 26 万左右，其中包括了农民所住楼房的成本、以优惠条件引进农业产业化公司的成本等等。与纯粹征用农耕地的成本相比，这种靠农民上楼来获得城乡建设用地的办法无疑成本较高，但是直接征用耕地受到国家指标的限制，根本实现不了。26 万左右的成本是地方政府完全可以接受的，因为在"大成都"的范围内，一亩周转指标的价格在 50 万以上，有的甚至可以卖到上百万。这可以部分解释地方政府大搞城乡统筹的动力。

当然，根据我们前面的分析，城乡统筹最主要的功能远非只是买卖周转指标，而是解决了土地城市化模式中的土地约束问题。在这个过程中，又是政府主导、强力推动，运用财政和金融手段，所用的思路和模式与东部地区土地城市化的模式基本相同，不同的是将农村宅基地也涵括在内而已。

所以说，中西部地区第二轮的土地城市化模式有这样两个突出的特点：

第一，仍然依靠土地与财政、金融资本的结合来推动城市化，而且比东部地区更彻底地摆脱了工业化和人口集中的影响，可以主要依靠地方政府推动。

在资本充裕、地方政府可以迅速扩大投资和信贷规模的前提下，土地、财政、金融为主的城市化模式的唯一约束就是土地。成都的"城乡一体化"模式有效地解决了城市建设用地指标受到严格控制和约束的问题，但是基本模式并没有脱离东部地区城市化的模式，反而可以看作是对东部模式的加剧和扩展化。

第二，由于国家的耕地保护政策的约束，土地城市化与"农民上楼、资本下乡"的城乡一体化工程结合在一起，使得土地城市化模式不但将城市居民和失地农民包括在内，而且也囊括了更广大纯农业地区的农村居民。

---

① 以上数字来自我们对成都市的调研材料《成都市统筹城乡土地制度改革工作介绍》。

第十五章 结 论

　　本书是从财政的角度入手，对中央—地方关系和地方政府的行为模式进行的一个探索性研究，力图对中国改革开放以来的发展历程作出一个反思。从宏观上看，中央—地方关系虽然并没有从根本上超越新中国成立以来的"收权——放权"模式，但是也发生了巨大的变化。其中的变与不变是我们理解经济增长、社会稳定和社会不平等的关键所在。

　　在中央—地方关系的体制变动中，最为关键的内容就是中央政府一方面通过建立市场经济激发了社会的经济活力，另一方面通过"财政包干制"确立了地方政府相对独立的利益主体的地位，激发了地方政府全力追求地方经济发展和财政收入的动力。这种体制变动在很大程度上可以解释中国长达三十年的高速经济增长和国力逐步强盛的过程，也是学术界许多学者的共识。但是，如果我们细致考察地方政府的行为，就会发现，地方经济的高速增长在很多方面却是由于权力控制和垄断而非全力放权的结果，这是中国经济中非常令人困惑的现象。

　　20 世纪 80 年代，中国经济的活力来自于繁荣的乡镇企业，90 年代的活力来自于国有企业的产权改革和私有企业、外资企业的发展，在新世纪，经济增长最为重要的动力来自外向型经济和国内外的投资拉动。在这三个阶段中，地方政府的行为模式是关键。"财政包干制"为政府大力兴办企业提供了强劲的推动力，从大办乡镇企业到乡镇企业转制、国有企业的私有化都可以从财政体制的变化上进行理解，这也是本书第一部分所讨论的主要内容。在新世纪，围绕土地展开的从工业化到城市化的新发展模式更是地方政府垄断土地征用、开发和出让的结果。在这个过程中，最令人印象深刻的并非市场的自由化，而是政府的公司化行为和谋利倾向。而地方政府之所以具备如此巨大的掌控、动员能力和如此高的效率，其根源仍然是改革前的政治体制。

这是中央—地方关系中不变的方面。

地方政府的"公司化"指的是地方政府像规模巨大的公司一样以追求利益和效率为主要目标，其具体的表现就是本书所说的"财政锦标赛"。以行政甚至政治为手段，在市场经济中去追求自身利益是这个现象的本质。

地方政府的公司化，不仅表现在其具有像"公司"一样明确的目标，而且还表现在具有像"公司"一样的运作效率。只要领导做出了决策，地方政府动员、指挥、落实和执行的能力比一般的公司有过之而无不及。这是因为政府不但可以运用财政手段来实施激励和奖惩，还可以运用行政甚至是"政治"动员来调动其辖区内的所有资源为其决策服务。在"公共利益"或者"公共服务"的目标之下，市场是"失灵"的；而在"政治任务"的名义之下，即使是市场和非政府力量也要为其让路，并为其服务。将经济增长"政治化"正是地方政府提高运作效率的不二法门。

这种情形在当代的地方政治中屡见不鲜，回顾历史也是似曾相识。这与改革前"运动式"的动员模式并无本质上的区别，唯一的差别就是当代"运动式"动员的目标大多是经济发展。在一些非经济目标的动员中，如扫黄打黑、举办盛会等，我们可以更加清楚地看到"运动式动员"的影子。一般而言，这种模式有以下几个鲜明的特点。

首先，以层层加码、不计成本的目标为主要导向。在一般的公司中，公司目标的实现要以成本核算为基本前提，"赔本的买卖"公司是从来不做的。但是地方政府几乎没有这方面的限制。一个目标一旦被"政治化"，就意味着不计成本、不计代价也要全力以赴去完成。我们常常听到的说法叫作"算政治账"。"政治账"的逻辑与经济账全然不同。一算政治账，通常意味着在经济上就是"赔本的买卖"。在政治的层级体系中，一个目标一旦被"政治化"，就会被下级政府层层加码。所谓"上有所好，下必甚焉"，"楚王好细腰，宫中皆饿死"，有人将这种层层加码的现象称之为"细腰逻辑"，不但生动概括出了这种现象的特点，也指出了这种不计成本的层层加码所容易带来的负面后果。

其次，以全体动员、全民动员为基本的执行方式。公司的组织结构是一种比较典型的科层制结构，各个部门分工明确，易于问责。政府的内部组织结构与此类似。但是，在政治化了的目标面前，科层制运作的一些基本原则统统被打破。政府会围绕此目标成立专门的"领导小组"，由一把手或者二把手亲自挂帅，其成员来自各个相关职能部门的领导。这种领导小组一旦展开工作，政府所能够掌控的各种资源都会被调动起来，各部门的日常工作程序都要为此让路，这就是"全体动员"的方式。如果有必要，动员的方式会向下延及基层民众，变成"全民动员"为实现此目标而奋斗。

再次，以检查评比、奖励惩罚为主要的激励手段。奖励先进、惩罚后进是所有组织结构中重要的激励手段，在公司的治理结构中，对绩效和努力程度的评估效率是公司运作效率关键的保证。在地方政府实现政治化目标的过程中，这种手段常常被运用到极端的地步。如果部下不能全力以赴地完成目标，除了会承受经济上的处罚之外，其晋升之路也就是"政治生命"也会受到极大的影响。当前地方政府中盛行的"目标管理责任制"和"一票否决制"就是这种手段最主要的表现形式。将激励手段极端化，一方面当然会造就上下同心的团结局面和令人敬佩的运作效率，另一方面也会制造出大量的浮夸风和隐瞒风。在政治目标和"一票否决"面前，完不成任务的最好策略就是浮夸和造假，对付各种意外事故的最好策略就是隐瞒。虽然全党全国都认识到这两种风气的危害性，但是它们却始终如影随形地伴随着地方政治。

明白了上述的运作逻辑，我们就能看到地方政府实际上比一般的公司更加"公司化"：它一旦确立了明确的行动目标，就能够在短时期内发挥出极高的运作效率、体现出极高的实现目标的能力。改革开放前后，政府的行动目标发生了由政治目标向"政绩"目标的转变。改革开放前，地方政府的运作目标在于响应中央发出的一次次的"政治运动"，而改革开放后，地方政府的首要目标在于出"政绩"，要达到这个目标，在当前的市场经济环境之下，首当其冲的任务就是要扩大地方财力。所谓分权，只是将政绩目标层层向下承包而已。为了实现目标，地方政府虽然各显其能，但是无论大江南北还是沿海内陆，地方政府的运作逻辑却表现出惊人的一致性。

地方政府在财政收入和经济增长方面展开的竞赛给中国政治和社会带来了巨大的影响。根据本书的研究，表现在以下几个方面，下面分别加以总结。

中央对地方的逐步失控

1994 年的分税制改革是一次将地方财政收入集中到中央的改革，至少从收入分配上说，是这一次财政集权的改革。虽然地方的支出份额并没有减少，但是在地方支出中，有相当巨大的部分变成了由中央分配的转移支付。在当前中国中西部地区的大部分县市，中央转移支付占地方支出的比重已经超过50%。在转移支付中，专项转移支付一直占有相当大的比重。这种体制看上去无疑是一种相当集权的体制，因为在大量的专项转移支付之下，地方支出的结构会受到中央意志的影响。但是，从本书的分析来看，地方政府的行为却越来越具有自主性。中央推行的公共财政和公共服务的计划并没有有效地到达和覆盖农村基层社会，弱势群体得不到有效的教育、医疗服务；同时，地方政府以土地、财政、金融相结合的发展态势愈演愈烈，中央政府对土地、房地产的调控措施也一再失效。虽然中央政府仍然在人事、军事上保持着对地方政府的控制，但是在地方经济和财政上，中央政策已经难以得到有效的执行。

这种看似矛盾的局面正是"以利为利"的财政锦标赛的必然结果。在各级政府以生财、聚财为主要目标的局面下，各级政府力图在中央控制比较严格的预算收入之外开辟新的生财之道。在这个过程中，中央政府不断推出各种预算、国库管理制度的改革，试图促进预算的规范化和透明化。在财政部，全国各级政府财政供养人员的工资开支以及身份资料都能够直接掌握；对于各类专项收入，通过中央以及条条部门的审计系统以及建立健全严格的项目管理制度，这些专项资金都得到了形式上比较完善的管理。但是，这些严格管理恰恰使得地方政府将这些收入视为"不好花"的钱。一笔预算外的收费，一旦纳入预算内进行管理，地方政府对其支配的自由度便大为减小；争取来的项目资金，地方政府往往需要将这些钱纳入另外的项目盘子进行统筹使用，或者"一女多嫁"，即用一个项目申请多笔资金，或者将一个项目的资金用于多个项目，但这些行为都是审计制度所不允许的。为了扩大对于财政资金的支出和处置权限，地方政府最好的策略就是去制造更多的预算外收入。所以说，财权集中的结果并非地方贯彻中央的意志，而是地方自己去生财。从政府行为的意义上来说，集权和规范管理恰恰在一定程度上"驱赶"地方政府去开辟新的生财之道，这是我们理解新世纪土地财政和土地金融的体制原因。

市场经济的发展、工业化和城市化恰恰为地方政府开辟生财之道创造了条件。市场经济创造了大量的"体制外资源"，地方政府可以通过聚敛、攫取这些资源来增加自己的财政收入，这正是我在本书最后一部分展现的过程。事实上，对于有着大量土地收入和撬动了大批金融资金的地方政府来说，中央的财政集权不但没有有效地控制地方政府的行为，反而在一定程度上造成了"失控"的局面"。

农村基层政权的空壳化和政权的"悬浮"状态

作为最基层的乡镇政府，在中央—地方关系的调整中受到了巨大的影响。随着税费改革和"以县为主"改革的进行，县域内的大部分财力都集中到县财政，乡镇政府的财权和事权都大为缩减。同时，大量的中央转移支付在到达县级之后，也很难再通过乡镇财政往下分配，这就是我所说的乡镇政权的空壳化。

　　从本书的分析中我们可以看到，县级财政在掌握了大部分财权之后，主要是通过县职能部门而非乡镇财政来分配财力，试图以各种职能部门为主体来向农村地区提供公共服务，县教育局、水利局、交通局、农业局等等部门成了农村公共产品提供的主体单位，大部分资金以"专项"或者"项目"资金的形式进入分配渠道，很多资金"绕开"了乡镇财政，这是我在书中提到的财政资金专项化过程中基层政府间关系发生的重要变化。

　　从表面上看，财政资金的专项化无疑是提高了财政资金的使用效率，当然也会提高农村服务的效率，但是实际的结果并不是这样。其中的关键在于县级的职能部门难以直接面对广大的村庄和众多的百姓，不像乡镇政府那样熟悉其辖区内的乡土人情。虽然乡镇政府的官员容易出现挪用、贪污、欠债等种种不规范的行为，但是在另一方面，他们也会在一定程度上照顾到乡村中那些真正急迫的或重要的公共服务需求。没有乡镇政府的参与，乡村和县政府的职能部门间不但会出现很高的信息和沟通成本，县财政的资金也实际上难以真正地下达基层。所以说，虽然县级财政有大量的转移支付，而且许多县财政也有大量的自身收入，但是这些资金很容易滞留在县城一级，用于县城的建设和对县城居民的服务。我们到处可以看到繁华热闹的县城和凋敝冷清的村庄，这种鲜明的对比正是农村基层政权脱离农民，进入"悬浮"状态的明证。

大兴土木的城市化

　　地方政府展开的"财政锦标赛"严重扭曲了政府行为。政府与公司不同，不能以盈利最大化为其主要目标。政府的目标具有多重性和模糊性。地方政府不但应该关注一个地区的经济增长，更加应该关注这个地区的收入分配，应该关注"增长是谁的增长"，谁会在增长中受益，谁会在增长中受损。地方政府不但应该关注一个地区内的财政收入，更加应该关注这些公共收入如何被用于公共目的，如何公平地覆盖了地区内的大部分民众。地方政府不但应该关注修了多少路，盖了多少学校、医院，更加应该关注教育和医疗服务的质量、教育和医疗服务的公平性。政府面对的挑战在于，这些"更加应该关注"的事情恰恰是难以测量、难以检查评比、难以在短期内见效的事情，也就是说，这些"更加应该关注"的事情恰恰是难以当作"政绩"、难以作为政府的短期目标的事情。当前政治改革的一个目标是如何科学地量化"政绩"，如何使得政绩考核中包含更多的民生内容。但是悖论在于，那些能够被"量化"的政绩恰恰难以包含最重要的民生内容。强调政绩考核或者是"科学的政绩考核"，都只能使地方政府在追逐政绩的道路上越走越远。再者，效率并不一定是衡量好政府坏政府的首要标准。政府应该有效率，但有效率的政府不一定是个好政府。政府应该首先追求决策的正确性和科学性，而高效率对此并无多大的帮助。由此看来，当前以"大兴土木"的城市化为首要目标的地方政府无疑是走上了一条偏执的道路，其效率越高，偏执便越严重。

本书的研究表明，地方政府的这种行为偏执并不是由官员的个人意志所导致的，而是政府间财政关系的一系列变化所带来的结果。这些关系的变化，在工业化、市场化迅速发展的背景下，造就了一种将土地、财政和金融结合在一起的"三位一体"的发展模式。这种模式一方面造就了持续不断的地方经济的高增长和城市繁荣，另一方面也在累积着巨大的金融风险和社会风险。这些风险会带来什么样的后果，则超出了本书的研究范围，有待于未来的观察和研究。

对于政府来说，财政是有所作为的关键，没有钱，什么事情也办不成。但是政府财政既非政治目的，也非立国之本。孔子说："放于利而行，多怨。"曾子说："国不以利为利，以义为利也。"孟子说："上下交征利，而国危矣。"往圣先贤的教诲可以作为本书的结语。

说明与致谢

对于本书的写作规范，有几点需要说明：

1. 本书的材料除了文献资料之外，大部分来自我 2002 年以来所做的实地调研。书中的图表很多，其中的数据来源如果没有特别注明，即来自我的实地调研。

2. 书中有部分章节的内容已经发表过，在本书写作过程中又进行了整理和修改。

3. 出于材料敏感性的考虑，书中对乡镇的地名都做了处理，省和市、县的名字则保留了原名。

本书材料的收集和写作经历了一个长期的过程。在这个过程中，我得到了许多人的帮助，此书完成之时，也是我应该致谢的时候。

首先应该感谢的是师长。其中最重要的是现任教于牛津大学的黄佩华教授。她是世界著名的财政问题专家，也是领我走上财政和政府研究之路的第一位老师。在我跟随她参加的一系列的调研中，学到了研究政府行为的基本视角和方法。其次是原国务院发展中心党组成员蒋省三老师、农村研究部研究员刘守英老师，他们无论是在调研过程中、还是在本书的基本观点的形成过程中，都对我有莫大的帮助。两位老师的学问和人格使我异常叹服和敬佩。另外，应该特别感谢的还有我的授业恩师北大的王汉生教授和香港科技大学的龚启圣教授，我的师兄、中央农村工作领导小组的赵阳局长。在致谢的名单中还有原世界银行的 Achim Fock 先生、美国斯坦福大学的周雪光教授、上海市社会科学院的陈海泓研究员等。

其次感谢在我调研过程中给予我帮助的各地地方政府的官员，包括许多县乡的干部和农民。没有他们的帮助和合作，就没有书中的材料，也就没有本书的观点。

再次感谢我的朋友和同学。早在 2005 年夏天，我的学友们在清华专门开过一次讨论会，对于本书的基本框架和观点提出了许多宝贵的意见，这对于本书的写作带来了巨大的影响。当时参加讨论会的有北大的李猛、吴增定、吴飞、李静，清华的赵晓力，社科院的渠敬东，中国政法大学的应星，三联书店的舒炜，人民大学的张旭，中央党校的秦露。在这些年的写作过程中，李猛、渠敬东、应星和毛亮与我有多次的讨论，我需要为此特别致谢。另外还要感谢北京大学的王蓉教授、中国扶贫中心的王小林处长、财政部财政科学研究所的张立承研究员、中国社会科学院的谭秋成研究员、中央农村工作领导小组办公室的罗丹、上海大学的孙秀林教授、国务院发展研究中心的王宾、香港科技大学的陈硕博士以及与我一起调查的原北大社会学系的研究生张闫龙、张琳、申静、秦冰、刘京、尹欣、张波、王一鸽、廖炳光等等。北大社会学系的研究生付伟帮我校订了此书的初稿，在此特别致谢。我母亲在读初稿的时候挑出了许多错别字，感谢母亲的细致和耐心。

此书中的错误应归于我的学养不足，此书若有成就，则归功于上述诸位师友。

图书在版编目（CIP）数据

以利为利:财政关系与地方政府行为 / 周飞舟著.—上海：
上海三联书店,2012.2(2025.7 重印)
ISBN 978 - 7 - 5426 - 3649 - 2

Ⅰ.①以… Ⅱ.①周… Ⅲ.①地方财政—财政政策—研究—
中国②地方政府—行政管理—研究—中国 Ⅳ.①F812.7②D625

中国版本图书馆 CIP 数据核字(2011)第 185074 号

以利为利——财政关系与地方政府行为

著　　者／周飞舟

责任编辑／黄　韬
装帧设计／鲁继德
监　　制／姚　军
责任校对／张大伟

出版发行／上海三联书店
　　　　　(200041)中国上海市静安区威海路 755 号 30 楼
邮　　箱／sdxsanlian@sina.com
联系电话／编辑部：021 - 22895517
　　　　　发行部：021 - 22895559
印　　刷／上海盛通时代印刷有限公司

版　　次／2012 年 2 月第 1 版
印　　次／2025 年 7 月第 16 次印刷
开　　本／710mm×1000mm　1/16
字　　数／300 千字
印　　张／16.25
书　　号／ISBN 978 - 7 - 5426 - 3649 - 2/F·607
定　　价／78.00 元

敬启读者,如发现本书有印装质量问题,请与印刷厂联系 021 - 37910000